DRITTE HALBZEIT

WALDEMAR
HARTMANN
mit Jörg Heinrich

DRITTE HALBZEIT

EINE BILANZ

HEYNE ‹

Liebe Waldi-Fans,
ein paar Anekdoten in diesem Buch
wurden bereits in *Born to be Waldi* (Heyne 2009) erzählt.
Sie sind für Waldis Leben so prägend,
dass sie in seine Autobiografie Eingang finden sollten.
Und außerdem: Grad schee war's!

Verlagsgruppe Random House FSC-DEU-0100
Das für dieses Buch verwendete
FSC®-zertifizierte Papier *EOS*
liefert Salzer Papier GmbH, St. Pölten, Austria.

© 2013 by Wilhelm Heyne Verlag, München,
in der Verlagsgruppe Random House GmbH
Umschlaggestaltung: Hauptmann & Kompanie Werbeagentur, Zürich
Umschlagfoto: Kay Blaschke
Redaktion: Matthias Michel
Satz: C. Schaber Datentechnik, Wels
Druck und Bindung: GGP Media GmbH, Pößneck
Printed in Germany 2013
ISBN 978-3-453-16921-0

www.heyne.de

INHALT

1
Absolut lebens- und livetauglich!
Seite 9

2
Dich hätte ich gerne jedes Mal dabei
Seite 23

3
Du bist nicht allein
Seite 39

4
Der Beatkönig von Augsburg
Seite 49

5
Do it!
Seite 73

6
Vielleicht passt dir ja meine …
Seite 91

7
Durch die Sendung führt Sie
Waldemar Hartmann
Seite 115

8
Mein Sohn, du musst das schaffen
Seite 121

9
Nix gegen Weihrauch und Knoblauch
Seite 133

10
Alpenrepublik? Gute Idee!
Seite 151

11
Herr Chefredakteur,
Sie haben Ihre Aufsichtspflicht verletzt!
Seite 161

12
Die fleischgewordene Große Koalition
Seite 177

13
Rechtsaußen, du schwarze Sau!
Seite 195

14
Der Gast muss sich wohlfühlen
Seite 205

15
Das müssen wir nicht archivieren
Seite 211

16
Das Beste war, wie du den Mob
im Griff hattest!
Seite 215

17
Diese ARD macht uns keiner nach
Seite 223

18
Schade, dass er geht, wurde aber auch Zeit
Seite 229

19
Bloß, weil du unbedingt deine Rübe
aus der Glotze halten willst
Seite 247

20
Sie sind suspendiert!
Seite 263

21
Sind Sie denn auch auf alles vorbereitet?
Seite 271

22
Italia Novanta
Seite 275

23
Berti kommt, der Spaß geht
Seite 285

24
Ich grätsche rein, wenn es sich ergibt
Seite 303

25
Der ist doch mit dem Beckenbauer verheiratet!
Seite 317

26
Waldi gehört zum Boxen
Seite 329

27
… unter anderem mit Waldemar Hartmann
Seite 343

28
Servus ARD – Hallo Leben!
Seite 361

Bildnachweis
Seite 367

1

ABSOLUT LEBENS- UND LIVETAUGLICH!

*Wie der rasende Rudolf mir
die Altersvorsorge sicherte*

Wenn man es genau nimmt, habe ich zwei Geburtstage: meinen echten am 10. März 1948 – und die Geburt von Weißbier-Waldi am 6. September 2003. Das Datum habe ich mir gemerkt. Und wenn ich irgendwo eine Zahlenkombination mit der sechs, der neun und der drei sehe, denke ich jedes Mal an Rudi Völler. An den Mann, der den Weißbier-Waldi erfunden hat. An den Mann, der mir mit einem einzigen Fernsehinterview meine Altersvorsorge gesichert hat. Mehr kann kein Mensch von einem Freund verlangen. Und manchmal stoße ich mit meiner Frau auch auf diesen Mann an. Dann sitzen Petra und ich auf der Terrasse und freuen uns, wie viel Schönes aus Käse und Scheißdreck entstehen kann. Es geht natürlich – der ein oder andere Leser wird es schon erraten haben – um das, was 6-9-3 in einem Reykjavíker Studio passiert ist. Sogar meine damalige Akkreditierung mit der isländischen Überschrift »AÐGÖNGUMIÐI Á LAUGARDALSVÖLL FYRIR LJÓSMYNDARA / TÆKNIMANN« habe ich bis heute aufgehoben. Keine Ahnung, was das bedeutet, angeblich »Tickets für Fotografen / Techniker« – aber ein bisserl

Völler kann ich im dritten Wort jedenfalls entziffern. Und das kann kein Zufall sein.

Ich kenne Rudi ja schon seit über dreißig Jahren, seit er in München bei den Löwen spielte. Seitdem hatten wir immer wieder miteinander zu tun – mit dem WM-Titel 1990 in Rudis emotionaler Heimatstadt Rom als Highlight. Als er im Jahr 2000 Teamchef wurde, entzog ich ihm trotzdem das Du und bot ihm das Sie an. Zumindest offiziell. Für die Interviews nach den Länderspielen habe ich mit ihm vereinbart: »Rudi, ich weiß, dass du nach Spielen unter Strom stehst. Da ist es g'scheiter, wenn wir Sie sagen, da schimpft es sich schwerer.«

Drei Jahre lief alles störungsfrei. Herr Hartmann fragt, Herr Völler antwortet. Rudi war ja spätestens nach dem Vize-WM-Titel 2002 in Japan und Südkorea zu einem von Deutschlands Hausheiligen aufgestiegen, beinahe schon gleichauf mit dem Franz. Und die Bundestrainerinterviews nach den Spielen waren damals noch eine Art sportlicher Bundespressekonferenz. Was der Teamchef im Fernsehen zur Lage der Fußballnation mitzuteilen hatte, galt als amtliche Regierungserklärung.

Wobei man sagen muss: Es war von vornherein nicht alles wunderbar, als Deutschland an diesem 6. September 2003 in Reykjavík gegen den Fußballgiganten Island spielen musste. In den Monaten zuvor hatte der heilige Rudolf etwas an himmlischer Leuchtkraft eingebüßt – es holperte in der Qualifikation für die EM 2004. Und beim Spiel gegen den großartigen Tabellenführer Island holperte es dann nicht mehr nur, es rumpelte so richtig. Die Spieler lieferten einen Erich-Ribbeck-Gedächtniskick ab. Es war ein grausames Gegurke, das nullzunulligste 0:0 der Geschichte. Herr Hartmann wusste schon während des Spiels: Au weh, Herr Völler würde not amused sein.

So weit die Ausgangsposition. Und dann, nach dem Rumpeln, ging es los: Let's get ready to rumble!

Dazu muss man als Zuschauer wissen: Was im amtlichen Bundestrainer-Fernsehinterview im Idealfall als spontane Aussage rüberkommt, ist in Wahrheit längst mit der DFB-Pressemaschinerie abgestimmt. Nach dem Schlusspfiff dauert es meistens fünf bis zehn Minuten, bis der Trainer im Studio ankommt – in dieser Zeit beruhigt er sich und klärt alle Sprachregelungen mit den DFB-Sprechern. Was sagen wir zum Abseits? Wie verkaufen wir die Rote Karte? Der TV-Nation wird normalerweise nur die gefilterte Kuschelweichversion des Bundestrainers präsentiert.

Normalerweise. Aber Reykjavík war eben nicht normalerweise. Reykjavík war anders. Reykjavík war ein Dorfsportplatz. Ohne endlose Katakomben, durch die der Bundestrainer erst mal einigen Weg zurückzulegen hat, bis er in abgekühltem Zustand bei mir auftaucht. Nein, in Reykjavík ist Rudi von der Trainerbank aufgestanden, durch eine Tür marschiert und mir praktisch direkt vor die Füße gefallen. Das hat keine Minute gedauert. Keine Cool-down-Phase, stattdessen Völler unplugged.

Weil der Teamchef viel zu früh bei uns aufschlägt, nimmt das Unglück für Rudi (und das große Glück für mich und die Fernsehzuschauer) seinen Lauf. Denn dadurch hört Völler neben mir im Studio die ganze Litanei von Gerhard Delling und Günter Netzer, die er normalerweise nicht mitbekommt. Und, heißa, wie sie losledern, unsere beiden Gurus! Delle ruft die Krise in der Samstagabendunterhaltung aus, redet vom Tiefpunkt, vom allertiefsten Tiefpunkt – ein echter Delling eben. Sein Trauzeuge Günter zündelt weiter, spricht vom schönen Mist, vom allerschlimmsten aller Spiele, noch schlimmer als das zweitallerschlimmste davor. Ich denk mir nur in unserem Dorfsportplatzstudio: Au weh, das wird ihm jetzt nicht so gefallen, dem Teamchef. Das könnte ein kompliziertes Interview werden.

Es hat ihm auch nicht so gefallen, dem Teamchef. Die Kamera ist noch aus, aber ich merke schon: Aus den Ohren und den Nasenlöchern des Vulkans aus Hanau kräuselt der erste Rauch. Der Hessen-Ätna steht unmittelbar vor dem Ausbruch. Damals gab es noch nicht so viele Kochshows im Fernsehen – aber Rudi wäre eine gute Frühversion von Tim Mälzer gewesen. Ein Mann kocht live im TV. Mein nächster Gedanke war: Gut, dass wir uns siezen!

Der Überdruck im südhessischen Sizilianer klettert auf Rekordwerte, als Delle und Günter immer beherzter, mit Liebe, Lust und Leidenschaft auf Völlers Schutzbefohlene einprügeln. Man muss sagen: Wenn die deutschen Spieler auf dem Platz so viel Engagement gezeigt hätten wie Netzing beim Zündeln, wäre das Folgende gar nicht passiert. Zumal Rudi gar nicht genau weiß, von was unser Wortspielweltmeister Delling da überhaupt fabuliert – dass Deutschland gerade die Krise in der Samstagabendunterhaltung bei *Wetten, dass ...?* und Co. diskutiert, ist vor lauter EM-Qualifikation spurlos an ihm vorbeigegangen. Er hört nur: Tiefpunkt. Tiefster Tiefpunkt. Allertiefster Tieftiefpunkt. Die Reise zum Mittelpunkt der Erde. Das Allerschlimmste war das Fazit von Gerd Delling: »Wenn man sagt, das Spiel war enttäuschend, ist das eindeutig ein bisschen zu wenig.«

Und dann geht es los. Ich höre noch, wie Delle einleitet: »Und jetzt ist der Bundestrainer bei Waldemar Hartmann.« Das war er auch, liebe Freunde, und zwar schon viel länger, als ihr da oben gedacht habt. Als Rudi zu reden anfängt, merke ich gleich: Der hat einen ganz trockenen Mund, der hat gar keinen Speichel mehr. Waldis Wattebäuschchen zur gepflegten Interviewseinleitung bleiben an diesem Abend im Köfferchen, keine Zeit für Zärtlichkeiten – es braucht nur einen sanften Hinweis auf Dellings Rekordtiefpunkt, und der Ätna bricht aus. Oder ist es der Vesuv? Ich würde sagen: beide gemeinsam, der erste Simultan-Vulkanausbruch der jüngeren Geologie. Rudi legt los, aus dem Stand von null auf tausend. Ich sitze bloß daneben und brauche keine zwei Sekunden, um zu überreißen: »Waldi, das schreibt jetzt gerade Fernsehgeschichte. Ein rasender Bundestrainer!«

Und was hat der Rudi alles abgelassen! »Käse, Scheiß, Sauerei vom Delling, ich kann diesen Scheißdreck nicht mehr hören, Gelabere, ich sitze jetzt seit drei Jahren hier und muss mir diesen Schwachsinn immer anhören. Soll er doch Samstagabendunterhaltung machen, der Delling, soll er *Wetten, dass ...?* machen und den Gottschalk ablösen, soll er den Beruf wechseln, das ist besser! Der Günter, was die früher für einen Scheiß gespielt haben, da konntest du ja gar nicht hingehen, die haben Standfußball gespielt früher! Das ist das Allerletzte, ich lasse mir das nicht mehr so lange gefallen!«

Uff, Luft holen – und dann weiter im Text ...

Rudi war grandios, großartig, genial in seiner Wut. Die Leute fragen mich immer wieder: Wie ging es dir dabei? Ganz ehrlich: Ich war glücklich – durfte es aber nicht zeigen, musste mich zwingen, nicht zu grinsen, sondern stattdessen aufzupassen, dass ich meine Freude verberge.

Es ist ja so: Ich habe immer Marcel Reif und Günther Jauch beneidet, die kommentieren durften, als 1998 in Madrid das Tor umfiel. Damals, als Marcello der göttliche Satz einfiel: »Noch nie hätte ein Tor einem Spiel so gutgetan.« Ich lag an diesem Abend daheim auf der Couch, habe den beiden zugehört und mich prächtig amüsiert – aber auch mit dem Schicksal gehadert: Warum ist das nicht mir passiert? Jetzt sind die beiden ohnehin schon ganz oben, und dann fällt ihnen auch noch so ein Tor vor die Füße! Herrgott, warum bist du so ungerecht zu mir?

Und jetzt hatte ich mein umgefallenes Tor und mein Madrid – in Reykjavik, am Ende der Welt.

In meinem Dorfsportplatz-Studio fliegt mir mittlerweile alles an mittelschweren und schweren Schimpfwörtern um die Ohren, was Goethes schöne deutsche Sprache zu bieten hat. Und in meinem Kopf fährt ein einziger Satz Karussell: »Super, Rudi, mehr davon, du bist wunderbar in deinem Zorn!«

Pflichtgemäß packe ich trotzdem noch ein paar Wattebäuschchen aus, der Moderator ist ja zum Moderieren da, also zum Beruhigen, und tue so, als wollte ich den rasenden Rudi bremsen: »Ich kann jetzt nicht verstehen, warum die Schärfe reinkommt.« Gott sei Dank bleiben meine »Bemühungen« erfolglos. Der Knopf in meinem Ohr ist längst verstummt, aus der Regie höre ich bloß noch schockiertes Schweigen. Mittlerweile habe ich mir eine Taktik zurechtgelegt: Ich muss ihn möglichst lange bei schlechter Laune halten, auf mittlerer Flamme, versteht sich, das hebt die Quote – mal schauen, was noch alles passiert. Rudi steht derweil weiter voll am Gas wie Schumi in der Parabolica von Monza: »Die Schärfe bringt ihr doch rein! Müssen wir uns denn alles gefallen lassen?«

Mittlerweile sagt er Du zu mir, ich bleibe standhaft beim Sie, völlig absurd. Realsatire.

Und dann das Weißbier! Der Vulkan und seine finale Eruption: »Du sitzt hier locker bequem hier auf deinem Stuhl, hast drei Weizenbier getrunken und bist schön locker.« Bingo! In solchen Dingen bin ich Schnelldenker, Blitzgneißer, wie Toni Polster, der alte Schla-Wiener, sagen würde. Mit minimaler Verzögerung sehe ich schon die globale Weißbierindustrie mit einem zünftigen Werbevertrag vor meinen Augen wedeln. Aber erst muss ich fertig moderieren, also trotz Kabarettanklängen weiter beruhigen. Herr Hartmanns Friedensangebot an Herrn Völler: »In Island gibt es kein Weizenbier.

Zum einen muss ich ganz ehrlich sagen, ich habe auch keine drei Weißbier getrunken. Ich mache hier dieses Interview, und wir können danach die Alkoholprobe bei der Dopingprobe machen mit Nullkommanull.«

Langsam, gaaaaanz langsam beruhigt sich Rudi. Auch dem Ätna geht irgendwann die Lava aus. Er entschuldigt sich noch vor der Kamera bei mir: »Die Geschichte mit dem Weizenbier habe ich nicht so gemeint, alles andere habe ich so gemeint.« Und als Rudi aufsteht, flüstert er mir gleich noch eine zweite Entschuldigung ins Ohr: »Das mit dem Weizenbier war Scheiße. Aber sonst steh ich dazu.« Nichts zu entschuldigen, Herr Völler. Im Gegenteil: Wäre schade gewesen, wenn Sie das mit dem Weizenbier nicht erwähnt hätten. Es heißt übrigens Weißbier und nicht Weizenbier, aber das nur nebenbei. Ist ja auch verzeihlich bei Leuten jenseits des Weißwurst-Weißbier-Äquators.

Dann verschwindet er nach draußen, wo sich eine Meute von sehr blassen ARD-Leuten versammelt hat, die alle die Verbaleruption mitgekriegt haben. Als ich rauskomme, schütteln die Kollegen nur den Kopf. Bernd Schmelzer vom BR redet von einem »Jahrhundertereignis«. Ich wusste nur: Ich hatte meinen Job gut erledigt. Ich hatte eine Super-GAU-Situation nicht eskalieren lassen – aber trotzdem das Maximale aus dem rasenden Rudolf herausgeholt.

Am Montag rief mich Dr. Günter Struve an, der große ARD-Häuptling, damals Programmdirektor, der mich in dreißig Jahren genau zweimal angerufen hatte – einmal 2004, als er mich zwischenzeitlich gefeuert hat, und eben nach Rudis Käse-und-Scheißdreck-Rede. Der Doktor war very amused: »Wissen Sie, was mir besonders gut gefallen hat: Dass Sie die Geschichte fast elf Minuten lang am Köcheln gehalten haben.« Der hat sich am Sonntag natürlich seine Quoten vom Vorabend angeschaut, der alte Schlaufuchs.

Am Montag war die Rudi-Rede in allen Zeitungen, von links bis rechts, von *taz* bis *FAZ*, im Wortlaut abgedruckt – das hat es sonst nur in der *Prawda* und im *Neuen Deutschland* gegeben, wenn Breschnew und Honecker ihre Genossen mal wieder mit vielstündigen Parteitagsreden gequält hatten. Die *Bild* erschien am Montag mit der Riesenschlagzeile vom Weißbier-Waldi. Und zum ersten Mal bin ich von den Edelfedern dieser Republik überhaupt als Kollege wahrgenommen worden. Normalerweise waren sich Blätter wie die *FAZ* zu fein, um über den volkstümlichen Loden-Hartmann zu schreiben – doch diesmal stand dort: »Waldemar Hartmann – absolut lebens- und livetauglich.« Vielen Dank nach Frankfurt, das gefällt mir, das möchte ich in fünfunddreißig, vierzig Jahren gern auf meinem Grabstein lesen.

Den *FAZ*-Ausschnitt habe ich mir übrigens aufgehoben. Aber weniger aus Eitelkeit (okay, schon auch) als vielmehr, weil er gut beschreibt, wie ich meinen Job zeitlebens erledigen wollte: »Wademar Hartmann: Duzer. Kennt im deutschen Fußball alle und jeden und weigert sich, diese Erkenntnis durch förmliche Anrede zu vernebeln. Hinter dem bayerischen Plauderer verbirgt sich, bei aller gespielten oder gelebten Kumpanei, jedoch ein aufmerksamer und professioneller Journalist. Als Interviewer des Teamchefs oder seiner Vorgänger unmittelbar nach dem Spiel zeigt er in emotionalen Ausnahmesituationen feines Gespür für die passenden Fragen. Sein herausragendes Gespräch mit Völler in Island war ein Balanceakt auf dem Hochseil, den er mit Nervenstärke zu einem Fernsehereignis machte. Absolut lebens- und livetauglich.«

Es war ohnehin recht interessant, was nach der Käse-und-Scheißdreck-Rede alles passierte. Günter Netzer war sauer, als hätte ihn Hennes Weisweiler im Pokalfinale noch einmal auf der Bank schmoren lassen: »Das muss ich mir nicht bieten lassen, auch nicht von Rudi Völler!« Delling wirkte regelrecht erschüttert – obwohl ihm Rudis *Wetten, dass …?*-Karrierevorschlag bestimmt nicht schlecht gefallen hätte, sozusagen als früher Lanz. Und die versammelte Medienbranche war überzeugt: Das überlebt der Teamchef nicht. Das kann sich nicht einmal der »Es-gibt-nur-ein-Rudi-Völler«-Völler leisten. Das kostet ihn den Kopf. So kann sich kein Bundestrainer benehmen. Der *Stern* hatte schon am Sonntagabend Redaktionsschluss, also stand da noch am darauffolgenden Donnerstag drin: »Das überlebt Rudi nicht!« Es herrschte Kopf-ab-Stimmung. Journalisten sind selten solidarisch – aber wenn sich jemand auf den halben Berufsstand stürzt, dann rücken sie zusammen, egal ob *taz* oder *Bild*. Wie die Cowboys im Spaghetti-Western, die bei einem Indianerangriff eine Wagenburg bilden.

Was für ein Unfug! War doch gleich klar: Beim nächsten Länderspiel gegen Schottland, gleich am Mittwoch darauf in Dortmund, singen 60 000 lauter denn je »Es gibt nur ein Rudi Völler«. Und genauso kam es. Diesmal waren die Politiker schlauer als die Journalisten. Die Presse wollte Völler killen, das Volk wollte ihn umarmen, und die Politik ist sofort draufgesprungen. Kanzler Schröder ließ wissen, dass er Weizenbier-Rudi super fand, SPD-Struck sang in einer Talkshow die Hymne auf Völler. Und Ministerpräsident Stoiber sprang eilig mit auf den Völler-Transrapid auf, ließ sich beim Rudi-Loben nicht lumpen. Einhelliger Tenor in Fußball-Deutschland: Gott sei Dank hat's mal einer der ganzen Journaille gezeigt! So viel zur Beliebtheit unseres Berufsstandes.

Und mein Weißbiervertrag? Zunächst musste ich meine neue fixe Idee, ganz klar, für mich behalten. Nur zwei Spezln bot ich gleich nach dem Interview eine Wette an: »Wenn ich am Freitag keinen Weißbiervertrag habe, bin ich ein Schwammerl.«

Doch erst einmal ging ich hausieren. Absolvierte einen Interviewmarathon von Berchtesgaden bis Flensburg, von Kerner (dem damaligen Lanz) bis Pilawa. Rudi, ich und das Weizenbier. Da bin ich »Proffi«, wie Ottmar Hitzfeld sagen würde. Die Suppe musst du essen, wenn sie auf dem Tisch steht. Und auf einem DFB-Empfang haben mich die Leute angeschaut, als würden Boris Becker und Heidi Klum gemeinsam nackt aus der Besenkammer krabbeln. Sogar Schotten-Trainer Berti Vogts riss auf seiner Pressekonferenz einen Weizenbierwitz. Okay, ich war nicht Papst. Aber ich war Weißbier. Herr Völler hingegen hat's sportlich-locker genommen. Beim Training am Sonntag in Dortmund habe ich Rudi zum ersten Mal nach *dem* Interview wiedergesehen, wir mussten beide lachen. Ganz verstohlen haben wir uns abgeklatscht, damit es bloß keiner sieht: Nichts für ungut, Spezi!

Am Montag kamen die ersten beiden Anrufe von Agenturen. O-Ton in etwa: »Grüß Gott, Herr Hartmann, wir vertreten Memminger Weißbier, könnten Sie sich vorstellen …?« Natürlich konnte ich mir vorstellen. Aber nicht mit Memminger Weißbier. Ich wusste noch nicht mal, dass sie in Memmingen überhaupt Weißbier brauen. Und in der Bayernliga spielen wollte ich ohnehin nicht. Ich wollte in die Weißbier-Champions-League.

Währenddessen ging der Rudi-Waldi-Weißbier-Wahnsinn weiter. Bei Intertops konnte jeder, der nicht wusste, wohin mit seinem Spielgeld, wetten, was im ARD-Studio beim nächsten Bundestrainerinterview nach dem Schottland-Spiel passieren könnte. Völler klatscht Delling eine, Waldi und Rudi trinken zusammen drei Weizenbier und weiterer Unfug, zum Kurs von 1:10. In Wahrheit führten wir am Mittwoch ein völlig normales, professionelles Interview, ohne Käse und Scheißdreck, ohne jede Anspielung. Aber das Interview hatte über zehn Millionen Zuschauer und 65 Prozent Marktanteil, mehr als das Spiel, weil alle wissen wollten: Flippt Rudi wieder aus? Was hat Waldi diesmal gebechert? Antwort: Nichts, wie immer, wenn ich arbeiten muss.

Um dem Schicksal als Memmingens Weißbierbotschafter zu entkommen, nahm ich mein Glück selber in die Hand. Ich habe Holger Lösch angerufen, einen alten BR-Spezi, den damaligen Kommunikationschef der Schörghuber-Gruppe, zu der Paulaner gehört. Holger zu mir: »Ich knie vor dir, Waldi. Herrliches Interview.« Ich zu Holger: »Du sollst nicht knien, du sollst mir nur eine Frage beantworten: Habt ihr kein Geld mehr bei Paulaner, oder schlaft's ihr?« Wie gesagt: Ich wollte Champions League, also Paulaner. Ersatzweise hätte ich höchstens noch Erdinger getrunken. Werner Brombach, den Mr. Erdinger Weißbier, kenne ich auch gut – aber der war gerade auf Hawaii. Und dort gibt's nicht nur kein Bier, sondern auch kein deutsches Fernsehen. Außerdem: Erdinger hat mir eh noch nie besonders geschmeckt.

Am Mittwoch kam dann endlich der Anruf von Paulaner-Vorstand Wolfgang Salewski: »Wir machen was zusammen.« Und am Freitagvormittag, innerhalb von zwanzig Minuten, hatte ich meinen Paulaner-Deal, der bis heute gilt. Ich war also doch kein Schwammerl. Für mich ist dieser Vertrag wie eine Privatrente, die mich finanziell sorgenfreier ins Alter gehen und erheblich ruhiger schlafen lässt. Noch mal: Danke, Herr Völler, für die Rudi-Rente!

Die lustigste Reaktion auf meinen Paulaner-Vertrag kam vom Weltmeisterlibero, von Klaus Augenthaler. Der Auge, damals Trainer in Leverkusen, hat mich angerufen und wunderbar einen auf empört gemacht: »Waldi, du hast doch in deinem Leben noch keine zehn Weißbier getrunken. Das ist das Allerletzte, du hast keine Ahnung und kriegst so einen Werbevertrag. *Ich* müsste den kriegen. Wenn du einen Wodkawerbevertrag kriegen würdest, das wäre glaubwürdig. Und ich hock hier in der BayArena und muss irgendeine Weißbierbrause saufen!« Auge, das muss man wissen, ist der überzeugteste Paulaner-Trinker westlich des Urals. Von anderen Weißbieren kriegt er Ausschlag. Deshalb möchte er auch nur noch ungern weg von daheim aus Vaterstetten in irgendwelche obskuren und schlecht mit Weißbier versorgten Gegenden dieser Welt. Jedenfalls führte der Anruf dazu, dass ich mit Paulaner vereinbart habe, dass Auge regelmäßig ein Paulaner-Weißbier-Abo in sein rheinländisches Exil geschickt bekam. Und so hat Rudi auf Umwegen einen weiteren Menschen glücklich gemacht.

Weniger witzig waren einige Reaktionen innerhalb der ARD – allen voran von Hagen Boßdorf. Der Herr Sportkoordinator teilte mir sinngemäß mit: »Du hattest die Krone des Journalismus auf, und du hast sie zu Markte getragen.« Bisserl pathetisch, fand ich. Meine Antwort fiel dann auch etwas nüchterner aus: »Hagen, der Vertrag ist in einer Größenordnung, über die du wahrscheinlich nie nachdenken musst. Da ist mir die Krone so was von egal …«

So etwas ausgerechnet vom Jan-Ullrich-Buchautor und Nebenerwerbs-Telekom-Plauderer Hagen Boßdorf! Das war auch der Beginn meines Zerwürfnisses mit ihm. Wenn einer katholischer als der Papst sein will, kann er so einen Werbevertrag kritisieren – aber bitte nur, wenn er es auch selber so vorlebt. Und wenn niemand mit dir Reklame machen will, tust du dich leicht zu sagen: Ich würde nie Reklame machen.

Das Ende der Völler-Geschichte: Das Ganze hat zu einem wirklich freundschaftlichen Verhältnis zwischen mir und Rudi geführt. Wir haben etwas gemeinsam erlebt, das uns verbindet. Fast so, als ob wir zusammen einen Lawinenabgang überlebt hätten. Zu seinem fünfzigsten Geburtstag war ich als Überraschungsgast eingeladen, als einziger Journalist, und seine Frau Sabrina meinte: »Du gehörst zur Familie.« Jedes Jahr am 6. September telefonieren Rudi und ich – und wenn wir uns an einer der Hotelbars dieser Welt treffen sollten, geht die Rechnung auf meinen Deckel.

Provision kriegt er trotzdem keine.

Vor dem Island-Spiel hatte ich übrigens zwei Länderspiele verletzungsbedingt absagen müssen – das einzige Mal. Und beinahe wäre ich gestorben. Dann hätte es den Weißbier-Waldi nie gegeben, was schade gewesen wäre, wenigstens aus meiner Sicht. Aber der Reihe nach: Bei einer Podiumsdiskussion der Praktiker-Baumärkte in Saarbrücken sollte ich mit Franz Beckenbauer über Fußball reden, was schmerzhaft endete. Denn als ich mir vor der Veranstaltung die Bühne in der Saarlandhalle anschaue, lehne ich mich lässig an eine schwarze Wand, die aber, wie sich herausstellte, gar keine Wand war, sondern nur ein Vorhang. Ohne Vorwarnung fliege ich in die Tiefe, liege mit einem doppelten Oberarmbruch da unten, bis man mich wieder nach oben schafft. Die Diskussion habe ich noch durchgezogen, aber es hat die ganze Zeit höllisch wehgetan. Der Franz befahl mir nach der Veranstaltung: »Spezl, du bist kasweiß, du fährst jetzt sofort ins Krankenhaus.« Operieren wollten sie mich dort vorerst nicht, erst einmal konservative Behandlung und Schlinge.

Ich konnte nicht einmal mehr mein Hosentürl aufmachen, bin trotzdem später zum gemeinsamen Essen, wo der Franz zu meiner Frau sagte: »Des sog i da glei, jetzt werd a grantig. Madl, jetzt muasst ganz stark sei.« Das musste sie auch. Denn ein paar Tage später liege ich beim Länderspiel auf der Couch, unter Schmerzen (wenn ich leide, dann richtig!) – und Petra entdeckt an meinem Bein ein Riesen-Hämatom, von dem ich vor lauter Schmerzen am Arm nichts gespürt habe. Ich habe erst mal nichts unternommen und mir gesagt, das wird schon wieder.

Und ein paar Tage später am Pfingstsonntag wird das Ding plötzlich dick. Es explodiert regelrecht, innerhalb einer halben Stunde. Mein Schwiegervater, als Zahnarzt einigermaßen fachkundig, verfrachtet mich ins Auto, ab ins Krankenhaus, sofort Not-OP – es war ein Kompartmentsyndrom, eine bakterielle Blutvergiftung, lebensgefährlich, wenn es nicht rechtzeitig behandelt wird. Die Ärzte haben mir gesagt: Zwei Stunden später hätten sie mir den Unterschenkel amputieren müssen. Das Gute war: Irgendwann hat sich am Stationstelefon ein gewisser Herr Beckenbauer gemeldet, der sich nach meinem Befinden erkundigen wollte. Von diesem Moment an haben mich die Ärzte und Schwestern viel wichtiger genommen als davor. Die Wirkung des Kaisers ist nach wie vor magisch.

2

DICH HÄTTE ICH GERNE JEDES MAL DABEI

Meine ersten öffentlichen Auftritte

Meinen ersten richtigen Auftritt hatte ich am 10. März 1948 in Nürnberg. Die Zuschauerzahl war äußerst überschaubar, Kameras gab es keine. Dennoch war die Begeisterung groß, und insofern war mein Debüt durchaus ein Publikumserfolg.

Wir wohnten im Glasscherbenviertel Gibitzenhof im Nürnberger Süden. In München könnte man das mit Milbertshofen vergleichen, ein klassisches Arbeiterviertel eben. Direkt neben unserem Haus lag die Volksschule, auf die ich die ersten zwei, drei Jahre gegangen bin. In der Zeit feierte ich auch meine Erstkommunion, und zwar bei den Franziskanern in der St. Ludwigskirche. Dort gab es für mich zwei große Bs: die Bibel und den Ball. Pater Dominik werde ich nie vergessen – denn er spielte Fußball mit uns, in der Kutte, mit Sandalen, und er hat sich reingehängt wie der Teufel. Ein katholischer Briegel. Die Franziskaner, das war ein Stück Heimat für mich.

Doch mit Fußball hatte eines der frühen Erfolgserlebnisse, an die ich mich erinnern kann, rein gar nichts zu tun: Mein Vater Franz stieg vom Straßenbahnschaffner, mit dem

Klingelbeutel um den Bauch, zum Straßenbahnfahrer auf. Straßenbahnfahrer – das war für mich die Champions League unter den Berufen, die ein Vater haben konnte. Ich bin fast geplatzt vor Stolz. Wenn ich mich heute an die Fünfzigerjahre erinnere, bleiben zwei prägende Erlebnisse: Wir wurden Weltmeister – und mein Vater durfte Straßenbahn fahren. Auf dem Fußballfeld war Helmut Rahn der Boss, aber im Führerstand war es Franz Hartmann.

Unsere Wohnung befand sich im Parterre eines vom Krieg noch schwer mitgenommenen Hauses, direkt an der Hauptstraße – und vor allem direkt an der Straßenbahnhaltestelle. Wenn mein Vater auf dieser Linie Dienst hatte, es muss die 4 gewesen sein oder die 21, ist er ständig bei uns vorbeigefahren. Wir kannten den Fahrplan auswendig, wir wussten genau, wann der Vater wieder vorbeikam. Deshalb war Straßenbahnfahrer für mich noch viel besser als Lokführer. Denn ein Lokführer fährt nie triumphal an seinem eigenen Haus vorbei.

Meine ehrenvolle Aufgabe war es, ab und zu meinen Vater an der Haltestelle mit einem Krug Bier zu versorgen – damals hat man das Bier noch im Krug vom Wirtshaus geholt. Damit es im Führerstand wieder läuft wie geschmiert. Im Krug waren drei Quartel Bier drin, also 0,75 Liter. Denn von einer vollen Maß hätte ich auf dem Weg zur Haltestelle eh nur die Hälfte verschüttet.

Das funktionierte dann so: Mein Vater ist mit seiner Straßenbahn bei uns vorbeigerumpelt, hat laut geklingelt und gerufen: »Waldemar, hol a Maß!« Meine Eltern nannten mich übrigens nie Waldi, zu Hause war ich Waldemar. Bloß in der Schule hieß ich von Anfang an Waldi. Also bin ich rüber ins Wirtshaus Metropol zum Bierholen – und wenn ich zurück war, fuhr der Vater auch schon wieder auf seiner nächsten Runde vorbei und hat sich mit einem Schoppen Bier für den restlichen Arbeitstag gestärkt. Heute wäre das alles unvorstellbar.

1954, als Bub mit sechs Jahren, habe ich, wie wir alle damals, zum ersten Mal etwas mit Fußball am Hut gehabt. Wir hatten natürlich keinen Fernseher, aber immerhin ein Radio. Der Vater war nicht fußballnarrisch, doch Pater Dominik hat uns alle mit seiner Gläubigkeit angesteckt. Vor allem mit dem Glauben an den Ball.

Damals, bei der Weltmeisterschaft in der Schweiz, habe ich zum ersten Mal mitbekommen, wie alle Leute, wirklich alle, fußballverrückt waren – ohne jede Ausnahme. Keiner war mehr normal, es gab kein anderes Thema mehr. Alle haben nur noch über Fußball geredet. Wobei: Für mich mit meinen sechs Jahren bestand die WM nur aus einem Spiel, klar, aus dem Endspiel. Was davor war, ob 3:8 gegen Ungarn oder irgendein anderes Spiel, fand nicht statt. In meiner Erinnerung hat diese Weltmeisterschaft begonnen und geendet mit dem Endspiel.

Aber dieses Finale war unfassbar! Ich glaube, jede Sportreporterkarriere in meiner Generation hat an diesem 4. Juli 1954 begonnen. Mit dem Wunder von Bern hat für mich die Welt angefangen, sich um den Ball zu drehen.

Später, noch in meiner Volksschulzeit, sind wir dann umgezogen in die Hufelandstraße, Richtung Thon. Die herrliche Straßenbahnhaltestellenzeit war damit vorbei, aber zum Trost gab es die Thoner Wiese. Oder, auf gut nürnbergerisch, das »Thoner Wiesla«. Und dort, auf einem Bolzplatz mit Toren, ist natürlich Fußball gespielt worden. Mit alten, geschnürten Leder-Skistiefeln an den Füßen.

Wir hatten nichts anderes. Damals waren ja schon meine drei Schwestern da, die beiden Zwillinge, vier Jahre jünger, und meine kleine Schwester Margit, unsere Nachzüglerin, acht Jahre jünger. Und so blieben Fußballschuhe ein unerfüllbarer

Traum. Wie gesagt, mein Vater war Straßenbahnfahrer und später Schulhausmeister. Meine Mutter Margaretha saß im Konsum-Einkaufsladen an der Kasse und hat dort auch geputzt, soweit ihr bei drei Kindern die Zeit dazu blieb. Weibliche Selbstverwirklichung? War damals noch nicht wirklich ein Thema. Die Geschirrspülmaschine war auch noch gar nicht erfunden, zumindest in unserer Welt nicht. Ich habe abgespült, meine Schwestern haben abgetrocknet. Es war ein Gemeinschaftsleben mit sehr viel Solidarität, und ich kann nicht behaupten, dass wir unglücklich waren. Aber das Wirtschaftswunder hat sich etwas Zeit gelassen, auch bei uns vorbeizuschauen.

Die normalen Schuhe durfte ich beim Kicken nicht anziehen, die wären auseinandergeflogen. Und dann hätte es Watschn gegeben – so überschaubar waren damals die Regeln. Also kickte ich in den Skistiefeln – und war gefürchtet! Wenn du mit den schweren Lederstiefeln jemanden getroffen hast, es gab ja noch keine Schienbeinschützer, das hat wehgetan! Der kleine Waldi hat mächtig abgeräumt.

Begehrt warst du, wenn du einen Fußball mitbrachtest. Den hatte ich genauso wenig wie richtige Fußballschuhe. Aber immerhin, ich durfte mitspielen! War die Schule aus, lief das so: Heim! Ranzen in die Ecke! Wiesla gehen! Kein Chat, kein Internet, kein Facebook wie heute. Ich bin froh, dass ich damals aufgewachsen bin.

Und das auch noch in der Hauptstadt des deutschen Fußballs – so habe ich das damals zumindest empfunden. Der 1. FC Nürnberg, der Club, war göttlich damals, mehr noch als heute der FC Bayern. Und der Obergott war Max Morlock. Keine Justin-Bieber-Verehrung kann mit dem seinerzeitigen Kult um Maxl Morlock mithalten. Und sein Olymp lag im östlichen Nürnberger Stadtteil Zerzabelshof, den jeder Nürnberger bis heute nur Zabo nennt und in dem das alte Clubstadion stand.

Am Wiesla bin ich von einem Jugendtrainer angesprochen worden, ob ich nicht im Verein mitspielen will. Ob ich wollte? Und wie ich wollte! Also bin ich 1958, mit zehn, beim Turnerbund Johannis 1888 Nürnberg eingetreten, im Stadtteil mit dem schönen Namen Schnepfenreuth. Heute spielt Johannis in der Kreisliga Nürnberg/Frankenhöhe. Man sieht, der Sportkamerad Hartmann hat den Verein nicht entscheidend vorangebracht.

Aber man trägt es mir nicht nach. Bei den Olympischen Winterspielen 2006 in Turin habe ich meinen Original-Schülerpass bekommen, von einem BR-Redakteur, der dort in der Altherrenmannschaft spielt. Als ich zum ersten Mal im Bayerischen Fernsehen aus der Glotze herausschaute, hat man sich bei Johannis erinnert, dass ich dort einmal gespielt habe, und irgendwer hat den Ausweis ausgegraben. Seitdem machte dieses wahrhaft historische Dokument die Runde.

Beim Turnerbund gab es zwei Schülermannschaften, die Besseren und die nicht ganz so Guten. Letztere bildeten die zweite Mannschaft, und in der war ich drin. Ich war Stürmer, eher schmächtig und somit in keinster Weise auf dem Weg, eine mittelfränkische Ausgabe von Gerd Müller zu werden. Mein größtes Erlebnis war, als eines Tages die zweite Schülermannschaft vor der ersten spielte – und ich so gut gekickt habe, dass ich danach in der ersten auch noch mitspielen durfte. Ein unfassbarer Triumph, mindestens so viel wert wie später ein Lob vom Intendanten. Obwohl – viel besser als ein Lob vom Intendanten, sowohl qualitativ als auch quantitativ. Da war ich unglaublich stolz. Auch wenn es nur daran lag, dass in der ersten Mannschaft kurzfristig einer ausgefallen war. Trotzdem: Zum Helmut Rahn reichte es nicht – und zum Toni Turek auch nicht. Dennoch stand ich irgendwann bei der ersten Mannschaft im Tor, weil ein Torwart fehlte.

Und dann wurde es plötzlich sehr interessant in der Kindheit des jungen Waldemar. Gut zwanzig Jahre vor Niki Lauda hatte mein Vater genug davon, immer nur im Kreis zu fahren. Er bewarb sich als Hausmeister am Neuen Humanistischen Gymnasium am Luitpoldhain – und bekam die Stelle. Das war dann nicht mehr Milbertshofen, um es mit Münchner Maßstäben zu messen – das war Grünwald! Oder zumindest Bogenhausen. Die feine Gegend am anderen Ende der Stadt, am Dutzendteich in der Nähe des Stadions. Die Schule war ein Neubau und die Hausmeisterwohnung ein Bungalow am Rande des Schulhofs, abgetrennt durch einen Garten. Waldi aus dem Glasscherbenviertel war angekommen im Paradies. Was für ein Aufstieg! Doch in die Schule meines Vaters wollte ich nicht gehen, auch wenn es praktisch gewesen wäre. Also besuchte ich ab der fünften Klasse das Realgymnasium, so hieß es damals, das heutige Willstätter-Gymnasium.

Auf dem humanistischen Gymnasium, wo jetzt mein Vater herrschte, hätte ich Latein und Griechisch gehabt – und ich kam schon mit Latein nicht besonders zurecht. Obwohl ich in der Volksschule wirklich nur Einser hatte und es ohne Weiteres aufs Gymnasium geschafft hätte. Aber das wäre mir viel zu nah bei meinem Vater gewesen. Da hätte mein alter Herr gnadenlos alles unter Kontrolle gehabt mit direktem Zugriff auf mich. Eine kleine Schwindelei wie »Keine Hausaufgaben heute« hätte ich mir von vornherein abschminken können, die Geschichte wäre in einer Minute entlarvt gewesen. Vater und Sohn an einer Schule war keine gute Idee, so viel war mir schon in diesem Alter klar.

Mein Lebensweg wäre vielleicht ein ganz anderer geworden, wäre ich auf das Gymnasium gegangen, an dem mein Vater Pedell war, wie die damalige Bezeichnung lautete, die viel imponierender klingt als heute Hausmeister. Denn meinem Vater war es egal, wer unter ihm Schuldirektor war. Bei ihm hieß es: Ich und der Herr Direktor haben entschieden! Und zwar exakt in der Reihenfolge. Und so wehrte ich mich mit Händen und Füßen gegen eine Gymnasiumskarriere. Und weil das Gymnasium auch noch Schulgeld gekostet hätte, war ein Argument mehr auf meiner Seite.

Ich glaube, meinen Eltern wäre es ohnehin lieber gewesen, ich wäre ganz normal weiterhin auf die Volksschule gegangen und hätte danach etwas Gescheites gelernt. Sie waren brave Leute vom Land, meine Mutter Margaretha aus der Oberpfalz, mein Vater Franz aus Oberfranken, der Krieg hatte sie in Nürnberg zusammengeführt.

Das Realgymnasium passte besser zum jungen Waldemar. Und es ist außerdem einem meiner frühen Talente entgegengekommen, denn ich war, man muss es so sagen, ein begnadeter Ausredenerfinder und Geschichtenerzähler. Ich habe geflunkert, dass sich die Balken bogen, wenn es darum ging, was ich in der Schule so trieb. Ich habe die Unterschriften meiner Eltern unter Verweisen gefälscht – alles konnte ich zwar nicht abfangen, aber immerhin das meiste.

Und warum? Weil mir diese Schule gestunken hat. Weil mir zwei, drei Lehrer diese Zeit vermiest haben, vor allem der Lateinlehrer Ahlborn, der ein Despot war. Der hatte aus dem Krieg ein Holzbein zurückbehalten und war deswegen oder warum auch immer verbittert. Der hat sogar noch zugeschlagen, wenn es pressiert hat. Das war Guantanamo auf Fränkisch, der hat mit Schlüsselbunden geworfen, und zwar so treffsicher, dass er dich an der Birne getroffen hat. Latein, die Sprache der Humanisten – dass ich nicht lache!

Immerhin: Im Turnen, in der Leibeserziehung war ich gut. Und ein anderes Talent ist auch früh zutage getreten: Als ich das Realgymnasium doch irgendwann unehrenhaft verlassen musste, hat mir der Biologielehrer Schuster mit auf den Weg gegeben: »Hartmann, mit deiner Schlebbern brauchst kein Abitur. Aus dir wird was, mach dir keine Sorgen.« Schlebbern – das war tiefstes Mittelfränkisch für eine große Klappe. Eine wegweisende Aussage. Der Biologielehrer Schuster war damals der Einzige, der mir ein bisschen Mut gemacht hat.

Ich war ein dermaßen fauler und deswegen auch miserabler Schüler. Meine Hausaufgaben haben in der Straßenbahn vorne stattgefunden, auf dem Weg vom Bahnhof zum Rathenauplatz, wo die Schule war. Oder in der Pause zwischen zwei Stunden. Zur Höchstform bin ich aufgelaufen beim Entwickeln eines Systems zur kräftesparenden Hausaufgabenerstellung. Für jedes Fach hatte ich meinen Haus- und Hoflieferanten – einen für Mathematik, einen für Physik und noch einen anderen für Latein.

Das funktionierte aus einem Grund prächtig: Zum Dank durften die Burschen bei uns in der Turnhalle, in »meiner« Turnhalle, in der Schule, an der mein Vater herrschte, Fußballspielen. Dort habe ich große Turniere veranstaltet, in einer nagelneuen Turnhalle, mit neuen Bällen, mit echten Toren – das war das Größte, ein Paradies. Waldi war der König von Nürnberg. Ich hatte das mittelfränkische Camp Nou unter meiner Verwaltung, und ich musste keine Hausaufgaben mehr selber machen ... Da lag ich ganz weit vorne mit elf, zwölf, dreizehn Jahren. Meinem Vater war es recht, wenn wir dort spielten, dann war ich wenigstens weg von der Straße. Er kannte allerdings nicht den Deal, der dahintersteckte.

Ich hatte mir also früh eine gewisse Selbstständigkeit geschaffen, die durch zwei Faktoren noch verstärkt wurde: Ich bekam endlich ein Fahrrad. Und ich fuhr 1959 zum ersten Mal ins Ferienlager, ausgerechnet in die DDR – was mein Vater, ein eingeschworener CSUler, Strauß-Fan und Kommunistenfresser, mit einer gewissen Grundskepsis betrachtete.

Bis 1961 stand ja noch keine Mauer. Dafür gab es bei uns zum Einkaufen den Konsum – und den gab es auch im Osten.

Eines Tages kam meine Mutter von der Arbeit nach Hause und erzählte von der Möglichkeit, über den Konsum in ein Ferienlager in die DDR zu fahren. Hurra!

Also sind wir, eine Handvoll Nürnberger Kinder, mit dem Bus in den wilden Osten aufgebrochen, an die Ostsee, nach Ahlbeck, in ein Ferienlager der Jungen Pioniere, der Kinderorganisation der FDJ. Der schwarze Waldi bei den Roten! Mit allem, was dort das Leben aufregend machte, mit allen Schikanen, mit Fahnenappell, mit »Seid ihr bereit – Immer bereit!« Ja, ich war bereit fürs Leben, und wie!

Ich war vier Wochen dort und fand das sensationell. Es gab Lagermeisterschaften, Leichtathletik, Tischtennis, Luftgewehrschießen. Natürlich war das alles straff organisiert, aber ich habe von Ideologie null gemerkt. Das war Abenteuerurlaub und für mich das Allergrößte. Dass es das nach dem Mauerbau nicht mehr gab, habe ich unseren roten Brüdern nie verziehen. Die haben die Mauer gebaut, die haben mir meine Ferien kaputtgemacht. Ich wusste zwar nicht, wer die Schweinepriester von der SED waren, über die mein Vater immer schimpfte. Aber ich wusste, ich durfte nicht mehr ins Konsum-Ferienlager. Und das war furchtbar für mich. Meine Erinnerung an den Mauerbau sah so aus: Ich hatte keine Verwandten dort, aber ich hatte Renate, meine Ferienbekanntschaft aus dem Osten. Meine erste Liebe!

Renate! Im dritten Ferienlagerjahr, in der Schössersmühle im Harz, traf ich sie. Da kam bei mir zum ersten Mal das Gefühl auf, mit zwölf, dass es einen Unterschied zwischen Männlein und Weiblein gibt. Der Unterleib geriet erstmals in Bewegung.

Weil ich im dritten Jahr schon alle Abläufe kannte, wusste ich, was ich mitbringen musste: Wrigley's-Kaugummi, denn nur der zählte – so wie alles, was amerikanisch war. Außerdem Bananen, schon damals ein großer Hit im Osten, Orangen und

Schokolade. Ich war super ausgestattet, vom Konsum-Laden meiner Mutter, und ich war begehrt. Denn ich Schlauberger kannte die Währung, die zählte, und wir waren ja nur eine Handvoll Kinder aus dem Westen. Alle anderen kamen aus dem Osten. Außerdem war ich Lagermeister im Weitsprung. Zusammengefasst: Jungpionier Waldi war der Held! Und Renate war ein wunderschönes Zonenmädchen aus der nahen und doch so fernen DDR, zwölf Jahre jung. Wir haben uns nur angeschaut, ich habe ihr eine Orange geschenkt, ich habe ihr eine Banane geschenkt. Das waren aber auch schon die Höhepunkte unserer Liebesbeziehung. Ab und zu hatte ich auch einen Kaugummi für sie, da ging es aber nur um die Berührung ihrer Hand, schweißnass wie meine. Wir haben nicht einmal miteinander geredet.

Am Ende des Ferienlagers sind die Ostkinder mit dem Omnibus ein paar Stunden vor uns abgefahren. Renate saß am Fenster, sie hat gewinkt, ich habe gewinkt. Sie hat geheult, ich habe geheult. Im gleichen Jahr, 1960, gab es bei uns in Nürnberg eine Konsum-Weihnachtsfeier, auf der eine Reporterin von Radio DDR auftauchte, bei uns, bei den Westkindern. Wir sollten ihr erzählen, wie großartig es im Ferienlager im schönen Osten war. Natürlich habe ich nur geschwärmt. Und ich durfte einen Gruß durchsagen – an Renate R. aus Erfurt. Denn das hatte ich rausbekommen, wie sie genau heißt und wo sie herkommt. Daraufhin bekam ich den ersten Liebesbrief meines Lebens. Sie hatte meinen Gruß gehört. Ich habe ihr zurückgeschrieben, ohne Antwort. Und irgendwann war Renate vergessen, weil mittlerweile auch andere Mütter sehr schöne Töchter hatten, und das im Westen.

Gesehen habe ich Renate nie mehr – bis Frank Elstner kam. Mein alter Freund Frank Elstner produzierte vor ein paar Jahren eine neue Sendung beim Saarländischen Rundfunk, *Meine erste Liebe*, moderiert von Michelle Hunziker und seinem Sohn Tim. Frank ruft mich also an: »Hör mal, würdest du da mitmachen?« Ich wollte nicht Nein sagen, war aber auch nicht unbedingt so riesig begeistert von dem Ganzen. Also dachte ich mir, ich stelle ihm eine Aufgabe, die er eh nicht lösen kann, und ich habe meine Ruhe. Thema erledigt. Also sagte ich ihm, meine erste große Liebe war 1960 Renate R. aus Erfurt. Viel Spaß beim Suchen, mein lieber Frank!

Das Problem war: Er hat sie tatsächlich gefunden. Denn zwei Monate später kam sein Anruf: »Du, ich muss dir was sagen: Wir haben sie!«

Ich dachte mir, hui, das gibt's doch nicht! Aber ich kam aus der Nummer nicht mehr raus. Obwohl sich meine Sehnsucht nach Renate, mittlerweile nicht mehr in Erfurt, sondern in Magdeburg, in gut vier Jahrzehnten deutlich abgekühlt hatte.

Frank zu mir: »Willst du sie noch mal sehen?«

Ich zu Frank: »Naja …« Ich war damals gerade neu mit meiner späteren Frau Petra zusammen, da will man nicht unbedingt alte Geschichten wieder ausgraben, und wenn sie noch so weit zurückliegen.

Frank wollte natürlich trotzdem seine Sendung machen. Also haben wir zwei Videos aufgenommen. Ich mit einer Videobotschaft für sie, sie mit einer Videobotschaft für mich, und gut war's. Frank kam vor der Sendung zu mir ins Hotelzimmer: »Waldi, du musst jetzt stark sein – so jung wie in deiner Erinnerung ist sie nicht mehr.« Zugegeben, war ich auch nicht mehr. Aber die damalige Liebe muss tatsächlich groß gewesen sein. Denn wir wurden unabhängig voneinander befragt – und konnten uns vierzig Jahre danach an genau die gleichen Ereignisse im Ferienlager im Harz erinnern. So weit meine Abenteuer im Osten …

Die Sendung mit Frank in Saarbrücken war trotzdem wunderbar. Denn Frau Hunziker hat alles gezeigt, was sie hat –

und mich fast so begeistert wie damals Renate. Nach der Sendung und nach einem gemeinsamen Essen bin ich mit Michelle in die Spielbank. Alle anderen waren müde. Frank wollte nach Hause, es war ja nur eine Stunde heim nach Luxemburg. Nur ich wollte noch nicht ins Bett, und Frau Hunziker auch nicht.

Also sagte ich: »Ich geh noch zum Zocken.« Michelle sofort: »Du gehst noch zocken? Ich geh mit!« Und als klar war, dass Michelle mitgeht, war plötzlich niemand mehr müde, auch Frank nicht. Alle wollten mit ins Casino. Dass er mich nicht alleine mit Michelle in die Spielbank gehen ließ, halte ich Frank bis heute vor. Trotzdem war es ein sehr lustiger Abend. Als ich mit Michelle am Roulettetisch stand, hatten die Croupiers nur Augen für sie – und wir gewannen! Vielleicht rollt die Kugel doch dahin, wo es am schönsten ist. Michelle Hunziker ist eine wunderbare, unkomplizierte Frau, eine der erfreulichsten Erscheinungen im Showgeschäft, in jeder Hinsicht.

Aber zurück zum jungen Waldi. Der nächste große Einschnitt bahnte sich an. Mit vierzehn ging ich zur Ferienarbeit, zunächst bei der Nürnberger Werkzeugfabrik Nüral. Seitdem weiß ich, was Inbusschlüssel und 16er-Schrauben sind. Dafür gab es die erste selbst verdiente Kohle meines Lebens. Davon habe ich mir ein neues Fahrrad gekauft und bin zur großen Radtour aufgebrochen, 1300 Kilometer an den bayerischen Seen entlang. Alleine zu radeln hat mir nichts ausgemacht. Trotz aller Lust auf die große Bühne und aufs große Publikum – ich war immer gern auch allein, mir ist als Einzelgänger nie langweilig geworden.

Den zweiten Ferienjob hatte ich dann im Milchhof Nürnberg, was wahrscheinlich meine lebenslange Abneigung gegen alle Milch-, Quark-. und Joghurtdiäten dieser Welt erklärt. Dort war ich Milchtütenabfüller, eine wahrlich aufregende Aufgabe.

Wobei: Wir haben das Beste daraus gemacht. Irgendwann habe ich mit zwei Kumpels, die ebenfalls dort gejobbt haben, eine Quarkschlacht veranstaltet. In der Mittagspause haben wir mit Viertelpfund-Quarktüten aufeinander geworfen wie beim Paintball. Wenn die Tüten getroffen haben, sind sie aufgeplatzt, das war eine beeindruckende Sauerei.

Leider kam der Käsereimeister früher als erwartet zurück. Wir mussten alles picobello sauber machen und wurden für den Rest der Ferien strafversetzt – zum Reinigen der zurückgegebenen Milch- und Kakaopfandflaschen. Überall war saure Milch drin, es war buchstäblich zum K..., das Grauen schlechthin! Saure Milch riecht ja schon furchtbar – ist aber das reinste Parfum gegen sauren Kakao. Es stank gnadenlos, mir wird heute noch schlecht, wenn ich nur daran denke. Jeder Ansatz von saurer Milch ist seitdem für mich der pure Horror. Deshalb habe ich nie Quark oder so saures Zeug gegessen. Ein Werbeangebot von Müllermilch für Joghurt müsste ich rundweg ablehnen, und wenn es noch so lukrativ wäre. Das wäre so unglaubwürdig wie ein hoher Kirchenmann in der Kondomreklame. Obwohl ...?

Dass mir öffentliche Auftritte unheimlich Spaß machen, habe ich zu dieser Zeit auch schon gemerkt, bei Aufführungen mit vierzehn oder fünfzehn im Theater der Jugend am Städtischen Schauspielhaus in Nürnberg. Gegeben wurde das Erich-Kästner-Stück *Emil und die drei Zwillinge*, und ich war der Gustav. Das war die Spaßrolle, die die Zuschauer toll fanden. Genau richtig für den jungen Waldi. Und als ich gesehen habe, dass das Schauspielhaus voll war und dass die Mädels, die Backfische, in der Überzahl waren, weil oft ganze Mädchengymnasien im Theater einfielen, war ich begeistert.

Also habe ich geschaut, dass ich sofort nach der Premiere hinten zum Bühnenausgang raus bin, wo mein Fahrrad stand. Und mit dem Radl bin ich dann direkt vors Schauspielhaus gefahren – damit mich alle sehen. Das war der erste Drang ins Rampenlicht mit der klaren Erkenntnis: Das beeindruckt die Mädels, wenn der Star von der Bühne plötzlich vor ihnen steht. Und so bekommt man Kontakt mit denen. Mit anderen Worten: Ich war eitel wie ein Depp.

Der Regisseur, ein leibhaftiger Regisseur des Schauspielhauses Nürnberg, sagte zu mir: »Schade, dass wir zwei Besetzungen haben. Weil, dich hätte ich gerne jedes Mal dabei.« Damals hatte ich richtig das Gefühl: Ist das toll! Viel besser als Schule! Eine gewisse Qualität als Rampensau, dieses Ich-scheiß-mir-nix-wenn-mich-alle-anschauen – die habe ich damals entdeckt. Das ist eine Qualität, die du vom lieben Gott mitkriegst. Entweder du magst es, oder du hasst es. Und ich mag's einfach.

Irgendwas musste dabei aber auch rausspringen, das war mir zeitlebens wichtig. Ordentliche Arbeit, ordentliche Entlohnung – eigentlich selbstverständlich. Monetär gab es damals noch nicht viel zu holen. Aber mir hat es schon gereicht, wenn ich mit meinem Fahrrad so langsam wie möglich am Schauspielhaus vorbeiparadiert bin – und drei Mädels gemerkt haben: »Das ist doch der Gustav!« Das hat mir die ersten größeren Glücksströmungen in Sachen Weiblichkeit verschafft, jetzt schon deutlich intensiver als bei Renate.

Kurze Zeit danach landete das Fahrrad in der Ecke. Denn es gab das erste Moped, natürlich eine alte Zündapp, wie sich das gehörte. Damals sind wir aufs Reichssportgelände zum Bolzen gefahren, zu den Amis. Und dort hat mich dann der Club entdeckt! Der große Club! Endlich! Allerdings waren es nicht die Fußballer – sondern die Handballer. Auch gut. So bin ich in der Jugend des legendären 1. FC Nürnberg gelandet, Abteilung Handball. Feldhandball, genauer gesagt. Die haben uns dort wirklich von der Straße weg eingefangen, weil sie nicht genug Nachwuchsspieler hatten.

Dumm war bloß: Ich hatte keine Ahnung vom Handball, hatte nie zuvor gespielt. Aber dort habe ich zum ersten Mal das berühmte weinrote Clubtrikot bekommen, ein Heiligtum. Damals hast du das ja nicht beim Merchandising kaufen können, im Kaufhof oder im Fanshop. Das musste man sich hart erarbeiten, das hast du nur als Mitglied gekriegt. Das war ein Ehrenzeichen, das war das Größte. Ich habe eine Woche in diesem weinroten Trikot geschlafen.

Beim Club durfte ich auch ein bisserl Fußball spielen. Aber so richtig zügig voran ging es mit mir beim Handball. Mit Kreisauswahl, Mittelfrankenauswahl, Bayernauswahl, Lehrgang in Grünwald. Fußball ging dann aus Zeitgründen nicht mehr und Schule eigentlich auch nicht. Ich musste immer neue Ausreden erfinden. Aber meine Versetzung in die damalige sechste Klasse, die heutige zehnte, konnte ich bei aller Mühe nicht mehr erfinden, denn die fand nicht mehr statt. Mir waren die Schwindeleien ausgegangen und ich musste eine Ehrenrunde drehen. Meine Eltern waren mehr traurig als wütend. Aber in Latein, Mathe, Französisch war ich eindeutig an meine natürlichen Grenzen gekommen, und meine Handballverrücktheit tat das ihre dazu. Rien ne va plus. Mathe habe ich nach der Volksschule nie mehr begriffen und begreife es heute noch nicht. Mathe, Physik, Chemie blieben mir fremd wie der Kommunismus, mir erschien das alles höchst rätselhaft. Und Chemie verstehe ich bis heute nur, wenn es um Mixgetränke an der Bar geht.

Aber immerhin: Der liebe Gott hat mir ein fantastisches Gedächtnis geschenkt. Was ich einmal gelesen oder gesehen habe, vergesse ich nicht mehr. Das half in den Lernfächern. Und beim Einpauken von Moderationstexten.

Im Wiederholungsjahr wurde es trotzdem erneut eng. Französisch! O weh! Beziehungsweise: Merde! Aber dann ergab sich ein vielversprechender Deal. Der Klassenlehrer ließ mich antreten: Hartmann, wir machen ein Geschäft. An der Schule will dich keiner mehr sehen. Doch ich will dir auch nicht für dein Leben schaden. Wenn du mir versprichst, dass du gehst, möglichst weit weg, gebe ich dir einen Vierer in Mathe. Das langt dann, trotz des Latein-Fünfers. Und du schaffst die sechste Klasse, deinen Abschluss und damit die Oberstufenreife. Die Alternative war: kein Schulabschluss. Denn Ausweichmöglichkeiten wie heute, Fachoberschule oder drei andere Hintertürchen, die gab es nicht.

Bis dahin hatte mich gerettet, dass an der Schule alle handballbekloppt waren. Ich bin deshalb sogar zum an meiner Schule bevorzugten TSV 1846 Nürnberg gewechselt. Weinrotes Trikot ade, ein schwerer Schritt! Aber das half jetzt auch nichts mehr. Denn ich hatte mich zum ersten Mal praktisch um Kopf und Kragen geredet. Ich war ja meistens Klassensprecher, bevorzugt stellvertretender – denn da hatte man was zu sagen, aber nicht die ganze Verantwortung. Die Kameraden wussten immer: Wenn es Probleme gibt, verbrennt sich der Waldi schon die Gosche für uns. Das ging dann so: »Herr Professor, die Klasse bittet darum, dass wir heute keine Hausaufgaben kriegen, weil wir gegen die 6c ein Fußballspiel haben.« Darauf der Herr Professor: »Die Klasse wünscht sich gar nichts, Hartmann. Du wünschst dir das.« Und schon hatte ich wieder die Arschkarte. Ich war im Lehrkörper also nicht übertrieben populär.

Und so ging Waldi …

Schule ade!

3

DU BIST NICHT ALLEIN

Meine Roy-Black-Story

Das Internet hat ja die unangenehme Eigenschaft, nichts zu vergessen. Bettina Wulff musste das sehr zu ihrem Leidwesen erleben. Und auch über mich hat der große Bruder Google einiges zu bieten, was sich wohl nie mehr aus der Welt schaffen lässt. Wobei: Die Waldi-Geschichten sind, Gott sei Dank, harmloser als bei Frau Wulff. Das Lieblingsgerücht über den jungen Waldemar Hartmann, und zwar bis heute, mit 102 000 Suchergebnissen im Internet, wie ich Ende 2012 mit Staunen festgestellt habe: Waldi war Bassist in der Band von Roy Black.

Klingt spannend – stimmt aber leider nicht. Also, um das ein für alle Mal aufzuklären, vielleicht kapiert's ja irgendwann auch Google. Die Geschichte geht so: Zwei Jungs in meiner Klasse am Willstätter-Realgymnasium in Nürnberg und weitere zwei in der Parallelklasse spielten in der Schulband, namens The Blizzards. Die haben auf allen Schulfesten gerockt, wie das damals eben so üblich war in der frühen Beat-Ära. Und irgendwann habe ich zum Gitarristen, der sich standesgemäß, denn alles Englischklingende war Trumpf, den

Namen Johnny zugelegt hatte, gesagt: Mensch, ich würde so gern mal bei euch singen! Denn singen – das klang nach Rock 'n' Roll! Nach Beatles! Nach Ruhm! Und vor allem nach Mädchen! Johnny war begeistert: »Na klar, dann sing doch!«

Also sang ich, 1965, mit siebzehn. Und ich war plötzlich ein Blizzard – wenn auch nur ein Gast-Blizzard, was aber niemand so genau nahm. Also mehr oder weniger ein Popstar! Ein Held! John Lennon, aufgepasst, Waldi kommt!

Mein Gott, was habe ich alles gesungen damals: »Glad all over« von den Dave Clark Five, »Don't Ha Ha« von Casey Jones & The Governor und so'n Zeug eben. Auf jedem Fest, auf dem die Blizzards gespielt haben, war auch ich, und habe meine drei, vier Gstanzl gesungen. Auf der Bühne habe ich gesät – und danach im weiblichen Teil des Publikums zu ernten versucht. Die Ernte war durchaus reich. Aber ich muss auch sagen: Ich war kein Vollender damals. Ich war wie ein Fußballer mit Tendenz zum Mittelfelddirigenten. Wenn ich drei Gegner umspielt habe und allein vor dem Torwart stand, musste ich die Kiste nicht auch noch machen. Ich mochte es schwieriger. Gottlob blieb ich nicht auf ewig »Waldi, der Unvollendete«.

Bass gespielt habe ich jedenfalls nicht. Ich habe den Bass vielleicht einmal in der Hand gehabt, mit zwei Griffen – das war's aber auch schon. So weit zur Google-Bassisten-Geschichte.

Die Blizzards wurden damals in Nürnberg immer größer und berühmter, »fränggische Beadles« sozusagen. Und irgendwann engagierte Kaufhof die Jungs für eine große Fete in den Humboldt-Sälen, für den sogenannten Record Hop (klingt auf Fränkisch noch viel schöner!). Und zu dieser Sause wurden immer auch leibhaftige Stars verpflichtet: Teddy Parker, der frühe Michael Holm noch vor der Abreise nach Mendocino – und irgendwann auch ein gewisser Gerd Höllerich, unter dem eleganten Namen Roy Black auf dem Weg zu erstem Ruhm. Wobei: Noch war der Ruhm ein ganzes Stück weit entfernt. 1965 hatte Gerd zwei Platten gemacht, die sich beide als Flop entpuppten. Um ehrlich zu sein: Keine Sau kannte ihn damals außerhalb seiner Heimatstadt Augsburg. Die Welt ignorierte hartnäckig »Roy Black and His Cannons« und seine beiden Singles mit den schönen Titeln »Sweet Baby mein« und »Darling my Love«. Die dritte Single, der Schmachtfetzen »Du bist nicht allein«, erstmals ohne die Cannons, lief dann allerdings prächtig und wurde Nummer vier in Deutschland. Aber so weit war es noch längst nicht, damals im frühen Sommer 1965, als sich der siebzehnjährige Waldemar Hartmann und der fünf Jahre ältere Gerd Höllerich in Nürnberg erstmals über den Weg liefen.

Gerd studierte damals BWL in München und kam mit seinem alten Opel Olympia in Nürnberg angefahren. Auf dem Record Hop hat er mit meiner Schülerband, den Blizzards, drei, vier Stücke live gesungen. Die Band war super. Beatles, Everly Brothers, die hatten alles drauf. Und Gerd, man muss es sagen, sang hörbar besser als ich. Mehr als das: Er war ein brillanter Sänger. Und ich war bei den vier Blizzards so etwas wie Pete Best bei den Beatles – der fünfte Blizzard. Nicht richtig dabei, aber irgendwie doch und vor allem happy, das Zentrum des mittelfränkischen Rock 'n' Roll hautnah mitzuerleben.

Ich habe mich mit Gerd ein bisserl angefreundet. Wir saßen bei mir zu Hause, und er war deprimiert, weil seine Karriere nicht lief. Irgendwann hockten wir auf dem Gehsteig, und er haderte: »Jetzt fahre ich nach Köln und mache noch eine Platte. Und wenn das nicht klappt, höre ich ganz auf.« Er hatte damals schon dieses melancholisch Umflorte, für das er später so berühmt war. Und Gerd fuhr tatsächlich nach Köln und hat »Du bist nicht allein« aufgenommen. Hammer! Mega! Nummer eins waren die Stones mit »Satisfaction«, dahinter die Byrds mit »Mr. Tambourine Man«, und kurz danach kam mein Kumpel Gerd Höllerich aus Augsburg mit seinem Opel Olympia und »Du bist nicht allein«. Unfassbar für uns alle in Nürnberg!

Und das mit einer Schnulze! Gerd war ein Rock 'n' Roller, aber er war zugleich ein Romantiker. Und dieser Zwiespalt hat ihn immer wieder schier zerrissen. Ich habe seine Hoch-Zeiten erlebt, aber auch seine Downs. Sein ganzes Leben war eine Achterbahnfahrt bis hin zum späten Comeback mit dem *Schloss am Wörthersee*. Mehr Höhen und Tiefen passen in kein Menschenleben.

Im Sommer 1965 zerstritt sich Gerd mit seiner Augsburger Band, den Cannons. Aber er hatte ein Engagement im Regina-Tanzpalast im Bochum. Ein Sänger ohne Band, das ging nicht – also Anruf in Nürnberg bei den vier Blizzards: »Wollt ihr mit mir vier Wochen dort spielen, sind eh Ferien? Und Waldi, willst du nicht mitkommen?!«

Waldi wollte. Und wie er wollte!

Also auf nach Bochum, per Anhalter! Ich kam dort an, am ersten Abend, und der Laden war leer. Mausetot! In Bayern lief »Du bist nicht allein« im Radio schon rauf und runter. Aber bis rauf ins Ruhrgebiet, tief im Westen nach Bochum, hatte sich die neue Weltmusiksensation aus Augsburg noch nicht herumgesprochen. Die Tage davor hatte ein gewisser Benny Quick aus Duisburg mit seinem Superhit »Motorbiene« im Regina abgeräumt. Doch bei Roy Black kam kein Mensch. Ich habe selten so einen erschütternd leeren Laden gesehen. Gerd war deprimiert, mal wieder. Hat doch alles keinen Sinn mit der Singerei ...

Dass keiner kam, war schlecht für Roy, aber gut für mich. Ein Häuflein Versprengter landete irgendwann doch im Regina, und ich sang ein bisserl mit den Blizzards. Und ich gab den Moderator für Roy, kündigte ihn an, auch wenn praktisch niemand zuhörte. Aber ich stand auf der Bühne, ich war Conferencier! Und da merkte ich zum ersten Mal so richtig, mehr noch als damals im Nürnberger Theater als Gustav: Hey, das macht dir Spaß!

Irgendwann kamen sechs Asbach-Cola für uns auf den Tisch – vom Chef des Regina höchstpersönlich. Denn der war Jude, und ihm gefiel unser »Hava nagila«. Danach gab's noch ein Rüscherl und noch eines und noch eines. Das ging drei oder vier Tage so. Debakel. Nichts los.

Und dann passierte das Wunder. Mein erstes Fernsehwunder.

Roy war zwischendurch weg, hatte Auftritte im Fernsehen, in der *Schaubude* in Hamburg, und in der RTL-Radio-Hitparade, die damals im Ruhrpott das Evangelium war. Und plötzlich explodierte das Ding. Innerhalb einer Woche war alles anders.

Ab Montag war die Hütte voll. Und zwar richtig. Und Conferencier Waldi war in seinem Element auf der Bühne. Ich habe Brandt nachgemacht, ich habe Strauß nachgemacht, ich habe alles ausgepackt, was ich mit meinen siebzehn Jahren draufhatte. Und weil das ganz gut ankam bei den Leuten, wollte mich der Besitzer des Regina für seine Großdisco in Dortmund als DJ verpflichten. Das war gerade die Zeit dieses Wandels, weil die Bands kaum mehr zu bezahlen waren und deshalb immer mehr Diskotheken aufgemacht haben. Nicht mehr Livemusik zählte, nur noch Platten.

Eigentlich wollte ich ja immer noch Abitur machen. Aber der Diskothenbesitzer redete auf mich ein: »Waldemar, die Leute mögen dich. Ich zahl dir gutes Geld.« Und er hatte recht: Die Leute mochten mich wirklich, vor allem die weiblichen Leute. Was tun? Der gute Mann wollte mir 1500 Mark im Monat bezahlen, bar auf die Hand. Das war das Doppelte, was mein Vater damals verdient hat, der brave Straßenbahnfahrer und Schulpedell. Es war unfassbar viel Geld. Viel zu viel Geld! Viel zu viele Mädchen!

Aber Waldi blieb stark. Waldi wollte immer noch Abitur machen. Waldi ging also noch mal ein Jahr zur Schule, ein allerletztes Jahr.

Über all die Jahre habe ich Roy Black, der für mich immer Gerd Höllerich blieb, von Zeit zu Zeit getroffen. Wir haben uns mal aus den Augen verloren, dann wiedergesehen. Und eine gewisse Verbundenheit blieb immer – bis Silke kam, seine Frau, die alle um ihn herum weggebissen hat. Sie wollte Roy ganz für sich, sie hat gewonnen, weil sie blond und schön war – und wir anderen nicht.

Einige Male waren wir an der Fischerhütte in Heldenstein bei Mühldorf, in der er 1991 gestorben ist. Ich erinnere mich besonders an einen Tag: Gerd, der schwerer Rotweintrinker war, stand in einem superstarmäßigen weißen Flokatimantel auf dem Steg. Er war betrunken, völlig überdreht, sprang in seinem Mantel in den See – und ging mit dem tonnenschweren Teil natürlich unter wie ein Stein. Sein Bruder Walter und ich mussten nach ihm tauchen, fanden ihn buchstäblich in letzter Minute und zogen ihn raus. Als er gestorben ist, habe ich ganz für mich allein einen stillen Gedenkabend eingelegt. Gerd hat die eine oder andere Weiche gestellt in meinem Leben, das eine oder andere aufs Gleis gebracht.

Für ihn war es Vollstress, auf der Bühne zu stehen. Ich habe es immer geliebt, Gerd hat es gehasst. Genau wie das Gefühl, eine Musik machen zu müssen, die er eigentlich nicht mag, die Schlager, den ganzen Kitsch. Und damit dann auch noch ins Tal zu geraten, ins Abseits. Wenn du etwas machst, das du nicht magst und damit Erfolg hast, ist das vielleicht noch in Ordnung. Aber etwas zu machen, das du nicht magst und damit keinen Erfolg mehr hast – das muss die Hölle sein, Und das war die Hölle für Roy Black. Alkohol, Drogen, aus dem Klofenster stürzen – schöne Schlagerwelt. Dafür brauchst du eine stabile Psyche. Und die hatte er nicht. Schön ist es auf der Welt zu sein? Von wegen.

Wenn ich heute im Radio ein Lied von Roy Black höre oder beim Zappen auf einen alten Film stoße oder auf das *Schloss am Wörthersee* – das ist immer eine Reise in die Vergangenheit, zu den Wurzeln. Was im Nachhinein über ihn berichtet wurde, das uneheliche Kind, die Erbstreitigkeiten, der viele Schmutz – das hat mich abgestoßen und nicht mehr interessiert. Mein Bild von Roy Black, von Gerd Höllerich ist ein anderes. Mein Bild ist das eines liebenswerten, herzensguten, eines vielleicht zu guten Menschen, eines ganz großen Gefühlsmenschen – und das will ich behalten.

Die Blizzards-Geschichte ging jedenfalls weiter. Als Roy Black & The Blizzards bekannter wurden, mussten sie 1966 ihren Namen ändern, denn es gab schon eine Hamburger Band, die Blizzards hieß. Zeitgemäß, schließlich waren das die frühen Hippiejahre, benannten sie sich um in »Improved Sound Limited«. Irgendwann wurden sie im Bayerischen Rundfunk zur »BBBB« gewählt, zur »Besten Beat-Band Bayerns«. Sie machten Filmmusik, TV-Musik für den *Kommissar*, alle von ihnen waren fantastische Musiker.

Und Rockin' Waldi? Versuchte es noch einmal mit der Schule. Aber im Frühjahr 1966 habe ich schon gemerkt: Hartmann, das wird eng, das wird nix mehr. Also mit achtzehn Einstieg ins ehrliche Berufsleben. Lehre bei der Nordstern in Nürnberg – ausgerechnet Versicherungskaufmann! Es war grauenvoll. Waldi, der Conferencier, der Freund der jungen Damen, hatte eine neue Aufgabe: Akten bei der Post abholen, Akten im Keller einlagern, Akten von hinten nach vorne räumen und zurück, Brotzeit holen. Und danach das ganze Programm wieder von vorne. Ich versauerte. Die Rampensau verstaubte im Aktenkeller.

Die Materie an sich hat mich durchaus interessiert. Ich wollte gern Anwalt werden wie Perry Mason im Fernsehen. Das waren ganz große Auftritte, die ich dort von ihm sah: Plädoyers halten, Goschen spielen lassen, den Rächer der Enterbten geben. Meine Auftritte bei der honorigen Firma Nordstern fielen dagegen vergleichsweise bescheiden aus. Ich hatte damals nur einen Gedanken: Das kann's nicht sein. Das ist nicht mein Leben.

Trost verschafften mir meine nächtlichen Ausflüge in den Gaslight-Club. Durch meine Auftritte mit den Blizzards und meine kleine Rolle am Theater der Jugend war ich in den Teufelskreisen, die damals in Nürnberg unterwegs waren, durchaus schon bekannt. Und es kam, was kommen musste: Irgendwann hat Nordstern-Waldi damit begonnen, im Gaslight Platten aufzulegen – was dazu führte, dass ich nie vor fünf Uhr früh dort herauskam.

Aber um acht wartete bereits Herr Nordstern auf mich. Ich musste also wieder tricksen. Ich erfand dringende Jobs, die ich im tiefen Nordstern-Keller zu erledigen hatte, umfangreiche Umsortierungen von Akten, die dringend durchzuführen waren – und schlief mich da unten erst mal zwischen meinen Aktenordnern aus. Vermisst hat mich ohnehin niemand. Ich wusste noch nicht, was mein Leben war. Aber der Keller der Firma Nordstern war es garantiert nicht.

Irgendwann hat diese wunderbare Firma mit dem Spruch »Nordstern, mein Glücksstern« Reklame gemacht. Mein Glücksstern sah allerdings anders aus.

Bis eines Tages der Anruf kam, der mein Leben veränderte. Gerd Höllerich war dran. Herr Black. Der neue Superstar. Mein Erlöser, ganz in Weiß. Es war doch schön, auf der Welt zu sein. Gerd hatte eine Botschaft, die ich ersehnt hatte wie Moses die Zehn Gebote, und diese Offenbarung klang so: »Waldi, hör mal, eine Gruppe aus München zieht in Augsburg einen Riesenladen auf, das Big Apple. Komm doch und mach dort den DJ. Oder was ist jetzt mit deiner Lehre? Hast du Spaß bei deiner Versicherung?«

Hatte ich nicht, Roy. Hatte ich ganz und gar nicht.

Also wollte ich mir das wenigstens mal anschauen, was die so trieben, in Augsburg, in dem Riesenladen. Ich bin von Nürnberg nach Augsburg getrampt. Was dort stattfand, war eine Art DJ-Casting. Probe-Schallplatten-Auflegen.

Es war tatsächlich ein Riesenladen, und er war bumsvoll. Damals haben die DJs ja nicht nur Scheiben abgedudelt, sondern dabei auch noch gebabbelt. Ich habe meine Platten aufgelegt, ich habe gebabbelt – und die wollten mich tatsächlich nehmen. Und mir 1000 Mark im Monat zahlen. Eintausend harte deutsche Mark! Weniger als mein Freund aus dem Ruhrpott, aber immer noch sagenhaft viel. Ein Schweinegeld und mehr, als mein Vater verdiente.

Damit war es so weit: No more Nordstern! Dienstantritt in Augsburg zum nächsten Ersten des Monats. Die Begeisterung meiner Eltern fiel überschaubar aus. Discjockey, was ist das? Platten auflegen und dazu was sagen – das ist doch kein Beruf. Versicherungskaufmann, das ist ein Beruf!

Die Botschaft war eindeutig: Jetzt hast du schon kein Abitur gemacht – und nun das. Meine Eltern sahen das Leben ihres Stammhalters endgültig im tiefen Elend enden. Aber 1000 Mark im Monat waren ein anständiges Argument, das selbst meine alten Herrschaften verstanden. Auch wenn mein Vater nicht nachvollziehen konnte, wie man für keine Arbeit so viel Geld kriegen konnte. Trotzdem leistete er die Unterschrift, die er leisten musste, um den Versicherungsvertrag aufzulösen.

Manchmal denke ich mir heute noch: Wenn der Höllerich mich nicht angerufen hätte, wäre ich nie nach Augsburg gekommen. Dann gäbe es keinen Sportjournalisten Hartmann, sondern vielleicht den erfolgreichen Versicherungsgeneralagenten Hartmann mit noch dickerem Bauch, wer weiß das schon? Aber ich bin froh, dass Gerd angerufen hat. Wäre ich nicht nach Augsburg gekommen, wäre alles anders gelaufen. Sein Anruf war entscheidend. Nordstern forever? Besser nicht!

Und so trat Waldemar, achtzehn, seinen Weg ins Showgeschäft an – Waldi goes to Hollywood, sozusagen.

Oder zumindest nach Augsburg.

4

DER BEATKÖNIG VON AUGSBURG

*Wie ich einmal die Bee Gees
als DJs beschäftigte*

Ich kam also in Augsburg an. Mit einem Job, mit üppigen 1000 Mark im Monat. Aber ohne Dach über dem Kopf. Gerd war schon wieder großartig. »Dann schläfst du die erste Zeit eben bei uns.« Und Gerds Mutter war noch großartiger. Mama Höllerich, Mrs. Black also, bemutterte mich, nahm mich an Kindes statt an. Ich war quasi, neben Walter, der Bruder von Roy Black. Der schwarze Waldi, damals noch ganz ohne Politklischee. Also: ein paar Nächte bei den Höllerich-Blacks, bis ich im Stadtteil Göggingen ein möbliertes Zimmer aufgetrieben habe.

Ich mutierte zum Augsburger. Tatsächlich meinen heute viele Leute, ich stamme aus Augsburg, weil ich den fränkischen Dialekt nie gepflegt habe und ihn nicht ganz so prickelnd finde. Vielleicht wollte ich dem Fränkischen, diesem Dialekt, ja entfliehen. Was mir viele Clubfans bis heute verübeln, weil ich mein Club-Glaubensbekenntnis nicht jeden Tag abgelegt habe.

Augsburg war eine neue Welt für mich. Ich hatte keine Mama mehr vor Ort, aber dafür ein möbliertes Zimmer mit einer Herdplatte. Im März 1966 war ich achtzehn geworden, und am 1. April habe ich im Big Apple angefangen, far away from home. Gleichzeitig begann, zu meinem Glück, die große Zeit der Discjockeys. Nicht mehr die Bands waren die Stars wie früher – jetzt war der DJ umschwärmt. Das waren die neuen Zeiten. Und ich fand sie gut, die neuen Zeiten.

Das Big Apple brachte einen Hauch von New York nach Augsburg. In den Laden sind sogar die Münchner gepilgert, der war richtig angesagt. Und bei mir lief alles, was 1966 brandheiß war: Spencer Davis Group, Kinks, Beatles, Stones, Equals und so. David Garrick mit »Dear Mrs. Applebee« trat sogar live bei uns auf.

Mein großer Trumpf als DJ, außer der großen Gosche: Damals waren fast 20 000 GIs in Augsburg stationiert, das war fast eine eigene Stadt in der Stadt. Und die Amerikaner brachten immer viel Musik mit. Massenhaft Platten, die man sonst nur in den USA kaufen konnte. Deshalb war ich mit Musik so gut ausgestattet.

In dieser Zeit traf ich auch meinen bis heute besten Freund, den späteren BR-Journalisten und heutigen Steinbrück-Berater Hans-Roland Fäßler, der mich nach wie vor treu und tapfer begleitet. Roland und ich kannten uns schon flüchtig aus Nürnberg, und er kam einige Zeit nach mir ebenfalls nach Augsburg – ohne dass wir voneinander wussten. Er fing damals ein Volontariat bei der *Augsburger Allgemeinen* an. Ich war DJ, er kam irgendwann in den Laden – was zur ersten umfangreichen Erwähnung von Waldemar Hartmann in der schwäbischen Weltpresse führte. Die ganzseitige Geschichte, die Roland in der *Augsburger Allgemeinen* über mich schrieb, trug den schönen Titel: »Der Beatkönig von Augsburg«.

Es lief prächtig. Und dann kam erstmals auch noch das Fernsehen ins Spiel. In der Sporthalle Augsburg fand die ZDF-Show *Der Goldene Schuss*, statt, die zweite Sendung mit dem neuen Moderator Vico Torriani, nachdem Lou van Burg geschasst worden war. Gäste waren unter anderem der Soulsänger Lou Rawls, Schlagerfee Marion (»Er ist wieder da«), die süße Französin France Gall (»Poupée de cire, poupée de son«) – und, festhalten, die Bee Gees höchstpersönlich! »Spicks and Specks«! »New York Mining Disaster 1941«! »To Love Somebody«! Und, erstmals in dieser Sendung in Deutschland vorgestellt: »Massachusetts«!

Die Herren aus Australien probten eine Woche lang in Augsburg – unvorstellbar heutzutage, wo solche Superstars für drei Stunden mit dem Privatjet einfliegen und sofort nach dem Auftritt wieder auf der Flucht nach Hause sind. 1967 war das noch ganz anders! Barry Gibb! Robin Gibb! Maurice Gibb! Und der vierte Bee Gee, Vince Melouney, an den sich heute kaum mehr jemand erinnert. Weil ich schon eine Art bunter Hund war in der Stadt, durfte ich bei den Proben zum *Goldenen Schuss* zuschauen – Wahnsinn, war das cool, die Bee Gees live zu sehen!

Aber es kam noch besser! Denn wer marschierte am gleichen Abend schnurstracks in unser Big Apple? Barry, Robin und Maurice Gibb. Wow! Barry, der Schöne, baggerte sofort meine damalige Verlobte aus Nürnberg an – bis ich an die Bar bin und ihm gesagt habe: Mein lieber Freund Barry, das ist die meine! Aber er war ein guter Verlierer. Jedenfalls saßen Barry und Robin kurz darauf bei mir im DJ-Kabuff, durchkramten meine Plattensammlung – und waren begeistert! Ich hatte die Everly Brothers rauf und runter im Angebot, und die Jungs waren totale Fans der Everly Brothers. »Boah, you got the Everly Brothers! Dürfen wir ein paar Platten auflegen?« Klar durften sie. Also legten Barry und Robin Gibb für mich Platten auf. Und ich bin derweil zu den Amis rausgefahren, um noch mehr Platten von den Everly Brothers zu besorgen.

Man könnte sagen, Big Apple war *Kir Royal* auf Schwäbisch: In ist, wer drin ist. Irgendwann kam auch die Augsburger Zeitungslandschaft nicht mehr an uns vorbei. Bei mir erschien höchstpersönlich Walter Kurt Schilffarth, bis heute legendärer Verleger und Chefredakteur der *Schwäbischen Neuen Presse*. Die hatten in ihrem Blatt eine Klatschspalte namens »Night Spots«. Und Schilffarth fragte mich: »Du bist doch eh jeden Abend da. Kannst du mir die schreiben? Das ist besser, als wenn ich irgendjemanden hierherschicke, der sich nicht auskennt und der eh nur die Kellner ausfragt.« Und so waren meine ersten journalistischen Arbeiten Klatschkolumnen für die *Schwäbische Neue Presse*: »Waldis Night Spots«. Ein früher Michael Graeter. Der war vorher übrigens mein Klatschkonkurrent bei der *Augsburger Allgemeinen*, bevor er zur *Abendzeitung* nach München gegangen ist und lange bevor er als Role Model für Baby Schimmerlos diente.

Und so ging es weiter. Im Zuge meines Kolumnenschreibens schaute ich ab und zu in der Redaktion der *Neuen Presse* vorbei. Und weil die Kollegen wussten, dass ich fußballnarrisch war, haben sie mich gefragt, ob ich Lust hätte, auch für den Sport zu schreiben. Tagsüber hatte ich ja Zeit – also wurde der Sportreporter Waldi Hartmann erfunden. Schon wieder ein neues Leben für mich.

Abends Disco, High Life im Big Apple. Und tagsüber ganz brav Volontariat bei der *Schwäbischen Neuen Presse*. Die Dinge nahmen ihren Lauf. Zeugnis habe ich nie eines verlangt. Viele Jahre später, als ich für den Bayerischen Rundfunk meine Bewerbungsunterlagen zusammenstellte, schrieb mir Schilffarth nachträglich eines – das so skandalös gut ausfiel, dass sie sich beim BR gefragt haben müssen: »Warum will der Mann eigentlich Reporter werden? Anscheinend ist der so gut, der muss mindestens Intendant werden.«

Um 1968 herum war ich dann schon wieder auf der Flucht – diesmal nach Wiesbaden, in die dortige neue Dependance meines Arbeitgebers, ins Big Apple Wiesbaden, das es heute noch gibt. Wieder ein möbliertes Zimmer, wieder neue Eindrücke, wieder neue Frauen – und trotzdem ein Fehler. Ich war verloren, mir hat der Draht zur Stadt gefehlt, den Leuten hat meine Musik nicht gefallen, und mit den Chefs habe ich mich auch nicht verstanden.

Also zurück nach Augsburg, das mittlerweile meine Heimat war. Jetzt aber nicht mehr ins Big Apple, sondern in die Rumpelkammer – einen kleineren Laden, der besser zahlte und bei dem sie hofften, dass ich Gäste aus dem großen Apfel mitbrachte. Leider war dort aber nicht viel los, der Name Rumpelkammer hat perfekt gepasst.

Deshalb habe ich mich von einer DJ-Agentur anwerben lassen und bin als Discjockey auf Wanderschaft gegangen. Ich war in Villingen im Schwarzwald, in Hamburg, immer vier Wochen, Waldi all over the world. Mannheim glich einer wahren Nahkampfausbildung, im harten Viertel, in einem Laden namens Blow up. Dort war es bis um elf leer, und um ein Uhr war bereits Sperrstunde. In den zwei Stunden dazwischen musste die Hütte also brennen. Und sie hat gebrannt.

Das Blow up war das Sammelbecken der Mannheimer Halbwelt, Viertelwelt, Achtelwelt und überhaupt Unterwelt. Kurzum: kriminell! Ich kann mich erinnern, zweiter Abend – und ein Typ kommt zu mir, er will Johnny Mathis hören. Ich denk mir, okay, könnte ich später vielleicht mal spielen, lege eine andere Platte auf und noch eine und noch eine – bis der Johnny-Mathis-Fan wieder neben mir steht mit einem guten Argument in der Hand, einem Messer: Hab ich nicht gesagt, ich will Johnny Mathis hören? Und zwar jetzt!

Ich habe also zügig Johnny Mathis gespielt – und bin danach zum Chef: »Herr Winter, hier kann ich nicht bleiben.«

Er zieht einen Revolver aus der Schublade, geht mit der Wumme zu meinem Johnny-Mathis-Fan, knurrt ihn an: »Freund, den lässt du in Ruhe.« Ich dachte nur, wo bin ich da hineingeraten? In der Pension, in der ich wohnte, gab's ständig Razzien. Waldi in der Unterwelt.

Ich wollte unbedingt weg, verständlicherweise. Aber ich hatte nichts anderes und auch nichts gespart. Also musste ich bleiben. Mannheim war meine Grundausbildung. Irgendwann fand auch dort eine Razzia statt, der Laden wurde dichtgemacht wegen mehrmaligen Übertretens der Polizeistunde. Winter, ein Jude, sagte zu mir: »Bleib da, in drei Tagen sperren wir wieder auf.« Was folgte, war die ganz harte Nummer: Er geht mit mir auf die Polizei, krempelt die Ärmel hoch, zeigt den Polizisten seine Nummer aus Auschwitz und sagt ganz ruhig: »Ihr habt meine ganze Familie kaputtgemacht, ihr habt alles kaputtgemacht. Und jetzt macht ihr es schon wieder.« Er hat das ganz bewusst eingesetzt. Und es sei ihm gegönnt: Einen Tag später war der Laden wieder auf. Mannheim und ich, das wurde für mich ein weiteres Kapitel aus der Schule des Lebens.

1969, nach einem Jahr auf Tour, kam ich zurück nach Augsburg. Ich wurde Discjockey im Moby Dick. Das war der tollste Laden, den ich je gesehen habe. Der Besitzer hatte ein altes englisches Segelschiff ab- und dort wieder aufgebaut, mit Seewasseraquarien. Du hast aus den Bullaugen rausgeschaut, der pure Wahnsinn. Trotzdem lief der Laden irgendwann immer schlechter. Der Geschäftsführer musste gehen, es gab zu wenig Aktionen, es wurde zu wenig getrommelt. Wir haben nur aufgesperrt und gehofft, dass die Leute von allein kommen. Die anderen haben richtig die Event-Schiene gefahren, wie man heute sagen würde, Ladies Day, Happy Hour, Karaoke, die ganze Klaviatur. Wir haben einzig und allein darauf gesetzt, dass wir die Besten und die Schönsten sind. Zumindest haben wir das geglaubt.

Jedenfalls kam eines Tages der Besitzer zu mir, der Multimillionär Otto Schnitzenbaumer, der auch den bekannten Augsburger Hotelturm gebaut hat, und fragte mich, ob ich mir zutraue, den Laden als Geschäftsführer wieder in Schwung zu bringen. Ich war zwar erst einundzwanzig, aber ja, traute ich mir das zu. Okay, mache ich. Und natürlich fand ich das toll, plötzlich »Cheffe« zu sein. Es hieß: Waldi kennt die meisten Leute, der kriegt das hin.

Wir haben jede Menge Aktionen ausgeheckt, mit dem Personal, mit den Bedienungen. Ich habe mich wirklich persönlich um jeden Gast gekümmert, bin von Tisch zu Tisch gewandert. »Hallo«, »Wie geht's?«. Habe mich richtig reingehängt. Am zweiten Wochenende danach sind die Leute bis auf die Straße gestanden. Der Laden lief wieder.

Aber ich hatte Hummeln im Hintern, und die trieben mich weiter, immer weiter. Es gab noch so viel zu erleben, so viel Musik, so viele Partys, so viele Frauen. Um 1970, 1971 herum eröffneten die Moby-Dick-Betreiber in München, im Holiday Inn in der Leopoldstraße, das Yellow Submarine – wieder so einen maritimen Laden mit Haifischen im Aquarium, die rund um dich herumgeschwommen sind. Alles war als U-Boot inszeniert, sehr gewöhnungsbedürftig. Das sollte der neue absolute Topladen werden. Und der Betreiber meinte: »Hartmann, kommen Sie doch die ersten drei Monate nach München.«

Voilà: Waldi nach München.

Bei der Eröffnung habe ich zum ersten Mal Rudolph Moshammer gesehen, seine Mutter und den Rolls-Royce. Diesen Auftritt werde ich nie vergessen. Ich dachte, ich bin in Hollywood. So etwas Exotisches wie die Mama mit den lila Haaren und den Mosi mit einem Topf auf dem Kopf, das hatte ich noch nie erlebt, weder in Hamburg noch in Berlin. Die Invasion der Marsmenschen!

Nach drei Monaten in München bin ich zurück ins Moby Dick nach Augsburg. Damals war ich auch schon verheiratet, zum ersten Mal. Meine Frau Gabi hatte ich kennengelernt, als sie als Aushilfe an der Bar jobbte.

Meine weitere Karriereplanung schaute so aus: Ich war Geschäftsführer gewesen, ich hatte im großen München gearbeitet, was nochmal eine andere Liga war als das kleine Augsburg. Also habe ich mir gedacht: Warum sollst du immer in fremde Taschen wirtschaften? Der eigene Laden muss her! Also habe ich 1971 in der Stettenstraße in Augsburg Waldys Club aufgemacht, als Jungwirt mit dreiundzwanzig, und damals noch mit y. Meine letzte Fernsehsendung bei der ARD, fünfunddreißig Jahre später, hieß dann ebenfalls *Waldis Club*, auch wenn aus dem y zwischenzeitlich ein i geworden war – ich finde, an einem bewährten Namen sollte man so lange wie möglich festhalten. Gleichzeitig habe ich weiterhin Handball gespielt und meine Promikolumnen in der *Schwäbischen Neuen Presse* geschrieben.

Die Finanzierung des ersten eigenen Ladens war nicht ganz einfach. Aber ein bisserl was hatte ich gespart, der Schuppen war von der Brauerei gepachtet – und ein paar Stammgäste haben kräftig mit angepackt. Im Prinzip haben sich meine Stammgäste aus dem Moby Dick ihren eigenen Lieblingsladen buchstäblich selber zusammengebastelt.

Und es war keine normale Kneipe, sondern ein sogenannter Schlüsselclub. Das hatte ich irgendwo gesehen, und das funktionierte so: Jeder Stammgast konnte sich einen Schlüssel kaufen, mit dem er in den Club kam – aber nur für die innere Tür. Den Schlüssel zur äußeren Tür hatte nur ich. Aber wenn dort auf war, konnte jeder rein, und ich musste keinen Türsteher bezahlen.

Auf diese Weise konnte sich also jeder Gast besonders wichtig fühlen. Und der Clou: Jeder Schlüssel passte auch zu einem Schließfach, wo die Gäste ihre persönlichen Flaschen deponieren konnten. Die Idee klang eigentlich genial, denn damals wurden noch flaschenweise Spirituosen gesoffen. Whisky, Cognac, Wodka. Und wer sein Flascherl nicht leer bekommen hatte, konnte es dort einlagern und am nächsten Tag weitertrinken. Und für die Clubmitglieder gab's die Flaschen natürlich zum Special Price. Eine grandiose Idee, die nur einen gröberen Nachteil hatte: Sie funktionierte leider nicht. Es waren zwar tolle Leute bei mir im Club – aber immer nur zehn oder fünfzehn. Mein Freund Roland hat in der *Augsburger Allgemeinen* zwar anständig getrommelt für den ersten Schlüsselclub der Stadt – bloß schienen das alle außer mir zu kompliziert zu finden. Die Leute dachten wohl, in meinen Club kommt man nur mit einem Schlüssel rein, was Unsinn war. Denn natürlich durfte jeder kommen, der Schlüssel war nur ein Extra-Gag.

Ergebnis: Es kam (fast) kein Mensch.

Waldi hatte ein Kommunikationsproblem. Und Waldi musste seine Rechnungen bezahlen. Dringend. Also Schluss mit der Schlüsselnummer.

Eine neue Strategie und vor allem neue Gäste mussten her. In Augsburg war die Uni gerade erst frisch gegründet worden, aber schon länger gab es die Pädagogische Hochschule, die PH, mit 2000 bis 3000 Studenten. Also habe ich dort einen Zettel ans Schwarze Brett geheftet: Bedienungen als Aushilfe gesucht! Die Mädels rückten an, mich hat überhaupt nicht interessiert, ob sie unfallfrei ein Tablett tragen konnten, ich habe nur geschaut: schön – oder sehr schön?

Die sehr Schönen, und noch lieber die sehr, sehr Schönen, durften bei mir anfangen – und, das war natürlich der Plan, ihre Kommilitonen in meinen Laden locken.

Montag war ab sofort PH-Abend. Wir haben Flugblätter verteilt, Gas gegeben, alle Schlüssel weggeschmissen – und vom ersten Montag an brummte der Laden. Hundert Leute, volles Haus. An einem Montag!

Und meine ganz alten Scheiben, »Marina, Marina, Marina«, »La Bamba«, »Marmor, Stein und Eisen bricht« und der ganze Kram, die schon damals Oldies waren, waren der Hit. Montag, nachts um zwölf, ganz Augsburg lag im Tiefschlaf, die Gehsteige waren hochgeklappt – nur bei Waldi steppte der Bär. Die Leute tanzten auf den Tischen. Und ich war glücklich wie nie.

Aber nicht lange. Um halb drei Uhr nachts kam irgendwann die studentische Vertretung zu mir: »Super-Laden, Waldi, so was gibt's in ganz Augsburg nicht. Die Musik ist toll – aber das Bier! Viel zu teuer! Geht nicht!« Da war ich schon wieder weniger glücklich. Drei Mark kostete das Bier, offenbar zu teuer für arme angehende Pädagogen. Blöd für mich als Wirt.

Unter zwei Mark, so stellten sich die jungen Herrschaften den Bierpreis vor. Für mich war das ein ganz neuer Ansatz, dass jetzt der Gast den Bierpreis bestimmte, aber okay. Ich erbat mir eine Woche Bedenkzeit. Zum Nachrechnen. Am Wochenende war der Laden trotz Bierpreiswucher zum ersten Mal brechend voll. Es war nur die Musik, die den Laden vollgemacht hat, nicht die Mädels, schon gar nicht der Waldi. Einzig und allein die Musik zählte.

Inzwischen hatte ich nachgerechnet und verkündete kurz vor Mitternacht die frohe Botschaft – bejubelt wie 1989 Genscher auf dem Balkon in Prag. Motto: »Ich bin gekommen, um euch mitzuteilen, dass das Bier ab Montag 1,90 Mark …« Der Rest ging im Jubel unter wie beim damaligen Außenminister. Und ich jubelte mit. Denn bei so einem Ansturm rechnete sich auch dieser Preis noch bestens. Ich hatte selten so viele Fans und ein so begeistertes Publikum. Waldi Hartmann, der Billigbier-König von Augsburg! Nein: Der Bierpreis-Revoluzzer!

Wir sind förmlich überrannt worden. Und wir hatten Mädels ohne Ende im Laden. Denn an der Pädagogischen Hochschule studierten überwiegend Frauen. Unter allen Schwerenötern der Stadt Augsburg war Waldys Club *die* Adresse. Alte Wirtsregel, bitte für alle Zeiten merken: Erst kommt die Prominenz, dann kommen die Hasen, dann kommen die Hasentreiber, und dann kommt das Volk.

Ganz störungsfrei verlief meine Karriere als Wirt zunächst jedoch nicht. Der Club brannte schon im Eröffnungsjahr 1973 eines Abends aus. Eine Bedienung hatte den heißen Aschenbecher in den Mülleimer ausgeleert. Und das Unglaubliche daran war: Zwei Wochen davor hatte das Nachbarhaus gebrannt. Es war aber unbewohnt, und weil keine Gefahr für Leib und Leben drohte, haben die Feuerwehrler quasi eine Übung daraus gemacht. Ich habe aus dem Kneipenfenster zugeschaut, ein paar dumme Bemerkungen losgelassen, das Ganze schaute eher wie »Versteckte Kamera« aus. Und der Oberfeuerwehrmann wird sich gedacht haben: »Was ist das denn für ein Depp da drüben in der Wirtschaft?«

Vierzehn Tage später komme ich in der Früh um halb fünf aus dem Nachtclub Apollo heim, meine Wohnung war direkt hinter der Kneipe – und davor steht ein Löschzug. Diesmal war's keine versteckte Kamera, diesmal war's ernst. Und der Feuerwehrhauptmann kommt auf Großmaul Hartmann zu und sagt: »Gell, heute lachen wir.« Von außen hat man nichts gesehen, aber im Laden war ein Schwelbrand ausgebrochen, alles schwarz wie die Nacht. Die ganzen Styroporplatten der Zwischendecke waren geschmolzen, ein Albtraum. Mein schöner Club! Es war grauenvoll. Ich stand da in dieser Hölle, und mir sind die Tränen rausgeschossen. Der Hauptmann klopfte mir auf die Schulter und meinte bloß: »Was ist jetzt? Die Flaschen sind ja nicht verbrannt. Wir könnten jetzt was vertragen, der Cognac ist bestimmt noch handwarm.« War er auch.

Meine Existenz war ein rußgeschwärzter Albtraum. Gott sei Dank war ich versichert. Und Gott sei Dank war an diesem Abend meine kleine Schwester Margit, die an der direkt an die Kneipe anschließenden Wohnung übernachtete, bei mir zu Besuch. Ihr ist nichts passiert, sie war auch nicht in Gefahr, aber ihr Besuch hat mir sehr geholfen. Denn wenn eine Kneipe brennt, entsteht ja immer gleich der häufig begründete Verdacht: Der Wirt hat seinen eigenen Laden angezündet, um bei der Versicherung abzukassieren. Warme Sanierung. Nach dem Motto: Treffen sich zwei Bauern, und der eine erzählt, dass ihm nichts mehr passieren kann, weil er jetzt eine Versicherung gegen Feuer und Hagel hat. Fragt der andere: Ist ja super, aber wie machst du den Hagel?

Bloß: Dann hätte ich ja meine Schwester beinahe mit in Brand gesteckt. Dieses Argument hat die Polizei und die Versicherung überzeugt. Der Gutachter von der Versicherung war ebenso freundlich wie willig, und eine Woche später bin ich mit meiner Schadensliste nach München gefahren – es ging um etwa 40 000 Mark. Für mich damals ein Heidengeld. Auf die Liste habe ich auch alle Flaschen mit diversen Spirituosen geschrieben, die ich in der Kneipe hatte. Und weil jeder Gutachter seine Existenz dadurch rechtfertigen muss, dass er irgendetwas streicht, hat er mir alles bewilligt – bis auf die Flaschen, 800 Mark für Alkohol. »Der Inhalt von den Flaschen ist ja nicht verbrannt«, hat er gesagt und auf den Tisch geklopft, »die kann man abputzen, dann kann man die wieder brauchen.« Stimmt. Danach gab es in Waldys Club »Waldys Brandwein«.

Die Brauerei hat den Brand aber dazu genutzt, den Club komplett zu renovieren, was vier Monate gedauert hat. In der Zwischenzeit machte ich einen zweiten Laden auf, eine Studentenkneipe namens Bistro mit einer skurrilen Einrichtung vom Trödelmarkt. Der Laden war vom ersten Tag an der absolute Renner, ich habe 45 Hektoliter Bier im Monat verkauft. Einer meiner Mitarbeiter war ausschließlich als Pilszapfer beschäftigt. Leider war das erste Vierteljahr auch das letzte Vierteljahr. Dann hat das Ordnungsamt das Bistro wegen zunehmender Beschwerden aus der Nachbarschaft zugesperrt. Ich hatte zu viele Gäste, und vor allem hatte ich zu laute Gäste.

Ergebnis: aufgrund guten Geschäfts geschlossen! Das erinnert mich an die elende Nichtraucherdiskussion der letzten Jahre. Als Wirt wäre ich Amok gelaufen, hätte man mich als Unternehmer derart zu knebeln versucht. Als Wirt drangsaliert dich das Ordnungsamt, die Brauerei, das Gesundheitsamt, die Berufsgenossenschaft – und dann schreibt dir die Politik auch noch vor, dass deine Gäste nicht rauchen dürfen. Für mich ist das eine diktatorische Maßnahme ersten Ranges, ein Unding! Das habe ich dem Söder Markus auch einmal so gesagt. Wenn ich noch Wirt gewesen wäre, hätte ich mich an die Spitze der Bewegung gegen das Rauchverbot gestellt. Und dagegen hätten die tatsächlich stattgefundenen Proteste wie ein Kindergeburtstag gewirkt, da wäre mir schon was eingefallen.

Herrschaftszeiten, in den meisten anderen Bundesländern ist zumindest drin, dass der Wirt draußen ein Schild aufhängen kann: »Hier wird geraucht« oder »Hier wird nicht geraucht«. Und der Gast kann dann als freier Mensch entscheiden, wo er hingeht – zu den Rauchern oder zu den Nichtrauchern. So einfach könnte das Leben sein. Ich kapiere nicht, warum das in Bayern nicht möglich ist. Lasst den Leuten doch wenigstens noch ein bisserl individuelle Freiheit im Freistaat!

Eine weitere Störung meines Kneipenglücks folgte auf dem Fuß: Vater Staat rief nach Waldi. Bundeswehralarm! Bis dahin war ich nie erfasst worden, weil ich ständig in Deutschland auf Achse war. Die haben nie gewusst, wo ich mich gerade herumtreibe, ich war ja nie irgendwo polizeilich gemeldet. Und wenn sie bei meiner Mutter nachgefragt haben, hat sie wahrheitsgemäß gesagt: »Keine Ahnung, wo der Bub ist.«

In Augsburg hat mich der Bund dann aber aufgestöbert – denn zur Eröffnung einer Kneipe gehört nun mal eine Menge Papierkram, ich musste quasi sesshaft werden. Plötzlich existierte ich für die Bürokratie. Und das Wehrbereichskommando VI war scharf auf mich. Als die Erfassung im Briefkasten landete, war ich noch ganz locker: Hey, ich bin gerade jung verheiratet und werdender Vater, bin Unternehmer, die holen mich nie. Ein Anwalt, den ich kannte, beruhigte mich ebenfalls: Lächerlich, mach dir keine Sorgen. Also schrieb ich dem Wehrbereichskommando VI zurück, dass das Vaterland aufgrund der beschriebenen Umstände schweren Herzens auf mich verzichten müsse.

Regierungsrat Bonfig – aus irgendeinem Grund erinnere ich mich bis heute an den Namen – sah das aber anders und bestand auf meiner Pflicht zur Wehrpflicht. Ich hatte das Gefühl: Der wollte einem Augsburger Wirt, der mittlerweile öfter in der Zeitung stand und nicht ganz dumm daherredete, zeigen, wo der Bartel den Most holt. Vielleicht zu seiner persönlichen Befriedigung. Der hat wahrscheinlich gedacht, da kommt ein millionenschwerer Nachtclubbesitzer, den greif ich mir. Offenbar hat ihn nicht gestört, wie teuer das wird. Mein Anwalt hat ihm nämlich haarklein ausgerechnet, wie viel die Bundeswehr für den Geschäftsführer zahlen muss, der mich während meiner, sagen wir, urlaubsbedingten Abwesenheit, vertritt. Das waren im Monat an die 5000 Mark für Soldat H. Gestatten, Waldemar Hartmann, Deutschlands vielleicht teuerster Wehrdienstleistender.

Mehrere Briefwechsel später war der Anwalt immer noch entspannt, ich aber längst nicht mehr. Es kam zu einer Verhandlung, die wir verloren, und mir wurde langsam abwechselnd heiß und kalt. Die meinten das tatsächlich ernst! Gemustert war ich mittlerweile, und im Juni 1973, ich war gerade fünfundzwanzig geworden, lagen der Einberufungsbescheid und der Wehrpass im Briefkasten. Und das obwohl mein Sohn Claus gerade auf die Welt gekommen war. Ich sollte also tatsächlich das Land gegen den Russen verteidigen, wenn der Russe kommt – hoffentlich hätte der wenigstens Wodka im Gepäck, schon damals mein bevorzugtes Kaltgetränk. Letzter Wasserstand vom Wehrbereichskommando VI war: Wenn der Hartmann erst einmal mit dem Dienen angefangen hat, können wir das noch mal überprüfen. Aber einrücken muss er, sonst holen ihn die Feldjäger ab. Ich sollte mich in der Ritter-von-Leeb-Kaserne in Landsberg am Lech melden. Also habe ich mich gemeldet. Und wie!

Mein Einrücken habe ich minutiös geplant, als ganz großes Kino. Ich habe meinen Freund Roland, der damals beim BR unter anderem auf Bayern 3 Sendungen wie *Gute Fahrt und gute Reise* moderierte, angerufen und um einen Gefallen gebeten – er sollte über die BR-Schiene einen letzten »Free Waldi«-Versuch starten. Ich habe einen Omnibus gemietet, vierzig meiner Stammgäste reingesetzt, alle wegen Trauerfall in Schwarz gekleidet. Und dann sind wir rausgefahren zum seligen Ritter von Leeb nach Landsberg. Auf dem Weg dorthin haben wir bei meiner bevorzugten Brauerei Halt gemacht, beim Brauhaus Riegele in Augsburg, und haben schwer eingeladen. Kistenweise feinsten Stoff. Eine Drei-Liter-Flasche Asbach war auch an Bord, das trank man damals gern. Ich war genauso schwarz gekleidet wie der Rest, und als einziges Marschgepäck hatte ich ein Zahnbürstl in der Hemdtasche. Unter meinen Spezln im Bus waren übrigens ein Leutnant der Bundeswehr, ein Feldwebel und ein Unteroffizier, quasi als meine fachliche Beratung.

Als wir dort in friedlicher Mission angekommen sind, beim Ritter von Leeb, tat am Schlagbaum zufällig ein weiterer meiner Stammgäste Dienst (ich hatte viele Stammgäste damals), der aus der alten Roy-Black-Clique stammte. Der hat sich vorsichtshalber sofort verdrückt. Aber die Kameraden im Wachhäuschen dachten, da kommen vierzig Wehrpflichtige auf einen Schlag, die quasi ihren zivilen Junggesellenabschied feiern. Wir stellten unsere Bierkisten auf den Gehsteig, und mein sehnlicher Wunsch in diesem Moment war: Einer meiner Stammgäste sollte mir wie bei Lilli Marleen am Schlagbaum, vor der Kaserne bei dem großen Tor und der Laterne, ein letztes Ständchen mit der Gitarre spielen. Also griff mein Kumpel Klaus in die Saiten und gab »Blowin' in the Wind« zum Besten. Passte ja. Ein erhabenes Gefühl, muss ich sagen. Die Wachleute schauten sich das Spektakel eine Zeit lang an – aber als ich nach dem letzten Ton Bob Dylan um den Schlagbaum herumgegangen bin und mich damit auf dem Kasernengelände befand, haben sie mich sofort gepackt und in die Mitte genommen. Sie sind festgenommen, Herr Hartmann!

Die beiden führten mich über einen ewig langen Weg zu einem Gebäude, wo mich ein Bundeswehrler anbellte: »Wehrpass!« Ich zurück, ohne Bellen: »Hab ich nicht.« – »Warum?« – »Brauch ich nicht.«

»Aha«, sagte er, »das geht schon gut los mit Ihnen.« Solche Clowns wie mich damals hatten sie gern bei der Bundeswehr. Die behandelten sie bei der Grundausbildung ganz besonders liebevoll. Im Gebäude stand eine Schlange von vielleicht zwanzig Leidensgenossen. Als ich die sah, fiel jeglicher Mut, Übermut und auch jede Frechheit von mir ab: »Dein ganzer Zirkus hat dich nicht weitergebracht, Hartmann. Jetzt fängt die ganz große Scheiße an. Und das achtzehn Monate lang.« Das war eine Lebensgabelung für mich und alles andere als lustig. Wenn du als Wirt achtzehn Monate aus dem Geschäft bist, sind deine Gäste danach vielleicht weg, und du kriegst den Laden nie mehr zum Laufen.

Meine Bundeswehrkarriere hat dann aber doch nicht achtzehn Monate gedauert, sondern maximal achtzehn Minuten. Denn als ich noch wie ein begossener Pudel dastand, brüllte plötzlich jemand los, und zwar in Großbuchstaben: »HARTMANN!« Es war mein Erlöser, mein rettender Engel. Ich durfte in ein Zimmer gehen, im Zimmer wartete der Herr Erlöser, mein Engel in Uniform, und sagte: »Hartmann? Waldemar? 10. März 48?« – »Jawoll!« – »Sie können wieder heimfahren.« Und ich bloß völlig baff: »Warum?« Und er: »Hartmann, ich sitze jetzt seit zehn Jahren hier. Und ich habe selten Wehrpflichtige heimgeschickt. Aber wenn ich einen heimgeschickt habe, hat bis jetzt noch keiner gefragt, warum.« Ich also im Laufschritt raus, so schnell wie niemals davor oder danach, mit leichtem Herzen, zum Schlagbaum, zu meinen Spezln, zum Bus, zu den Bierkisten. Heim ins zivile Leben, ins Paradies ohne Uniformen und Zählappell. Mein Gott, war ich glücklich! Und meine ganze Truppe hat mich auf den Schultern aus der Kaserne getragen – Waldi Hartmann, ein freier Mensch! Um am Abend gab's natürlich Freibier für alle!

Und der Retter war mein Freund Roland! Ich hatte ihn am Morgen darum gebeten, auf Bayern 1 in der Bürgersendung *Notizbuch* zu erzählen, wie der Staat Geld verschleudert, indem er einen Wirt, einen Geschäftsmann, zur Bundeswehr verschleppt. Roland musste sich erst bei seinem Hauptabteilungsleiter Joseph Othmar Zöller rückversichern, ob er die Geschichte machen darf. Zöller stimmte zu – also rief Roland in einer offiziellen BR-Anfrage beim Chef des Wehrbereichskommandos VI an, um sich nach den Hintergründen der Angelegenheit zu erkundigen. Und kaum waren die Medien im Spiel – das lief 1973 genauso, wie es 2013 läuft –, ging plötzlich alles ganz schnell. Um zwei Uhr bekam Roland einen Rückruf vom Wehrbereichskommando VI: »Alles nur ein Irrtum mit Herrn Hartmann, wir bringen das in Ordnung, die Truppe ist verständigt.« Da waren wir mit dem Bus aber schon unterwegs, und das Handy hatte noch keiner erfunden.

Danach habe ich nie mehr etwas von meiner Wehrpflicht gehört. Der Kalte Krieg musste ohne mich stattfinden. Aber immerhin: Die wenigen Minuten, die meine Soldatenkarriere dauerte, haben ausgereicht, um im Herbst 1978 beim bis dahin größten NATO-Manöver »Blaue Donau« mit 46 000 Soldaten und einer chinesischen Beobachtergruppe dabei zu sein – als junger BR-Reporter. Damals war das eine ganz große Geschichte in Bayern. Mein Abteilungsleiter erkundigte sich bei mir: »Willst du Manöverberichterstattung machen?« Ja logisch! Also bin ich nach Ulm gefahren, zum kommandierenden General mit dem zackigen Namen Carl-Gero von Ilsemann. Der Mann war ein Bilderbuchgeneral, sehr schneidig, ich habe mit ihm ein Interview für Bayern 3 gemacht, alles bestens. Abtreten, Hartmann! Und zum Abschluss des Gesprächs schnarrte der General zu seinem Oberstleutnant: »Wir machen den Hartmann voll mobil!«

Und so bekam ich in Nürnberg als Begleitoffizier einen Major zur Seite gestellt, als Fahrer einen Leutnant, dazu einen Jeep. Und vor allem einen eigenen Alouette-Hubschrauber! Den Heli konnte ich nach Lust und Laune anfordern, wenn ich das Gefühl hatte, dass es etwas zu berichten gab. Und es gab viel zu berichten während dieses Manövers. Für mich war es unglaublich spannend, ein großer Abenteuerspielplatz für Jungs, und meine Beiträge sind alle riesengroß im Pressespiegel der Bundeswehr gelandet. Nicht schlecht für einen Kurzzeitsoldaten wie mich, für den fünf Jahre vorher am Schlagbaum noch die Pazifistenhymne »Blowin' in the Wind« gesungen worden war.

Und als wir wieder mal durch die Gegend hubschrauberten wie 2006 Franz Beckenbauer, diesmal über der Oberpfalz, sagte ich zu meinem Major: »Major, da wohnt ja meine Mama ganz in der Nähe.« Seine Antwort: »Ja, magst sie besuchen?« – »Ja klar, gern.«

Also sind wir auf der Wiese neben ihrem Haus runter. Das ganze Dorf lief zusammen. Die Außerirdischen sind gelandet! Mei, hat sich die Mama gefreut, dass aus ihrem Waldemar doch noch etwas Anständiges geworden ist. So ein fescher Bursch in seiner Uniform! Im Garten von der Mama haben wir Kaffee getrunken, dann sind wir unter erheblicher Staubaufwirbelung wieder abgeflogen. Ich muss heute noch sagen: Ein ziemlich cooler Auftritt war das.

Doch mindestens genauso schön war die Wahl zur Miss Bikini, die zur Zeit dieses Manövers in Nürnberg stattfand. Mein wunderbarer Journalistenspezi Klaus Schamberger, als »Schampus« und als Kolumnist namens »Spezi« schon damals eine Größe in Nürnberg, hatte ebenfalls eine Kneipe. Die hieß Zum Spezi, und dort sollte die Wahl stattfinden. Der Schampus hatte mich in die Jury eingeladen – und zehn bildschöne Mädels versprochen. Problem allerdings: Am gleichen Abend war die ganze Manövergesellschaft zum Empfang beim Nürnberger Oberbürgermeister Andreas Urschlechter eingeladen, wo keine bildschönen Mädels lockten. Mein Major und ich waren uns einig: Wir schauen so kurz wie möglich beim OB vorbei, und dann fahren wir zum Bikini-Wählen.

Also parken wir den Jeep direkt vor dem Spezi, Tür geht auf, der Major nimmt in seiner Paradeuniform Haltung an und ruft zackig in den Laden: »Achtung! Generalfeldmarschall Hartmann!« Ein großer Spaß, die Bikini-Madln waren sehr beeindruckt.

Und ich habe noch mehr aufgedreht. Thomas Gottschalk machte damals auf Bayern 3 noch *Pop nach acht*. In der

Kneipe läuft gerade die Sendung, also sage ich zum Schampus: »Ich ruf den Thommy an.« Ich wusste ja, aus welchem Studio gesendet wurde, und habe Thomas gebeten, einen Gruß an die Bikini-Missen durchzusagen. Danach hat Thommy eine Stunde nur noch über Bikinis geredet und ganz großes Kino veranstaltet. Das konnte er brillant, und das kann er bis heute. Der Held bei den Mädels war aber nicht Thommy, sondern Waldi. Der war schließlich vor Ort. Auch der Major war ganz wild auf die Damen und hat mich nach Tipps zum Flirten und Schäkern gefragt. Und mein bester Rat an ihn ist bis heute gültig bei allen Misswahlen dieser Welt: »Lass die Finger von den Erstplatzierten. Denn die glauben, sie sind schon in Hollywood. Ich kümmere mich um die Damen ab Platz fünf. Die sind immer noch schön genug – und die müssen getröstet werden.«

Mit Waldys Club war ich jahrelang der Paradewirt für die ortsansässige Augsburger Brauerei Riegele. Der Laden war rappelvoll, ich stand selber an der Tür. Und wenn drei reinwollten, mussten vorher drei raus, es war der Wahnsinn. Und das lief so irre bis 1976, als ich verkauft habe – um mir einen Traum zu erfüllen. Ich wollte nämlich partout ein englisches Pub. Ich war immer Mahagoni-Messing-Fan, das ist meine Vorstellung von einer perfekten Bar. Direkt am Königsplatz, zentral in Augsburg, brauereifrei, 1977 der erste Laden der Stadt mit König Pilsener vom Fass. Waldy's Pub. Erst ein Traum. Und später ein Albtraum, weil die Stadt rechtzeitig zur Eröffnung damit anfing, den Königsplatz komplett umzubauen. Und auf einer Riesenbaustelle findet keiner den Weg in die Kneipe. Es war furchtbar, der Flop meines Lebens. Diese Kneipe mit den herrlichen Mahagonimöbeln brachte mir eine Lehre ein, die ich nie vergessen habe: Man muss sich nicht jeden Traum erfüllen.

Aber ich war ohnehin bereits schon auf dem Weg vom Wirt zum Sportreporter. Und das kam so: Unter anderem verkehrten natürlich auch mehrere Redakteure der *Augsburger Allgemeinen* regelmäßig bei mir in der Kneipe. Außerdem war mein Club der Eishockeyladen schlechthin, die Jungs vom Augsburger EV waren Stammgäste. Und als Helmut Haller 1973 aus Italien in seine Heimatstadt zurückkehrte, war ich auch noch der Fußballladen für den FC Augsburg. Die Handballer kamen ebenfalls zu mir nach Downtown Augsburg. Sport war also immer präsent. Und wenn bekannte Sportler in der Stadt waren, Rudi Altig, wer auch immer, kamen sie in die Kneipe. Also: Spieler waren da, Journalisten waren da, alle Voraussetzungen waren geschaffen. Sogar meine erste Reportage für den BR-Hörfunk habe ich in dieser Zeit gemacht.

Mein letztes Jahr Handball beim FC Augsburg in der Landesliga war das erste Jahr des großen Erhard Wunderlich, der 2012 leider mit nur fünfundfünfzig Jahren an Krebs gestorben ist. Wir haben alle für umme gespielt, ich habe ein bisserl gemanagt, damit wenigstens das Geld für die Brotzeit reinkam. Und irgendwie haben wir es 1977 geschafft, ein Freundschaftsspiel gegen den VfL Gummersbach auf die Beine zu stellen. Gummersbach, damals das Real Madrid des Handballs, spielte gegen uns kleine Augsburger Würste!

Aber so klein waren die Würste gar nicht. Jedenfalls hat der kleine große Erhard dem Gummersbacher Nationaltorwart Rudi Rauer die Dinger rechts und links nur so reingehauen, allein acht in der ersten Halbzeit. Nach dem Spiel marschierte der legendäre Gummersbacher Handballpate Eugen Haas in unsere Kabine und hat den Erhard gekauft, mit Vertrag und allem drum und dran. Am liebsten hätte er ihn gleich einpacken lassen und mitgenommen. Vier Wochen zuvor hatten sie den Erhard, den alle nur Sepp nannten, vom süddeutschen Juniorenlehrgang in Grünwald wegen Unbeweglichkeit heimgeschickt. Und ein Jahr später, 1978, war er Weltmeister und Welthandballer des Jahres. So viel zum Urteil von sogenannten Experten.

In der *Augsburger Allgemeinen* hat damals unser Pressewart Klaus Balle die Handballberichte geschrieben. Aber als er nach Kassel versetzt wurde, brauchten wir einen neuen Pressewart. Und natürlich schauten alle mich an. Die ausschlaggebenden Gründe in der Reihenfolge ihrer Wichtigkeit: »Waldi, du hast die meiste Zeit, du hast die größte Gosche, und du bist der deutschen Sprache in Wort und Schrift einigermaßen mächtig. Du bist unser neuer Pressewart. Glückwunsch!«

Mir blieb gar nichts anderes übrig. Ich war wehrlos. Und ab sofort Pressewart eines Handball-Landesligisten. Der Glamour der großen weiten Welt klingt anders, aber na gut. Schreibmaschine hatte ich allerdings keine, also fuhr ich zum Schreiben in die Redaktion. Ich hatte ja tagsüber weiterhin gut Zeit, da hatten die Handballkameraden recht.

Also kam ich ab und zu in die Redaktion rein und brachte zur Begrüßung gern mal einen Kasten Weißbier mit. Denn ich wusste, was sich gehört im Sportjournalismus. Schon mal kein schlechter Einstand für den späteren Weißbier-Waldi. Am Anfang hatte ich vierzig Zeilen Platz für unsere Handballgroßtaten. Mit jedem Sonntag und mit jedem Kasten Weißbier habe ich auf hundertzwanzig Zeilen erhöht. Mit Foto. Und natürlich habe ich auch tüchtig über mich selbst geschrieben. Etwa so: Der immer noch sehr bewegliche Kreisläufer Waldemar Hartmann spielte die Abwehr des TSV Bobingen ein ums andere Mal schwindlig. Gezeichnet, Waldemar Hartmann …

Das fand aber alles nur im Lokalsport statt.

Aber der Sportchef, der alte Deininiger, war überaus zufrieden: »Mensch, Junge, das ist ja gar nicht so schlecht. Willst du nicht einmal was im Hauptsport schreiben?«

Hm, warum eigentlich nicht?

Es gab nur ein Problem, erklärte mir der alte Deininger: »Die Chefredaktion will nicht, dass du unter deinem Namen schreibst.« Der bunte Hund von Augsburg, der einschlägig vorbekannte Sportwirt Waldi H. als seriöser Sportreporter – das ging gar nicht. Bei uns schreibt der Wirt – undenkbar für die *Augsburger Allgemeine*!

Ich, etwas enttäuscht: »Okay, dann lassen wir's eben.« Doch der Sportchef bestand darauf: »Wir wollen aber, dass du schreibst!«

Voilà – das war die Geburtsstunde des hoffnungsvollen Augsburger Sportreporters Hartmut Waldmann. Unter diesem Namen publizierte ich fortan. Ein Meisterwerk der Tarnung.

Mir war's wurscht, ich sagte nur: Freunde, wenn da keiner draufkommt, fresse ich einen Besen! Musste ich aber nicht, denn bald wusste halb Augsburg, wer sich hinter Hartmut Waldmann verbarg.

5

DO IT!

Die Entführung des Muhammad Ali

Waldi und Ali. Eine Geschichte, ein Kapitel für sich. Im Mai 1976 boxte der Champ in der Münchner Olympiahalle gegen den Briten Richard Dunn, der gleich zwei Probleme auf einmal hatte: Er musste gegen Muhammad Ali antreten, den Größten aller Zeiten. Und er besaß ein Glaskinn: Ein paar anständige Schubser beförderten den Engländer zügig in den Ringstaub – was aber vor dem Kampf um Himmels willen niemand wissen durfte. Das würden die Leute früh genug merken.

Der Kampf war dann zwar etwas interessanter als Alis seltsames Duell genau einen Monat später in Tokio mit dem japanischen Wrestler Antonio »Pelikan« Inoki, der den gesamten Kampf auf dem Rücken liegend zubrachte und Alis Beine attackierte. Aber nicht viel interessanter. Der Champ führte Fallobst Dunn in Runde fünf seiner verdienten Bestimmung zu, übrigens der letzte K.-o.-Sieg seiner Karriere. Und wer kümmerte sich um die Pressearbeit für das Ali-Spektal in München? Ein achtundzwanzigjähriger Augsburger Wirt namens Waldemar Hartmann.

Zu dem Job gekommen bin ich über zwei Anwälte und einen Gerichtsvollzieher, die den Kampf quasi ersteigert hatten. Die drei meinten irgendwann zu mir: »Kannst du nicht die Pressearbeit für uns machen? Du hast doch Beziehungen zu Gott und der Welt?« Und so durfte ich den größten Sportler aller Zeiten, meinen größten Helden, zwei Wochen lang aus nächster Nähe erleben – ich habe seine Boxhandschuhe und seine Hose, auf der er mir unterschrieben hat, noch heute zu Hause.

Damals war Muhammad Ali ein Überstar, wie es heute im Sport keinen mehr gibt. Nichts gegen Tiger Woods, Roger Federer oder Sebastian Vettel – aber gegen Ali sind sie alle Leichtgewichte. Ich wollte das unbedingt machen. Ali, mein Gott Ali!

Ich hatte mein festes Honorar und wurde an der Werbung beteiligt, die ich aufriss. Aber ehrlich: Ich hätte es auch umsonst gemacht. Ali!

Meine Hauptaufgabe lautete wie folgt: Der Champ und sein ganzer Clan waren eine Woche lang in München. Dunn und Ali trainierten jeden Tag jeweils eine Stunde öffentlich im Circus Krone; die Leute mussten zehn Mark Eintritt zahlen, um Ali beim Sparring zusehen zu dürfen. Ali trainierte um vierzehn, Dunn um sechzehn Uhr. Wir sollten die Zuschauer in den Circus Krone bringen und uns darum kümmern, dass dort alles läuft, dass die Journalisten happy sind und dass Kohle ins Haus kommt. Ich habe diese Sparrings kommentiert, die Besucher erlebten also einen sehr frühen Hartmann am Mikro.

Beim Training lief jedes Mal die versammelte Ali-Entourage in voller Kompaniestärke auf: An der Spitze der Champ himself, dazu sein legendärer Trainer Angelo Dundee, seine Sparringspartner Jimmy Ellis und Duane Bobick, sein ebenfalls zum Islam konvertierter Bruder Rahman »Rudy« Ali – und jede Menge weitere Brüder im Geiste sowie nähere und fernere Familienmitglieder. Eine eindrucksvolle Prozession. Und alle versammelten sie sich jeweils auf der Seite des Rings, auf der ich mit meinem Mikro saß, als Schwarzer unter Schwarzen. Ali war damals sportlich schon auf dem Weg nach unten, knapp zwei Jahre nach dem »Rumble in the Jungle«, dem legendären Dschungelkampf in Kinshasa gegen George Foreman.

Heute kaum mehr vorstellbar, aber die Olympiahalle war nicht ausverkauft – damals waren die Leute noch nicht so eventgeil wie heute. Würde heute ein Mann wie Ali, wenn es ihn denn gäbe, im Olympiastadion kämpfen, wären die Tickets dafür innerhalb von einer Stunde weg. 1976 mussten die Veranstalter kostenlose Karten an GIs verschenken, um die leeren Plätze in der Halle zu füllen. Was auch daran lag, dass der Gegner eben keiner war. Richard Dunn, ein rothaariger Engländer, kam eher durch Zufall zu diesem Kampf, weil ein williges Opfer gebraucht wurde.

So ist das eben manchmal beim Boxen. Die Veranstalter konnten sich nur einen Star leisten und nicht zwei. Und einen vernünftigen deutschen Boxer, der zum Verhauen infrage gekommen wäre, gab es nicht.

Der Deal lautete: Bis zur fünften Runde muss Dunn auf den Beinen bleiben, dann bekommt er seine volle Gage. Denn für fünf Runden hatte der Fernsehsender NBC in den USA Werbung verkauft. Alles andere war Zugabe, doch auf Überstunden ließ sich Ali gar nicht erst ein. Erst spielte er ein wenig mit dem Engländer, ließ ihn leben, und in der fünften Runde schlug er zu – er war vielleicht nicht mehr der Gott von früher, aber auch noch kein alter Mann, kein Elvis in der Spätphase. Ali haute ihn einfach weg. Frei nach Gerd Müller: Dann machte es bumm.

Aber zurück zum Training im Circus Krone. Am ersten Tag übte sich Ali lässig im Seilspringen und Sparren, da kam plötzlich Angelo Dundee zu mir und meinte, die Ringseile wären etwas zu schlaff, ob ich da nicht irgendetwas machen könnte. Und ein paar kleinere Extrawünsche hätte »The Champ« auch noch (alle nannten ihn nur »The Champ«). Ich zu Dundee: »No problem, bis morgen ist alles erledigt.«

Am nächsten Tag um vierzehn Uhr haben die Seile gepasst, die Extrawürste waren perfekt durchgebraten – und die Sonne des Meisters fiel auf Waldemar Hartmann, zumindest ein winziges bisschen Sonne. Angelo Dundee war zufrieden. Und wenn Angelo Dundee zufrieden war, war meist auch Ali zufrieden.

Dundee zu mir: »Perfect, I'm Angelo.«

»And I'm Woooldi.«

Alles lief perfetto, Dundee wurde immer zutraulicher. Der ganze Tross wohnte, genau wie ich auch, im Bayerischen Hof auf einer ganzen Etage mit vierzig Zimmern. Und sie suchten nach einer ordentlichen Adresse, um essen zu gehen, ein anständiges Steakhaus oder einen guten Italiener. Und wenn ich etwas wusste von München, dann, wo man dort ordentlich essen gehen kann ...

Der ganze Clan merkte irgendwann: Der Angelo kann recht gut mit dem Woooldi, es wurde also immer lustiger, »Hi« hier und »Hi« da. Angelo Dundee kam immer wieder zu mir, haute mir auf die Schulter. »Hey Woooldi, good job!« Ich wähnte mich schon auf dem Weg zum zweiten Don King. Ich war geadelt. Oder fühlte mich wenigstens so.

Es gab aber ein Problem. Spätestens nach dem zweiten Trainingstag wussten sie im Ali-Clan: Der Dunn ist gar kein großer Boxer. Das war schlecht fürs Geschäft. Ganz schlecht.

Und so kam nach seinem dritten Training »The Champ« höchstpersönlich zu mir, zu »The Woooldi«. Der Kartenverkauf lief nämlich äußerst schleppend, alle versuchten, den Kampf noch irgendwie zum Superduell aufzublasen, also raunte Ali mir zu: »Hey man, each time you say the name Richard Dunn, say the upcoming heavyweight champion of the world.«

Okay, Champ, zu Befehl. Ich pries also künftig bei jeder sich bietenden Gelegenheit das Fallobst Dunn als den »kommenden Schwergewichtsweltmeister« an.

Eine Stunde nach unserem kurzen Dialog saß Ali in der Beleuchterkabine des Circus Krone, schaute Dunn beim Training zu – und passte ganz genau auf, was der Woooldi so erzählt. Ich habe meinen Ali-Test bestanden. Von da an war Richard Dunn im Circus Krone der Weltmeister von morgen, von dem bald die ganze Boxwelt sprechen würde. Die Nichtgestalt als Lichtgestalt.

Man muss sich das vorstellen: Da waren jeden Tag 1500 Zuschauer beim Training im Krone. Muhammad Ali machte ab dem dritten Tag kaum mehr etwas anderes als zehn Runden lang Seilspringen. Zehnmal drei Minuten lang schauten die Leute dem Champ beim Seilhüpfen zu – und keiner pfiff. Alle waren völlig fasziniert. Boah, Ali ist in der Stadt! Und er springt Seil! Dass wir das erleben dürfen!

Und ich posaunte unermüdlich heraus: »Richard Dunn, the upcoming heavyweight champion of the world.« Leider entsprach die Realität dem Wunsch eben nicht ganz. Dunn hatte einen Sparringspartner dabei, einen Nigerianer, einen Riesenapparat, gestählt, austrainiert, eine Figur aus Alabaster. Und was passierte? Der Alabastermann haute meinem kommenden Welt-Box-Waldi-Superstar beim Training versehentlich auf sein geheimes Glaskinn, und Dunn kippte aus den Latschen, plumpste um wie ein Sack Reis in China, fiel auf den Ringboden – Knockout!

Am nächsten Tag kam der Champ vor seinem Training zu mir und meinte ganz lapidar: »Man, forget it!« Vergiss es, Waldi!

Das war das Ende des kommenden Schwergewichtsweltmeisters Richard Dunn, bevor der ungleiche Kampf überhaupt begonnen hatte. Aber mit meinem Ali ging es erst los.

Zumindest das Geschäft im Circus Krone lief gut, die Massen strömten zum Ali-Schauen, zum größten Seilhüpfspektakel aller Zeiten. Und wir wollten den Werbeumsatz pushen, denn wir hatten zum Beispiel die Ringecken noch nicht verkauft.

Plötzlich kam ein Anruf. Die Produktion der Rudi-Carrell-Show *Am laufenden Band* war dran, seinerzeit eine Art *Wetten, dass …?* hoch drei. Mein Kumpel Charly, der mir zur Seite stand, sprach mit den Carrell-Leuten, ich fragte ihn: »Was wollen die?« Er antwortete: »Etwas völlig Wahnsinniges.« Muhammad Ali sollte in der Sendung auftreten und gegen die Kandidaten boxen. Ich war sicher: Das macht der nie! Machte er aber doch – und legte in der Rudi-Carrell-Show eine sensationelle Nummer hin, die bis heute legendär ist.

Denn auch ein Ali brauchte Reklame. Wie gesagt, der Ticketverkauf schleppte sich so dahin, und bis dahin waren noch keine 5000 Karten für den Kampf am Montag nach der TV-Show an den Mann gebracht. Das Management des Meisters hatte keine Angst vor Herrn Dunn, die hatten nur Angst vor einer halb leeren Olympiahalle. Der Ali-Auftritt bei uns im Krone ist bis heute in allen Filmen über Rudi Carrell zu sehen. Der Champ stieg gegen eine Frau in den Ring, die ihn nur ganz leicht berührte – und er fiel um wie ein von der Motorsäge gefällter Baum. Sensationell!

Plötzlich wollten alle Reklame bei uns machen, weil wir ja im Fernsehen waren. Danke, Rudi! Carrell sollte nicht der letzte Rudi bleiben, der geschäftlich Gutes für mich tat.

Unsere Ringecken gingen weg wie warme Semmeln, alle anderen Sponsoringplätze auch. Wir hatten keine Ahnung, was wir verlangen sollten, es gab ja keine erprobte Währung dafür. Also haben wir einfach Fantasiepreise erfunden, 5000 Mark hier, 10 000 Mark da, alles kein Problem.

Obwohl, ein Problem gab es dann doch. Der Regisseur von *Am laufenden Band* kam vor der Sendung zu mir und meinte: »Wir brauchen die Ringecken werbefrei, das mit der Reklame geht nicht am Samstagabend in der ARD.« Da fing er also schon an, der Ärger mit dem Ersten! Ich hätte gewarnt sein müssen!

Ich sagte zu ihm: »Die Reklame war schon immer da, von Anfang an.« Was nicht stimmte, aber egal. Er zur mir: »Ich war gestern da, da muss ich die Werbung wohl übersehen haben.«

Ein helles Kerlchen. Das war meine erste Begegnung mit den hehren Werberichtlinien der ARD, die manchmal so kompliziert klingen wie das Grußwort von Leonid Breschnew an das Ostberliner Werkzeugmaschinenkombinat. Und es war nicht meine letzte.

Wir haben uns jedenfalls standhaft geweigert, die Werbung wieder abzureißen, und den Fernsehleuten klargemacht: Dann gibt es eben keine Aufzeichnung. Dann wird Ali eben nicht gegen eure Kandidaten boxen. Das ist mit dem Champ und seinem Management ganz klar so abgesprochen.

War es natürlich nicht. Aber wer traute sich damals schon, den Ali-Clan mit solchen Kinkerlitzchen zu belästigen? Das wir die Hosen voll hatten, sah zum Glück keiner – aber wir hatten tatsächlich gewonnen. »The Champ« boxte im Ersten Deutschen Fernsehen bei Rudi Carrell. Und Woooldis Reklamekunden waren happy. Dazu brauchte es manchmal allerdings auch ein wenig Kreativität.

Der Puma-Dassler, Armin Dassler, war gerade in Bad Wörishofen auf Kneippkur gewesen. Den haben wir angerufen und gefragt, ob er nicht die eine oder andere Werbemark springen lassen will. Er wollte, bekam seine Raubkatze postwendend groß in der Carrell-Show zu sehen und war ebenfalls happy. Aber wir wollten den Puma noch weiter melken.

Wieder Anruf bei Dassler in der Kneippkur, beim Chef höchstselbst, in der heutigen Zeit der Multimillionenwerbeverträge völlig undenkbar: »Hallo, Herr Dassler, Hartmann hier, ich hätte da noch was für Sie.« So unkompliziert war das damals alles: Während des München-Aufenthalts schloss pikanterweise Adidas, die Firma des verfeindeten Gründer-Bruders Adi Dassler, einen Schuhvertrag mit Ali ab. Aber weil der Champ seine Treter nicht wechseln wollte, bekamen in der Kabine die Schuhe der alten Marke mit Klebeband die drei Streifen verpasst. Tuning sozusagen.

Jedenfals sah Hartmanns nächster Businessplan in Sachen Puma so aus: Das Wiegen wurde weltweit aus dem Circus Krone übertragen. Ich selbst besorgte die Waage aus der Münchner McGraw-Kaserne der US-Army – mit amerikanischer Pound-Skala. Mein Angebot an Dassler: Ich stehe vor der Waage, moderiere und sorge dafür, dass der stolze Puma unübersehbar auf der Waage prangt.

Kneipp-Dassler schwenkte seine Füße beim Telefonieren höchstwahrscheinlich gerade durchs eiskalte Wasser und war hingerissen: »Wenn Sie das hinbekommen, Hartmann, das wäre sensationell.«

Genau genommen war es nicht nur sensationell, es war ihm auch weitere dreißig Mille wert, die ich für die Nummer verlangt habe. Viel zu wenig eigentlich, aber wir hatten ja keine Ahnung. Und woher kamen die beiden Pumas, die beim Wiegen weltweit, für Millionen und Abermillionen TV-Zuschauer, zu sehen waren? Von einem Puma-Schuhkarton, den der Hartmann irgendwo aufgetrieben hatte und aus dem Woooldi das Vieh in zwei Ausführungen ausschnitt und auf die Waage klebte – der teuerste Schuhkarton aller Zeiten!

Alles lief noch viel besser als erwartet. Vor allem weil beim Wiegen auch noch die Bühne zusammenkrachte. Dunn, Ali, der frühe Woooldi und die ganze Entourage waren einfach zu schwer für die sensible Konstruktion. Wir brachen alle miteinander durch den Boden, die Bilder gingen um die Welt, und Armin Dassler hatte vermutlich den schönsten Kneippkurtag seines Lebens.

Alle Werbekunden waren happy, nur das Möbelhaus Segmüller nicht ganz. Und das kam so: Ich war Mädchen für alles und der einzige Weiße außerhalb des Ali-Clans, der in die heilige Kabine des Superstars durfte. Und in dieser Kabine saß der Champ auf einer fürchterlich schäbigen Couch, die ich für den Größten aller Zeiten als schlicht unwürdig empfand. Beim großartigen bayrischen Möbelhaus Segmüller, davon war ich überzeugt, müssten sie Sofas haben, auf denen sich Ali deutlich wohler fühlen würde.

Ich also die Nummer vom Segmüller besorgt, angerufen: »Freunde, ich brauche eine Couch für Muhammed Ali, stellt dem bittschön was Anständiges hin!«

Kein Problem, Segmüller begeistert. Mein Nachsatz: »Und was ist es euch wert, wenn ich den Größten aller Zeiten auf einer Segmüller-Couch fotografiere?«

Unsere Hausnummer war immer so an die 10 000 Mark, das hatte sich mittlerweile bewährt. Wir dachten uns: Entweder sie beißen an und fressen es, oder sie erschrecken sich fürchterlich angesichts dieser Summe – dann eben nicht. Segmüller war aber auch nach der 10 000-Mark-Ansage immer noch begeistert. Und ich ebenfalls. Also wurde die Couch angeliefert, und es war eine wunderbare Couch. Das Krone-Personal war zwar etwas irritiert – was ist das, was soll das? –, aber Waldi konnte alles erklären: »Neue Couch für den Größten, er fühlt sich auf der alten nicht wohl, kriegt Kreuzweh.«

Ali mit Kreuzweh, das wollte keiner riskieren. Also wurde die Couch in die Kabine geschafft.

Kurz darauf federte Ali, ganz ohne Kreuzweh, in die Kabine, verlor aber kein Wort zu seiner tollen neuen Couch. Ich stand mit dem Fotoapparat bereit und erkundigte mich ganz devot: »Champ, is it possible to take some photos of you in the cabin?«

It was possible. »Do it!«, befahl der Champ.

Ich durfte alles fotografieren, ich habe ihn sogar nackt unter der Dusche gesehen. Und ich kann sagen: Er war nicht nur im Boxring der Größte. Ich bekam also sensationelle Bilder von einem strahlend schönen Champ auf einer ebenso strahlend schönen Couch des Friedberger Möbelhauses Segmüller. Die Fotos gingen direkt per Kurier zum Segmüller. Waldi war der Größte und im Himmel.

Falsch. Waldi war in der Hölle.

Ich konnte vielleicht so einiges, aber fotografieren konnte ich nicht. Wir befanden uns ja im Jahr 1976, im prädigitalen Zeitalter – und als die Bilder aus dem Labor kamen, ließ sich ein ganz entscheidendes Problem nicht verheimlichen: Sie waren zu dunkel. Die Bilder waren nicht unterbelichtet, sie waren genau genommen überhaupt nicht belichtet.

Bei dem Menschen auf der Couch konnte es sich um jeden farbigen Menschen der Welt handeln, von Ali war nichts zu erkennen. Das Bild war die Mutter der Finsternis. Kein Geld vom Möbelhaus Segmüller. Sehr schlecht. Aber es war trotzdem eine sehr schöne Couch. Und der Größte konnte garantiert ohne Schmerzen im Kreuz boxen. Immerhin.

Für uns war dieser Reinfall Motivation genug, einen letzten großen Deal auszuhecken. Einer ging noch. Oder auch zwei.

Ich war damals noch an einem Jeansladen in Augsburg beteiligt, dem Jeans-Center am Moritzplatz. Also mussten Fotos her: der Champ mit meinen Jeans in der Hand im Ring. Ali posierte wieder bereitwillig (»Do it, man!«), T-Shirts damit bedruckt und ins Schaufenster gehängt. Werbebotschaft: Muhammad Ali kauft seine Jeans im Jeans-Center am Moritzplatz. Alles klappte prächtig, und weil ich die Fotos nicht selbst gemacht hatte, waren sie sogar richtig belichtet.

Zum krönenden Abschluss hatte ich vor, Ali zum Besuch meiner damaligen Augsburger Hausbrauerei Riegele zu bewegen.

Große Herausforderung! Vor allem, weil Ali Moslem ist. Wie kriege ich einen gläubigen Moslem in eine Brauerei? Oder auch: Wie kriege ich einen Bischof in eine Tabledance-Bar?

Aber: Ein Showtraining fand in Augsburg statt, das war die Gelegenheit! Ich, auf dem Höhenflug und beschwingt von den ganzen Erfolgen, die wir hatten, meinte zu den Riegele-Leuten: »Kein Problem, ich krieg das irgendwie hin.«

Also fragte ich Angelo Dundee: »Würdet ihr mir in Augsburg für eine Viertelstunde einen Gefallen tun? Der Champ soll nur sein Buch signieren.«

Ali hatte gerade seine Memoiren auf Deutsch auf den Markt gebracht. Reklame konnte auch hier nicht schaden, also gut, kein Problem. Ali würde vor dem Training zum Signieren kommen, eine Viertelstunde lang. »You did everything for us, we'll do that for you«, meinte Dundee generös. Dass die Signierstunde auf dem Hof der Brauerei Riegele stattfand, ließ ich vorsichtshalber unerwähnt.

Ich also zu den Riegeles: »Geht klar, ich hab die im Griff.«

Riegele baute also im Brauereihof einen kleinen Jahrmarkt auf, mit Welcome-Champ-Plakaten, mit Ständen. Die Massen strömten ein in Erwartung der Erscheinung des großen Meisters. Der Hof war schwarz von Menschen, die auf den Größten aller Zeiten warteten. Sogar ein Thron war aufgebaut, auf dem Ali sitzen und signieren sollte. Eine Augsburger Buchhandlung lieferte die Bücher in rauen Mengen. Bratwurststände waren da, Kirmes, alles perfekt, alles kein Problem.

Doch ein Problem.

Der Ali-Clan hatte mit seiner Wagenkolonne Verspätung auf dem Weg von Augsburg nach München, sie waren in ihren vier dicken schwarzen Autos zu spät losgefahren. Ganz Augsburg hatte sich versammelt, alle waren da – bis auf den einen Menschen, auf den es ankam. Und dann erhielten wir per Autotelefon auch noch die Info: »Sorry, wir können nicht kommen, die Zeit reicht nicht, wir fahren direkt zum Training.« Panik. Augsburg, we have a problem! Und was für eines. Was tun? Ich also runter zum Vater meines Jeansladen-Kompagnons, der zufällig Polizeieinsatzleiter der Aktion »Ali in Augsburg« war: »Hören Sie, der Ali will nicht mehr herfahren. Der ist zu spät dran.«

Der Mann von der Polizei zu mir: »Dann haben wir aber ein Problem.«

Ich zum Mann von der Polizei: »Sogar ein sehr großes Problem.«

Die Leute würden uns den Jahrmarkt auseinandernehmen, wenn der versprochene Champ nicht käme. Ein Volksaufstand drohte. Und, noch viel schlimmer: Meine Geschäftsbeziehung zur Brauerei Riegele, für einen Wirt elementar, würde einen ganz schweren Dämpfer erhalten.

Es gab nur eine Lösung: An der Autobahnausfahrt waren mittlerweile zwei Polizeimotorradfahrer stationiert worden, die den verspäteten Champ und seinen Anhang eiligst zum Training geleiten sollten. Die beiden mussten sich verfahren. Es ging nicht anders. Sie mussten ganz aus Versehen die Sporthalle mit der Brauerei Riegele verwechseln, und mangels GPS und intimer Augsburger Ortskenntnisse würde der Champ das erst merken, wenn es längst zu spät war.

Also gut. Mein Freund und Helfer langte in den Streifenwagen, nahm das Mikro in die Hand und funkte durch: »Kollegen, wir müssen die Menge beruhigen. Das geht nur, wenn ihr hier vorbeifahrt …«

Frei nach Edi Finger: Ich hätt ihn abbusseln können, den Herrn Wachtmeister!

Also sind diese beiden Weißen Mäuse auf ihren Motorrädern mit dem Champ im Schlepptau mitten in den Brauereihof gefahren. Ich hatte Muhammad Ali entführt. Das werde ich nie vergessen: Das schwarze Auto kam, Ali stieg aus, ich hielt ihm meinen dreijährigen Sohn unter die Nase, weil ich wusste, Kinder liebt er, da schmilzt das Herz des Champs – und er war überhaupt nicht überrascht, was für eine merkwürdige Szenerie vor der angeblichen Sporthalle herrschte.

»That's my son, Champ«, habe ich zu ihm gesagt.

Der kleine Claus hat nur geweint und gefragt: »Ist das der Ali, Papa?« So einen riesigen schwarzen Mann hatte er in seinem Leben noch nie gesehen.

Ali hat ihn gedrückt, gab ihn mir zurück und setzte sich auf diesen Thron. Er war ja den Wahnsinn um ihn herum gewohnt und wunderte sich wahrscheinlich über gar nichts mehr. Er signierte ein Buch und noch eines und noch eines, bis einer aus der Entourage entsetzt brüllte: »That's a brewery!«

Stimmt, das war eine Brauerei und kein Buchgeschäft – das war mir bis dahin noch gar nicht aufgefallen. Ali, in aller Seelenruhe, klappte das dritte Buch zu, stand auf, ging und ward bei der Brauerei Riegele in Augsburg nie mehr gesehen.

Aber no problem: Alle haben geklatscht, alle waren glücklich. Der Champ war da gewesen, egal wie kurz auch immer. Innerhalb von sechs oder sieben Minuten war alles erledigt.

Und die Amerikaner waren Profis: Es gab kein Nachspiel, keine Beschwerden, von nichts und niemandem.

In München braute sich derweil schon der ganz große Ärger zusammen. Die Veranstalter des Kampfes, das Trio aus meinem Augsburger Wirtshaus, konnten ihre Rechnungen nicht mehr bezahlen. Die Pleite stand unmittelbar bevor.

Mein Freund Charly und ich hatten dagegen die Taschen voller Geld. Wir hatten jede Menge Kohle eingenommen, im Krone allein an die 45 000 Mark in bar, die wir mit uns herumschleppten. Insgesamt standen uns 42 000 Mark Provision zu – aber uns war auch klar, dass wir erst einmal die 45 000 Mark Cash abliefern mussten. Und von unserer Provision hätten wir im Anschluss von den Herren Pleitiers keine müde Mark mehr gesehen.

Also sind wir in den Bayerischen Hof und haben dort einen auf dicken Max gemacht: Die 42 000 Mark Provision behalten wir gleich ein, ist doch recht, oder? Wollt ihr die restlichen 3000 jetzt – oder erst einmal gar nichts?

Große Proteste und Schmerzensschreie, aber – das weiß ich als Wirt – haben ist besser als kriegen! Die Herrschaften waren heilfroh über 3000 Mark in bar. Unsere Provision war gesichert!

Auf mich wartete noch das schönste Trinkgeld, das ich je bekommen habe: Nach dem Kampf bin ich zu Ali in die Kabine. Dort habe ich die Handschuhe des Abends und seine Everlast-Boxerhose bekommen, natürlich signiert. Danke, Champ, für gute Geschäfte und für zwei unvergessliche Wochen!

Viele, viele Jahre später hatte ich noch zwei Ali-Erlebnisse. Das erste bei den Olympischen Sommerspielen 1996 in Atlanta. Vor der Eröffnungsfeier saßen wir alle zusammen in der Redaktion und diskutierten, wie die ganze Welt, wer wohl bei der Eröffnungsfeier die Flamme ins Stadion tragen könnte.

Großes Rätselraten, wir haben sogar Wetten abgeschlossen. Doch den richtigen Fackelträger erriet niemand.

Und dann kam ER ins Stadion: The Champ, The Greatest of All Times. GOAT. Muhammad Ali. Zwanzig Jahre nach unseren Münchner G'schicht'n, zitternd, krank, aber ungebeugt. Ich habe mich nicht geschämt: Meine Augen waren feucht, als ich das gesehen habe, und vielleicht ist mir auch eine Träne runtergerollt.

Für mich ist er, für mich bleibt er immer der größte Sportheld aller Zeiten.

Eine große Ali-Chance ist mir allerdings in Atlanta leider entgangen. Heribert Faßbender und ich haben uns damals die Moderation des Olympiastudios geteilt. Wir wollten unbedingt etwas zu Alis Auftritt machen, zu diesem emotionalen Moment, der die ganze Welt gerührt hat.

Unsere Idee war, Joe Frazier, Alis alten Rivalen, ins Studio zu bitten. Er sollte uns erzählen, wie er Alis Auftritt erlebt hat und wie es ihm dabei gegangen ist. Mein lieber amerikanischer Kollege Ben Wett, ein großartiger Boxexperte, stellte für uns den Kontakt her. Alles klar, Frazier würde zu mir ins Studio kommen.

Boah! Waldi war happy. Ein tolles Erlebnis, mit Joe Frazier über Muhammad Ali zu sprechen, über die alten Zeiten, ganz großes Kino.

Leider kam der Anschlag von Atlanta dazwischen. Im Centennial Park am Olympiagelände explodierte eine Bombe in einem Papierkorb, an dem ich jeden Tag vorbeigegangen bin, unmittelbar in der Nähe unseres Hotels.

Als ich am Morgen vor der Sendung aus dem Fenster im 45. Stock schaute, waren ungefähr 17 000 Blaulichter zu sehen, unzählige Hubschrauber, der pure Wahnsinn, wie im Krieg. Alle Polizeiautos des Bundesstaates Georgia, so schien es, standen genau vor meinem Fenster.

Man muss sagen: Wenn die Amis etwas auffahren, dann aber richtig. Es gab keine Chance, aus dem Hotel ins IBC zu kommen, in unser Studio im Olympia-Fernsehzentrum.

Es gab keine Chance, zum Interview mit Mr Frazier zu kommen und mich mit ihm über Ali zu unterhalten. Heribert Faßbender, der die Schicht vor mir hatte, blieb einfach im Studio – damit hatte Fassi nicht nur die Bombe in seiner Sendung, sondern auch noch Joe Frazier. Wenn es mich je in ein Fernsehstudio gezogen hatte, dann in dieses. Ich wusste genau: »Heute gehen die Quoten durch die Decke. Und ich sitze im Hotel fest.« Aber, wie sagen Fassis rheinische Landsleute so schön? »Man muss och jönne könne.«

Trotzdem habe ich ihn gehasst, diesen Bombenleger. Vor allem weil ein Mensch sterben musste.

Die letzte Ali-Geschichte dann 2005 in Berlin. Als sich der russische Bär Nikolai Walujew vor 10 000 Leuten in der Max-Schmeling-Halle gegen John Ruiz den WM-Titel holte, boxte Ali im Rahmenprogramm. Natürlich nicht der große Muhammad, sondern seine wirklich bildschöne und tüchtige Tochter Laila.

Doch Papa Muhammad sorgte dafür, dass ich mich vor Lailas Kampf geschlagene fünfundvierzig Minuten mit Wladimir Klitschko am Hallenmikro ausführlichst über Boxen unterhalten durfte – der vielleicht längste Boxvorlauf der Welt. Die Regieanweisung lautete: »Wir haben nichts mehr im Regal, Waldi. Du musst ziehen und Zeit schinden, so lange es nur geht.« Ich habe sogar noch ein Foto von mir und Ali 1976 in die Kamera gehalten, vor lauter Verzweiflung – wieder eine halbe Minute rausgeholt.

Der Grund für dieses Wassertreten: Wir mussten warten, bis der Champ als Zuschauer im Publikum auftauchte – mit diesem Knaller sollte der Kampf beginnen. Und er kam nicht und kam nicht und kam nicht. Und die Frau Tochter war stur und beharrte, dass sie ohne ihren Vater nicht anfangen würde.

Was wirklich los gewesen war, hat mir danach Ben Wett gesteckt: Laila hatte im Hotelzimmer den Schutz liegen lassen, den sie beim Boxen trägt, und die ganze Wagenkolonne mit ihrem Vater zurück ins Hotel geschickt, um das fehlende Teil zu holen. Die ganze Halle und TV-Deutschland warteten, weil Frau Ali ihren Unterbodenschutz vergessen hatte und der Vater höchstpersönlich ihn holen musste.

Auch das gab's nur beim Größten – der immer noch der Größte war, egal ob sie ihn an diesem Abend mit einem Gehwägelchen in die Halle schaffen mussten.

6

VIELLEICHT PASST DIR JA MEINE ...

Wie ich Uli Hoeneß' Lederhose verzockte

Nachdem Ali samt Tross wieder abgereist war, ging es für mich zurück nach Augsburg. Zurück in eine andere Welt, in eine kleinere Welt. Zum Beispiel zum FC Augsburg. Ich war schon ab 1973 gemeinsam mit Hans-Roland Fäßler Stadionsprecher beim FCA in der zweiten Liga, wir haben uns den Job geteilt. Roland war ja damals schon bei Bayern 3, *Gute Fahrt und gute Reise* und solche Geschichten.

Durch die Stadionsprecherei hatte ich freien Zugang zum gesamten Innenleben des Vereins bis hinein in die Kabine – was mir für meine Schreiberei natürlich sehr geholfen hat, auch als Hartmut Waldmann. Denn den gab es noch immer – und mehr denn je, weil ich als Hartmut Waldmann auch noch fester FCA-Berichterstatter der *Augsburger Allgemeinen* war. Interessenkonflikt? Pfui, was für ein unschönes Wort!

Nach Helmut Hallers Rückkehr aus Turin war 1973 das Hallerluja-Jahr ausgerufen worden, der große Hype rund um den FCA mit damals sensationellen 22 000 Zuschauern im Schnitt. Alle drehten am ganz großen Rad. Der bekannte, 2012 verstorbene Schiri Manfred Amerell war zwischenzeitlich Geschäftsführer beim FCA, der für drei Monate Max Merkel als Trainer verpflichtet hatte, welcher dann natürlich auch bei mir in der Kneipe aufschlug.

Es ging alles ein bisserl durcheinander in diesem verrückten Jahr – auch mit meinen diversen Funktionen, die langsam unübersichtlich wurden. Ich weiß noch, wie sich Amerell in einem Leserbrief an die *Augsburger Allgemeine* beschwerte, er habe ja schon viel erlebt im Fußball – aber dass ein Kneipenwirt unter falschem Namen in der ersten Zeitung am Platze die Fußballberichte schreibe, das spotte ja jeder Beschreibung, das sei völlig abwegig. Und diesen Leserbrief, mit dem er mich ein bisserl tratzen wollte, schrieb der FCA-Geschäftsführer über seinen eigenen Stadionsprecher.

Aber Schiedsrichter waren immer schon ein ganz spezieller Schlag.

Es gab mal einen Schiri in der Bundesliga, der war fanatischer Fan des 1. FC Nürnberg. Er ist 2001 verstorben, deswegen kann ich hier seinen Namen nennen: Es war der Sportkamerad Manfred Neuner aus Leimen, der bis 1992 pfiff. Dann wurde er suspendiert, weil er sich ein Jagdgewehr hat schenken lassen und dadurch in Verruf geriet. Für ihn existierte nur ein Verein, sein heiliger Club. Genau wie damals für mich auch. Und irgendwann treffe ich ihn an einer Hotelbar und sage zu ihm: »Manni, du musst noch ein paar von deinen Kollegen überreden, die müssen für den Club pfeifen, die Nürnberger haben es nötig. Weil du allein nicht ausreichst, um den Abstieg zu verhindern.«

Neuner hat mir dann erzählt, in seinem pfälzischen Dialekt, dass er regelmäßig den DFB-Schiri-Einteiler bekniet: »Bitte lass mich nicht den Club pfeifen. Das wissen die Leute doch, dass ich Nürnberg-Fan bin.« Manchmal musste er aber doch ran. Und immer, wenn Manni den Club pfeifen musste – oder durfte –, hatte ich den Eindruck, dass er brutal für ihn gepfiffen hat. Und wenn er bei anderen Mannschaften, Konkurrenten vom Club, eingesetzt war, hat er so gepfiffen, dass es gut für Nürnberg war. Einmal hat Manni einen Elfer für den Club gepfiffen, das war aber so was von kein Elfmeter. Sein augenzwinkernder Kommentar zu mir: »Was will isch denn mache? Sonst treffe die doch nie.«

Ein anderer Schiri (Name dem Autor bekannt) hat einmal Bayern gegen Lautern gepfiffen. Nach dem Spiel treffe ich ihn, und er fragt mich, wie er war. »Ganz gut«, sag ich, »aber den Scholl hättest du vom Platz stellen müssen. Das war ganz klar Rot.«

»Jaaaaa«, druckst er rum, und ich merke, wie er mit sich ringt. Dann meint er: »Auf dich kann ich mich doch verlassen, oder?«

»Na klar. Ich schweige wie ein Grab.« Also kruschelt er in seiner Tasche. Und zum Vorschein kommt: ein unterschriebenes Trikot von Mehmet Scholl.

Seine Erklärung: »Waldi, mein Sohn hat gesagt, wenn du ohne Trikot von Mehmet Scholl heimkommst, schau ich dich nie mehr an. Ich kann den doch nicht vom Platz stellen und sagen, Herr Scholl, Sie fliegen, aber danach hätte ich gern ihr Trikot.«

Zurück nach Augsburg. 1975 holte der FCA Volker Kottmann als neuen Trainer, einen ehemaligen erfolgreichen deutschen Leichtathleten in der 4 x 400-Meter-Staffel. Er hatte es davor wundersamerweise geschafft, beide damaligen Kölner Bundesligisten zu trainieren, Fortuna Köln und den 1. FC Köln, was sich eigentlich wegen fundamentaler fußballerischer Differenzen gegenseitig ausschließt.

Roland und ich hatten sowohl als Stadionsprecher als auch als Journalisten mit Kottmann zu tun, und ja, zugegeben: Die Trennung hätte vielleicht etwas schärfer sein können. Solche Verflechtungen und so ein Filz im Journalismus sind ein Thema für sich, und zwar ein ziemlich unerschöpfliches.

Volker Kottmann erwies sich als gesellig, und er war mit einer sehr lieben Schauspielerin vom Augsburger Stadttheater verbandelt. Im Rosenaustadion war er weniger beliebt. Die ersten »Kottmann-raus«-Rufe ließen nicht lange auf sich warten.

Irgendwann wollte er mit der ganzen Truppe in meinem Club antanzen, Leberkäs, Kartoffelsalat, so richtig gemütlich – aber nur, wenn's davor im Spiel gegen die SpVgg Fürth gut laufen würde. Zunächst tat es das, 2 : 0 zur Halbzeit. Ich rief bei meiner Frau in der Kneipe an: »Bitte den Ofen anheizen, Leberkäs in die Röhre, wir haben fast schon gewonnen.«

Leider nur fast. Am Ende stand es 3 : 2 für Fürth, es gab noch mehr »Kottmann-raus«-Rufe, und der Mob tobte vor dem Stadion. Es war Zeit für eine Notaktion. Roland brachte Kottmanns bildschönes Mercedes 280 SL Cabrio, das in Augsburg jeder kannte, weg vom Stadion und in Sicherheit. Und ich schmuggelte in meinem Auto den Trainer, der sich hinten im Fußraum zusammengekauert hatte, aus dem Rosenaustadion. Wir drei fuhren zu mir heim, es gab Leberkäs in rauen Mengen, wir hatten ja Essen für die ganze Mannschaft vorbereitet, und Cognac war auch ausreichend vorhanden.

Dabei haben wir beschlossen, dass Fußballtrainer eindeutig der falsche Beruf für Volker Kottmann ist. Denn: Er hatte sechs Semester Medizin studiert, genoss in diesem Bereich schon einen sehr guten Ruf. Nicht nur der Bayern-Star und spätere Orthopäde Jupp Kapellmann schwärmte in höchsten Tönen von ihm. Kottmann hatte sensationelle Tricks drauf, auf mechanischem Weg Verletzte schnell wieder fit zu bekommen. Er stärkte die Muskeln, er zog ein spezielles Krafttraining durch, der Mann verfügte über ein ganz eigenes Verständnis von medizinisch betreuter Reha. Damit hatte er schon in Köln als Trainer Verletzte wie Hennes Löhr, die eigentlich schon von allen abgeschrieben waren, wieder hinbekommen. Kottmann selbst war ebenfalls der Meinung, Trainer sei nichts für ihn, das Medizinische liege ihm viel besser.

So wurde an diesem Abend in Waldis Wohnzimmer der Beruf des Fitmachers erfunden, den es bis dahin gar nicht gegeben hatte. Wo wir schon dabei waren, machten wir gleich Nägel mit Köpfen: Wir eröffneten zusammen in Augsburg ein Rehazentrum – wir hatten ja sonst nichts zu tun. Später wurde Volker Kottmann der erste große Fitness- und Rehaguru des deutschen Sports.

Roland kannte Augsburgs damaligen Oberbürgermeister Hans Breuer, und wir verfielen auf die Idee, dieses Rehazentrum im Bundesleistungszentrum für Kanusport in Augsburg-Spickel einzurichten. Das lag nach den Olympischen Spielen ohnehin brach. Ich bastelte einen Folder, machte in der Fußballbundesliga ein bisserl Reklame für das neue Angebot. Und die erhoffte Entlassung unseres Kottmann beim FCA war auch kein Problem. Die passierte wie erwartet gleich am Montag darauf.

Also haben wir einen Pachtvertrag unterschrieben und den Prospekt an alle sechsunddreißig deutschen Profifußballklubs geschickt. Der Deal lautete wie folgt: Medizinische Versorgung da draußen am alten Eiskanal, Verpflegung der maladen und pflegebedürftigen Fußballer findet bei mir in Waldy's Pub statt, das ich gerade aufgemacht hatte. In meinem Messing- und Mahagoniparadies, das ich mit einer Baustellenparty eröffnen musste, weil die Handwerker nicht rechtzeitig fertig wurden. Die ersten beiden Prominenten im Rehazentrum Waldy's Pub mit garantierter 360-Grad-Rundum-Betreuuung waren Alois Schloder, Kapitän der deutschen Eishockeynationalmannschaft, und Gerhard Welz, Torwart des 1. FC Köln.

Mit dem Prospekt bin ich zu Robert Schwan gefahren, damals in den letzten Zügen als Großmanager des FC Bayern, und in Personalunion der höchstpersönliche Finanzguru von

Franz Beckenbauer. Das Problem war ja, dass diese neuartigen Rehamaßnahmen damals keine Berufsgenossenschaft und keine Krankenkasse bezahlte. Dafür mussten die Vereine selbst in die Tasche greifen.

Schwani, der mit seiner schlohweißen Mähne an einen alten, weisen Pavian erinnerte, nur mit ständig glühender Pfeife im Mund, hat mich behandelt wie einen dahergelaufenen Schulbuben: »Wieso sind Sie da und nicht der Kottmann?« Er hat mich gnadenlos abblitzen lassen, dabei wäre es für uns die beste Werbung gewesen, wenn der FC Bayern seine Verletzten zu uns geschickt hätte. Aber es gab noch ein Hintertürchen: Kottmann kannte Dettmar Cramer ganz gut, den damaligen kleinen Bayern-Trainer, den Sepp Maier den »Laufenden Meter« nannte und der sich gerne mal in Napoleon-Klamotten fotografieren ließ.

Und tatsächlich: Cramer schickte versuchsweise zwei Verletzte zu uns zum Probebehandeln: Bernd Dürnberger und einen gewissen Uli Hoeneß, schwer am Knie verletzter früherer Superstar der Bayern. Die kamen nach Augsburg – und wurden bei mir in der Kneipe verpflegt. Ich habe ein bisserl mit denen mittrainiert, war beim Joggen dabei. Seitdem kenne ich Uli, der unbedingt fit werden wollte für die WM 1978 in Argentinien.

Volker hat ihn tatsächlich hinbekommen. Uli fuhr zwar nicht zur WM, aber er konnte immerhin eine Zeit lang wieder spielen. Sein Comeback feierte er gegen Rot-Weiß Essen, wir waren ins Stadion eingeladen, 5:1, Uli machte ein Tor und hat super gespielt. Die erste Wunderheilung im deutschen Sport! Ähnlich bei Alois Schloder, der auf Krücken zu uns kam, als hoffnungsloser Fall. Und nach Kottmanns Therapie kehrte er beschwingten Schrittes ins Landshuter Eisstadion zurück. Die haben ihn angeschaut wie Jesus beim Gang übers Wasser. Alle haben gesagt, das gibt es doch nicht.

Alois war geradezu missionarisch für uns tätig und hat im *ZDF-Sportstudio* ordentlich die Werbetrommel für uns gerührt, und auch Uli hat für uns Reklame gemacht. Dadurch war alles einfacher. Alle Siechen und Invaliden und hoffnungslosen Fälle des deutschen Sports kamen zu uns. Uli hat uns zum Feiern zu sich nach Hause eingeladen, Susi kochte, es gab Schampus. Sogar Franz Beckenbauer wollte damals zu Kottmann kommen, allerdings zog es ihn dann doch zu Cosmos New York und nicht nach Augsburg.

Die Betreuung unserer Sportler erfolgte liebevoll und allumfassend. Notfalls machten wir auch einmal eine Nacht durch, zum Beispiel mit einem namhaften Bundesligaspieler, mit dem wir zum Abschied von Augsburg einen Stripklub besuchten. Was man nicht alles tut für das Wohlergehen seiner Kunden!

Dummerweise war für elf Uhr am nächsten Morgen das Abschlusstraining mit Kottmann angesetzt. Helmut Haller war auch da und hat ein paar Flanken geschlagen, er war mittlerweile eine Art Faktotum beim FCA. Nur mein Fußballer, mit dem ich die Nacht um die Häuser gezogen war, machte schlapp und brach beim ersten kleinen Schubser schmerzverzerrt zusammen. Volker wurde leichenblass und war entsetzt – er sah seine ganzen monatelangen gesundheitlichen Bemühungen mit einem Schlag ruiniert. Aber mein Fußballstar war gar nicht verletzt. Er war einfach nur fertig und entsetzlich müde und durfte endlich zurück, heim zu seinem Verein, zur Erholung von Waldi.

Ich bin die ganze Nacht und den nächsten Tag nicht zu Hause erschienen. Roland hat mir zwischendrin ausrichten lassen: »Deine Frau sucht dich in der ganzen Stadt, und sie ist bewaffnet.« Als ich irgendwann endlich wieder auftauche in meiner Kneipe, ist meine Frau immer noch mordlustig. Und ein paar Tage später steht *er*, mein Fußballer, plötzlich wieder in der Tür. Meine Frau lässt das Glas fallen, schreit geradezu hysterisch: »Was will *der* wieder hier?« Er: »Ich muss noch mal zwei Wochen herkommen« – sein Trainer hielt ihn für noch nicht fit genug.

Handy gab es noch nicht, Telefon hatten die Jungs auch nicht auf dem Zimmer. Telefonieren war nur in meiner Kneipe möglich. Die Trainer haben sich also immer bei mir gemeldet, um sich nach den Fortschritten ihrer Jungs zu erkundigen. Das Ergebnis unserer Quasi-Tag-und-Nacht-Betreuung fand bisweilen direkten Niederschlag in den Telefonaten, etwa so: Heinz Höher, Trainer des VfL Bochum, ruft an, verlangt nach seinem Linksaußen Heinz-Werner Eggeling, der danach leichenblass zu mir kommt: »Hömma Waldi, dat is jetzt Kacke. Der Trainer will, dass ich nach Hause komm. Der meint, ich hab zu viel Kontakt mit den Einheimischen, weil ich am Telefon schon Grüß Gott sag.« So ganz falsch lag Höher wohl nicht, immerhin schien sich Eggeling sichtlich wohl bei uns zu fühlen und orderte gleich bei seiner Ankunft einen Gin Tonic.

Das Rehazentrum war Gold wert für mich, für meine Kontakte in der Bundesliga. Dieter Brei aus Düsseldorf war da, Gerd Zewe, dadurch lernte ich den späteren Löwen-Trainer Rudi Bommer kennen. Damals ist ein Netzwerk entstanden, das mir später im Fernsehen viel gebracht hat.

1979, mit einunddreißig, habe ich dann das Pub verkauft, mich scheiden lassen, alle Zelte abgebrochen – und mich auf meinen Job beim BR konzentriert, für den ich ja schon seit 1977 freiberuflich unterwegs war. Ich weiß noch, irgendwann 1979 stehe ich plötzlich mit dem blauen Mikro an der Säbener Straße, für den BR-Sport. Da sagt der Uli Hoeneß, frisch bestellter Bayern-Jungmanager, staunend zu mir: »Was machst denn du jetzt da?« Und ich zu ihm: »Du, ich habe den ganzen Krempel verkauft und lebe davon. Ich bin jetzt Sportreporter.«

Damit hatte Waldis zweites Leben angefangen. Auch aus der Reha-Geschichte bin ich ausgestiegen. Als erfolgreicher Wirt und Geschäftsführer des eigenen Ladens plötzlich mit dem blauen Mikro an der Säbener Straße, war das ein Rückschritt?

Nein, es war eine Flucht vor der Gastronomie. Hintergrund: Mein Freund Roland und ich hatten uns damals um eine weitere Kneipe am zentralen Augsburger Königsplatz beworben, um ein Café. Der rote Roland und der schwarze Waldi, damit war jede politische Fraktion bedient. Das wäre im Stadtrat locker durchgegangen. Aber dann hat die *Augsburger Allgemeine* diese Kneipe mit einer Volksbefragung gekillt. Die haben den Laden in einer Fotomontage überdimensional groß dargestellt. Also musste alles kleiner werden, und plötzlich ging es quasi nur noch um einen Würstlstand. Wenn wir dieses Café auch noch bekommen hätten, wären wir nie aus Augsburg rausgekommen – das eine schöne Stadt sein kann. Aber wenn du etwas werden willst, musst du da weg, musst du dorthin, wo die Musik spielt ..., also nach München. So wie Franz Beckenbauer mal zu Mehmet Scholl gesagt hat: »Scholli, ich kann dir keine Taktik mehr beibringen, weil du keine Ahnung hast. Also geh einfach dahin, wo der Ball ist, weil der Ball kommt nicht zu dir.«

Also ging ich dorthin, wo der Ball war.

Einmal bin ich noch rückfällig geworden in Sachen Gastronomie – in München, mit der Zeitlupe. Das ist wie Radlfahren, das verlernst du nicht. In der Zeitlupe war die CSU-Landtagsfraktion oft beschlussfähig, so viele Abgeordnete waren vor Ort. Dort wurde nicht nur die Wahl von Wolf Feller zum BR-Fernsehdirektor beschlossen, sondern auch die eine oder andere BR- oder CSU-Karriere eingefädelt. Oder ausgefädelt, je nachdem.

Die Älteren werden den Begriff »Zeitlupe« noch aus der Fernsehreportersprache kennen. Technisch bedeutete er, dass

Bilder in verlangsamter Geschwindigkeit wiederholt wurden: Wir schauen uns das Tor nochmals in Zeitlupe an und genießen es. Heutzutage heißt genau der gleiche Vorgang Slowmotion. Wie auch in der Fernsehsprache ein Drehort jetzt eine »Location« ist und eine Konferenz ein »Meeting«. Letztere Tätigkeit beansprucht schätzungsweise mehr als die Hälfte der gesamten Lebensarbeitszeit eines Fernsehredakteurs. Da sind die »Sitzungen« in der Kantine und in den gekachelten Erfrischungszellen noch gar nicht mitgerechnet.

Doch ich schweife ab. Die Zeitlupe die ich meine, war für fast drei Jahre der Ort meiner Rückkehr zu den Wurzeln. 1986 hatte ich die Wirtin dieser schmucken, direkt am Seitenausgang des Nobelhotels Vier Jahreszeiten in München gelegenen Gaststätte kennengelernt. Der Laden war eher Bistro als Kneipe und hieß zu dieser Zeit noch Premiere, die Wirtin Birgit. Bald entwickelte sich ein engeres Verhältnis als zwischen Gastwirt(in) und Gast allgemein üblich. Diese Entwicklung hatte Folgen und wurde auf den Namen Christina getauft. Weil die Tochter in geregelten Verhältnissen aufwachsen sollte, wurde geheiratet.

Plötzlich trat eine Art Arbeitsteilung, oder Neudeutsch: Jobsharing, in Kraft. Ich stand wieder hinter dem Zapfhahn. Und dachte mir bei den überwiegend von Theaterpublikum besiedelten Tischen (rund um die Kneipe befanden sich das Nationaltheater, das Residenztheater, die Kleine Komödie und so weiter): Waldi, das kann nicht lange gut gehen. Richtig erkannt. Es ging nicht lange gut, denn das Publikum und ich hatten unterschiedliche Vorstellungen von der großen Bühne der Gastronomie.

Eines Abends – an den spärlich besetzten Tischen stocherten ältere, aufgebrezelte Damen in ihren Salaten mit Putenstreifen und schlürften grünen Tee zu dezenter Tanzmusik von Hugo Strasser, die aus der Ministereoanlage dudelte – ging die Tür auf und eine wilde Horde verkleideter Gestalten besetzte den Laden. Es waren Spieler des FC Bayern München, die in Lederhosen von einem Besuch auf dem Oktoberfest kamen und ihrem Haus-und Hofreporter ihre Verbundenheit auch in schweren Zeiten zeigen wollten.

Als Erstes machte sich Hansi Dorfner an der Stereoanlage zu schaffen und wechselte die Kassette. Hugo Strasser raus, AC/DC rein. Da klapperten Gabeln und Gebisse, Teller und Teetassen wackelten – zwei Kulturwelten im akustischen Duell. Die Herren Dorfner, Roland Wohlfahrth, Wiggerl Kögl und Raimond Aumann mit Anhang fühlten sich pudelwohl bei AC/DC, die restlichen hochherrschaftlichen Gäste zahlten und entflohen.

Das war die Nacht der Entscheidung. Aus dem Theaterbistro Premiere wurde die Kneipe Zeitlupe. Es war eine freundliche Übernahme – aus meiner Sicht. Meine Frau hing zwar noch an ihrer Idee, stimmte aber dem Wechsel zu. Blütenbäumchen, Tischdeckchen und allerlei Plunder flogen raus, ein einwöchiges Lifting folgte, und ein neuer Treff für Sport, Journaille und Politik wartete auf Gäste. Die rannten mir zwar erst mal nicht gerade die Tür ein, doch ich war mit großem Spaß dabei. Es entwickelte sich sogar ein überparteiliches Zuhause für Rote (FC Bayern), Blaue (TSV 1860 München) und die damalige dritte Kraft in München, den SV Türk Gücü. Dort hatte Peter Grosser als Trainer und Berater das Sagen – der einzige Spieler übrigens, der als Kapitän der 66er Meistermannschaft der »Löwen« später auch Kapitän der Bayern wurde. Peter war jeden Tag da, und andere schauten ebenfalls vorbei.

Eines Tages schleppt Uli Hoeneß den neuen Bayern-Trainer Jupp Heynckes an. Der stellt erstaunt fest, dass ich Altbier vom Fass ausschenke. Er bleibt mit Uli zwei Stunden und trinkt in dieser Zeit ganze zwei Alt. In den Originalgläsern!

Die gerade mal 0,2 Liter fassen! In zwei Stunden! Ich lege eine Trauerminute ein und sehne mich nach Udo Lattek zurück. Wenn Udo da war, freute sich der Wirt in mir, und der Journalist auch. Udo nahm reichlich Flüssigkeit auf, und nebenbei war ich über die Verhältnisse beim »FC Ruhmreich« immer auf dem Laufenden. Das kapierten natürlich auch andere Kollegen von Print, Funk und Fernsehen, und so entwickelte sich mein kleines Reich langsam zu einer vorzüglich funktionierenden Informationsquelle. »Win-win-Situation« würde man heute sagen. Und so wussten natürlich auch die schreibenden Kollegen der Münchner Boulevardblätter im April 1989, wo sich nach der Sendung *Blickpunkt Sport* im Bayerischen Fernsehen der Studiogast Christoph Daum und der Moderator der Sendung treffen würden.

Doch der Reihe nach. Daum stichelte damals als Trainerneuling beim 1. FC Köln wochenlang gegen Jupp Heynckes in München. Psychokrieg auf rheinisch. In der BR-Sportredaktion kam irgendjemand auf die Idee, Daum ins Studio einzuladen. »Und wovon träumst du nachts?«, bekam er als Antwort, weil niemand glaubte, dass Daum sich in die Höhle des Löwen wagen würde. Doch ich hatte Blut geleckt. Kunststück, ich war als Moderator an der Reihe und habe ihn einfach angerufen. »Ja, klar komme ich«, sagte Daum ohne langes Getue zu. Super! Jetzt der Anruf bei Bayerns Pressesprecher Hörwick: »Hallo Markus, ich hab den Daum am Montag im Studio. Kümmerst du dich bitte darum, dass der Heynckes auch kommt?« Stille. »Das ist doch nicht dein Ernst«, höre ich dann vom anderen Ende der Leitung an der Säbener Straße.

»Doch, und es wäre schade, wenn nur Daum da sitzen würde«, gebe ich Hörwick eine pikante Hausaufgabe mit. Denn, das muss auch mal gesagt werden, Pressesprecher von Fußballvereinen sind in erster Linie Presseverhinderungssprecher. Sie haben zuallererst die Aufgabe, den Verein vor öffentlicher Kritik zu schützen und ihn möglichst in schönem Licht erstrahlen zu lassen. Nach zwei Tagen die Antwort von der Säbener: Heynckes kommt nicht, Uli kommt. Auch gut. Heynckes will nicht oder traut sich nicht, also der Troubleshooter Hoeneß.

Showdown am Montag. Im Studio punktet Daum Runde um Runde, Uli ist sowohl defensiv wie offensiv in schlechter Tagesform. Sieger nach Punkten: eindeutig Daum. In der Maske fragt mich Uli, ob wir noch zu mir in die Kneipe gehen würden. Aber sicher! Das hatte er seit Jahren nicht mehr gemacht. Aber in diesem Moment war ihm klar: Wenn jetzt der Daum auch noch alleine den Boulevardkollegen seine Geschichten erzählen kann, werden die nächsten Tage eher unerfreulich.

Und so saßen wir vereint in der Zeitlupe mit den Kollegen von *Bild*, *Abendzeitung* und *tz* bis morgens früh um fünf. Als der letzte Zeitungsmann sich entkräftet verabschiedet hatte, ging auch Uli. Da wusste er noch nicht, dass schon am kommenden Nachmittag die Einladung ins *Sportstudio* des ZDF auf seinem Tisch landen würde. Diese Runde fand eine Woche später statt. Daum wurde von seinem Sekundanten Lattek begleitet, der angesichts seiner FCB-Vergangenheit Beißhemmungen hatte. Heynckes konnte sich diesmal voll auf Hoeneß verlassen und ging als klarer Gewinner aus dem Clash hervor.

Am Montag vorher hatten sich Christoph und ich übrigens gedacht, dass sich das Zubettgehen vor seinem Abflug morgens um neun Uhr auch nicht mehr lohnen würde. Wir machten durch und haben seitdem ein wunderbares Verhältnis. Auch wenn ich so manches überhaupt nicht nachvollziehen konnte, was Christoph später dann so getrieben hat.

Aber das gehört nicht hierher. Mein Rückfall in die Gastwirtsrolle verhalf mir auch zu Bekanntschaften mit der Showprominenz. Eines Tages ging die Tür auf, und Frank Elstner stand total alleine in der Kneipe, ich hatte gerade erst aufgesperrt. Wow, Frank Elstner, zu dieser Zeit einer der ganz Großen unseres Gewerbes. Er hatte erfahren, dass ich den Laden führte, und suchte ein Rückzugsgebiet. Frank hatte ein paar Monate vorher die Moderation von *Wetten, dass …?* an Thomas Gottschalk übergeben und probte bei der Bavaria in Grünwald für seine neue Samstagabendshow *Nase vorn*. Wochenlang kam er fast jeden Abend. Wir hatten großen Spaß, und ich lernte viel über die Abteilung Unterhaltung im öffentlich-rechtlichen System, in die ich fast auch mal geraten wäre.

Nämlich fünf Jahre vorher, als ich beim Bayerischen Rundfunk Probeaufnahmen für die Samstagabendshow *Vier gegen Willi* machte. Meine Castingkonkurrenten waren Diether Krebs, Björn-Hergen Schimpf und Mike Krüger, gegen den ich ins Finale kam. BR-Unterhaltungschef Jochen Filser entschied sich dann für die »Nase« Mike – mit der Begründung, dass er sich mit einem bekannten Moderator bessere Chancen für ein unbekanntes, neues Format ausrechne. Im Nachhinein war ich für die Silbermedaille dankbar, denn mein BR-Sportchef Eberhard Stanjek machte mir deutlich, dass er mich für den Sport in der ARD nicht mehr hätte vorschlagen können, wenn ich in die Unterhaltung gegangen wäre. Heute undenkbar, weil fast alle auf diesen beiden Hochzeiten tanzen. *Tempora mutantur*, wie wir Lateiner sagen.

Franks Show hieß zwar *Nase vorn*, war aber offensichtlich seiner Zeit zu weit voraus. Die Spielregeln verstand kaum jemand, und es zog sich auch etwas. Kurz gesagt: Die Sendung war ein Riesenflop. Am Montag nach der Sendepremiere, zwei Minuten nach Öffnung um achtzehn Uhr ging die Tür zur Kneipe drei Zentimeter weit auf, und die Nase von Frank war zu erkennen. Ihr folgte der Nasenbesitzer mit den Worten: »Kann ich mich wenigstens hier noch sehen lassen?« Mit gut gelagerten Getränken milderten wir den Schmerz Stunde um Stunde, bis wir schmerzfrei die Kneipe zuschlossen.

Jahre später, nach seiner Sendung *Menschen der Woche*, saß ich mit Frank und einigen Kollegen in Baden-Baden noch bei geistigen Getränken zusammen. Wir redeten über die Sendung und dann über Gott, die Welt und weit darüber hinaus. Dabei erzählte ich auch diese Geschichte vom Absturz nach dem Nasenflop. Da lächelte Frank und schaute mir tief in die Augen: »Mein lieber Freund, heute kann ich es dir ja sagen. Ich bin nicht wegen dir gekommen, ich war wegen deiner wunderschönen Kellnerin da.« Volltreffer! Großes Gelächter! Und dann, noch ein paar Gläser später, meinte unsere gemütliche Runde, dass ich doch diese Geschichten mal aufschreiben sollte. Was hiermit geschehen ist und als weitere Folge die Idee für mein Bühnenprogramm *Born to be Waldi* reifen ließ. Denn wenn jemand wie Frank sagt: »Das musst du irgendwann alles erzählen«, dann muss man dem Folge leisten.

Dazu gehört auch die Geschichte mit der magischen Kelle, ebenfalls aus der Zeitlupen-Ära, eines meiner skurrilsten Strauß-Erlebnisse.

Strauß-Sohn Franz Georg stand damals ja unter Personenschutz, es waren immer zwei Jungs mit ihm unterwegs, die auf ihn aufgepasst haben. Und dabei ist mir aufgefallen: Die drei mussten auf dem Weg zum VIP-Bereich des Flughafens nie einen Ausweis vorzeigen. Die haben einfach ihre Kelle aus dem Auto gehalten, und gut war's. Und beim Parken in der Stadt haben sie einfach nur die Kelle aufs Armaturenbrett gelegt, und schon war alles paletti. Das hat mich begeistert. So was von praktisch, so eine Kelle! Ein Wundermittel! Man muss nur darauf achten, dass die Kelle nicht in die falschen Hände fällt – nämlich in meine.

Da ich ja die ganzen Personenschützer kannte, habe ich mich einfach mal ganz unschuldig bei ihnen erkundigt: »So eine Kelle ist ja super. Ich würde die nie missbrauchen. Aber wenn ich mal im absoluten Notfall keinen Parkplatz finde ...« Mein Personenschützer-Spezi ist erst unwillig: »Geht gar nicht, die Kellen sind nummeriert« und so. Aber zwei Wochen später kommt er mit einer Plastiktüte zu mir in die Kneipe: »Ich hab was für dich dabei. Aber bitte geh nach hinten und schau's dir in der Küche an.« Und so bin ich zu meiner eigenen magischen Kelle gekommen.

Ich habe sie im Auto hinter den Vordersitz gelegt und nie missbraucht. Ehrlich! Eines Tages musste ich aber nach Österreich. Grenzkontrolle in Kiefersfelden, weil hinten in Slowenien gerade irgendwelche Waffenschmuggler ihr Unwesen getrieben haben. Bittschön aussteigen, Papiere, Handschuhfach auf, Kofferraum auf, die ganze Litanei. Und die Kelle des Bösen hinter meinem Sitz – klarer Fall von Amtsanmaßung! Die findet der Grenzer garantiert. Ich denk mir schon: »Du bist ein schöner Depp, Waldi, das gibt Riesenärger.« Für *Bild* München reicht das locker: »Wie kam TV-Moderator Hartmann an die Polizeikelle?«

Und natürlich macht er die hintere Tür auf, schaut auf den Boden, sieht die Kelle – und fragt mich auf Tirolerisch: »Ja, wos is denn des?« Und ich hab Gott sei Dank blitzschnell reagiert: »Herr Kollege, was ist das wohl? Ich bin Personenschützer und hab vergessen, das Ding aus meinem Privatauto rauszunehmen. Ich bin auf dem Weg nach Wien, den Strauß abholen.« Da wird mein Kollege gleich viel lockerer und fragt: »Ja, warum sagen's das denn nicht gleich.« – »Mei, ich wollte es halt nicht an die große Glocke hängen.« Beinahe hätte der Grenzer salutiert. Gute Fahrt, Kollege Hartmann!

Zurück daheim habe ich die Kelle im Keller entsorgt und nie mehr angefasst.

Nach drei Jahren in der Zeitlupe habe ich endgültig festgestellt, dass die Arbeit als Wirt nichts mehr für mich war.

Sie hat mir ohnehin jahrelang mein ganzes Nachtleben versaut. Denn ich konnte nie ganz normal an einer Bar sitzen, ich musste immer schauen: Wie bescheißen die, wie läuft das hier? Eine absolute Berufskrankheit, eine professionelle Deformierung.

Weg aus der Gastronomie – das war für mich ein Befreiungsschlag! Das Leben vor der Theke ist einfacher und angenehmer als dahinter. Aber wie der Engländer so schön sagt: »The grass is always greener on the other side« – man will halt immer das, was der andere hat. Viele Journalisten wollen eine Kneipe haben. Ich hatte lange genug eine und wollte nur noch Journalist sein. Blut geleckt hatte ich ja schon! Und durch viele gemeinsame Abende in der Kneipe habe ich heute natürlich einen ganz anderen Kontakt zu einem Uli Hoeneß und zu vielen anderen Leuten aus dem Fußballgeschäft als viele Kollegen. Wenn du das eine oder andere aus dem Backstagebereich erfährst, macht dich das ja nicht dümmer.

Deshalb hat es mir auch nicht nachhaltig geschadet, als ich die Lederhose von Uli Hoeneß verzockt habe. Dazu muss ich jetzt aber ein bisserl ausholen ...

Uli ist eigentlich ein umgänglicher Mensch, mit dem man auch mal streiten kann – doch das ist dann immer schnell wieder vergessen. Aber seinen Bremer Kollegen Willi Lemke hat er aus tiefstem Herzen gehasst. Uli Hoeneß und Willi Lemke, dagegen waren Hund und Katz und Matthäus und Klinsmann Liebespaare. Die totale Crashsituation. Kapitalismus gegen Kommunismus, aus Ulis Sicht. Oder wenigstens Sozialismus. Tiefste weltanschauliche Differenzen. Eine Glaubensfrage.

Wobei: Eigentlich war der Draht zwischen dem FC Bayern und Werder Bremen immer recht gut, das ist bis heute so. Besonders das Verhältnis mit dem langjährigen Präsidenten Franz Böhmert war prima – aber auch mit Otto Rehhagel gab es nie große Probleme, zumindest solange er in Bremen blieb. Ich habe ihn immer mit »Mein Trainer aus der sozialistischen Volksrepublik Bremen« begrüßt. Irgendwann kam Otto, der Essener Junge aus dem roten Pott, bei einem Hallenturnier auf mich zu, schaute recht verschwörerisch und raunte mir ins Ohr: »Hör mal, Waldi, ich komm dir immer näher. In der Mitte bin ich schon …« Als ich das Franz Böhmert erzählte, meinte er mit staubtrockenem Hanseatenhumor: »Waldi, wenn sich Otto der CSU nähert, dann kommt er von rechts.«

So ist wohl auch die Geschichte zu erklären, die mir Otto über Jürgen Rollmann erzählte. Der war ab 2000 für einige Jahre Pressesprecher der bayerischen SPD und 2012 für einige wenige Wochen Manager des FC Augsburg. Beim Europapokalsieg von Werder Bremen 1992 stand er im Endspiel gegen den AS Monaco im Tor von Werder, weil Stammtorwart Oliver Reck gesperrt war. Als sich die Europokalsiegermannschaft zehn Jahre später zum Jubiläum in Bremen wiedertraf, ging Rehhagel auf den verdutzten Rollmann zu und pflaumte ihn an: »Wenn ich damals gewusst hätte, dass Sie mal SPD-Funktionär werden, hätte ich Sie nicht aufgestellt.« Politische Farbenlehre.

Otto hat mir auch verraten, was seine linke Sozialisierung so in ihren Grundfesten erschütterte: »Waldi, kannst du dir das vorstellen? Ich lebe hier mit einem Doppelagenten zusammen.« Sein Manager Lemke hatte bekanntlich bis 1975 als Doppelagent für den Bundesverfassungsschutz und den KGB gearbeitet und den Sowjets Papiere über das Innenleben der Bremer SPD zugespielt, brisante Geschichte. Lemke stellte sie so dar: Er sei 1970 vom KGB kontaktiert worden, meldete sich als braver Staatsbürger beim Hamburger Verfassungsschutz und lieferte Moskau in Absprache mit der Behörde nur Bangloses. Lemke beteuerte, es seien nur Informationen gewesen, die »in jedem Adress- oder Telefonbuch nachzulesen waren«. Spielmaterial also. Das hatte Otto schwer mitgenommen. Tatsächlich dürfte hier der Beginn seiner Abwanderungsgedanken aus Bremen Richtung München liegen. Wäre eine starke Schlagzeile gewesen: »Otto zu Bayern – KGB schuld«. Und nicht einmal falsch.

Weil das Verhältnis zwischen München und Bremen (bis auf Uli und Lemke) ziemlich entspannt war, wurde vor den Spielen natürlich auch tüchtig geflachst. Ungefähr 1993 habe ich Willi Lemke einmal angekündigt: »Das nächste Mal gegen Bayern kriegt ihr richtig eine auf den Rüssel.« Darauf Lemke in seinem norddeutschen Dialekt: »Und wenn ni-hi-ch …?« Ich zurück: »Sucht's euch was aus, passiert eh nicht.« Darauf Lemke zu mir: »Dann kommste zum nächsten Bayern-Spiel in Bremen in der Lederhose.« Die Bremer hatten einen gewissen Lederhosenfetisch entwickelt, nichts Ernstes – aber für sie war die Lederhose das Sinnbild christsozialer bayerischer Fußballallmachtsfantasien.

Aber bittschön, wenn ihr meint, gern, dann machen wir das halt so. Wette abgeschlossen, kein Problem. Meine Bremer Freunde würden mich eh niemals in der Lederhose sehen – denn: Sie kriegen ja eine auf den Rüssel vom FCB. Von wegen. Wer sich im nächsten Spiel eine blutige Nase holte, waren die Münchner. Und pünktlich zwei Wochen vor dem nächsten Bayern-Spiel in Bremen kam natürlich der Anruf von Lemke, dem Bremer Lederwarenfetischisten: »Hör mal, wir wollen dich nur erinnern, vergiss die Lederhose nich. Wir freuen uns schon.« O mein Gott! Mir fiel ein: Herrschaft, ich habe ja nicht einmal eine Lederhose. Weil ich eh raus musste an die Säbener Straße, bin ich rein in Ulis Büro und habe kräftig geschimpft über Trainer Erich Ribbeck und seine Mannschaft: »Wegen eurer Gurkentruppe muss ich mir jetzt auch noch eine Lederhose kaufen und mich in Bremen zum Affen machen.« Uli: »Wieso?« Ich: »Weil ich mit den Fischköpfen da oben gewettet habe, dass die nie gegen euch gewinnen. Ihr habt es vermasselt, und jetzt muss ich die Wette einlösen.« Uli grinste: »Vielleicht passt dir ja meine …«

Gute Idee, die Größe könnte hinkommen, wir haben ja immer ziemlich parallel zugenommen. Also hat Uli seine Sekretärin Elisabeth Hofmann heim nach Ottobrunn zum Lederhosenholen geschickt. Sie hat perfekt gepasst. Ich danach runter in die Kabine zum Ribbeck: »Sag, Erich, wäre das nicht ein Akt der Solidarität, dass ihr mal wieder alle in Lederhosen nach Bremen fahrt? Ihr seid schließlich schuld.« Damals haben sie das noch manchmal gemacht. Aber Erich war zu feige: »Was ist, wenn wir verlieren, die Häme, ach nee …« Außerhalb des Spielfelds war er auch nicht mutiger als auf dem Rasen. Da wusste ich eigentlich schon: Die kriegen wieder eine auf die Nuss. Jedenfalls bin ich schon mit Ulis Lederhose zur Mannschaft in den Flieger nach Bremen gestiegen. Wenn schon, dann schon. Am Flughafen in München großes Hallo um Oktoberfest-Waldi. Klaus Augenthaler, damals Kotrainer, schaute ganz neidisch auf meine Krachledernen und meinte: »Mensch, Waldi, hättest halt was gesagt, dann hätten wir alle die Lederhosen angezogen.« Ich sag zu ihm, dass ich beim Ribbeck war, der sich aber nicht getraut hat. Darauf der Auge: »Mei, san mir feige Hund …«

Im Weserstadion hatte Willi Lemke alles so für mich vorbereitet, wie sich der Hanseat das Oktoberfest vorstellt: mit Armdrücken, Dirndln, überall Fotografen, Riesenwirbel. Die bessere Bremer Gesellschaft stand um mich herum und hat mich bestaunt wie ein Weltwunder, einen Exoten, ein Wesen aus dem All, ein Alien. Die merkwürdige Faszination, die eine bayerische Hirschlederne aufs norddeutsche Gemüt ausübte, war offenbar erheblich. Und Waldi wollte schon wieder wetten. Irgendwie konnte ich es nicht lassen – trotz aller Ribbeck-Skepsis: »Willi, heute kriegt ihr aber wirklich eine auf den Rüssel.« Lemke bekam schon wieder ganz große Ohren: »Und wenn ni-hi-ch? Dann bleibt die Lederhose hier!« Aha. Alles klar: Willi Lemke wollte meine Hose. Also Ulis Hose, was er aber nicht wusste. Bis dahin hat er ja noch gedacht, es handelt sich beim Objekt seiner Begierde lediglich um die Hartmann-Hose.

Willi Lemke wollte den bayerischen Fetisch. Und was passierte? Na klar: Der FC Bayern verlor schon wieder gegen Bremen. Bravo, Erich! Danach im VIP-Raum: Alle wussten schon Bescheid, was angesagt war: »Zieht dem Waldi die Lederhose aus!« Herrschaft, jetzt hatte ich ein Problem. Ich versuchte, die Bremer hinzuhalten: »Jetzt nicht, die brauche ich noch. Ich habe keine andere Hose dabei.« Und dann musste ich wohl oder übel raus mit der Wahrheit: »Willi, ich kann dir die nicht geben. Das ist nicht meine Lederhose. Das ist die Lederhose von Uli Hoeneß.« O mei: In Willi Lemkes Augen glitzerte es jetzt wie bei einem Goldgräber am Yukon. Jetzt war er euphorisch wie ein Indianer beim Skalpieren eines Cowboys. Jetzt war er noch heißer auf diese heilige Hose. Auf die Hoeneß-Hose.

Auf irgendeinen Handel wollte er sich jetzt erst recht nicht mehr einlassen: »Ich will nich irgendeine Hose, ich will die vom Uli.« – »Geh, Willi, sei doch vernünftig. Ich kann dir doch nicht Ulis Lederhose ...« – »Doch, du kannst. Ich will keine andere.« Der Bub war trotzig, beinahe hätte er mit den Füßen auf den Boden gestampft. Ich will, ich will, ich will! Es war hoffnungslos. Also habe ich mit ihm ausgemacht: Er kommt zu mir am Montag in den *Blickpunkt Sport*, und dann kriegt er seinen bayerischen Skalp. Der Uli wird schon mitspielen, irgendwie.

Ich also am Flughafen beim Rückflug zum Manager: »Uli, du musst bitte am Montag in den *Blickpunkt* kommen. Willi Lemke kommt auch.« Er entsetzt: »Spinnst du?« Genauso gut hätte ich ihm ankündigen können: Wir haben Iwan den Schrecklichen eingeladen. Dann wäre er wahrscheinlich noch lieber gekommen. Und dann war's Zeit für das entscheidende Geständnis: »Uli, es gibt noch ein Problem: Ich habe deine Lederhose verzockt. Gegen Lemke.« Uli schaute mich an, als hätte ich ihm gerade eröffnet, dass er seinen Elfmeter vom EM-Finale 1976 in Belgrad wiederholen darf, weil Experten nachträglich festgestellt haben, dass sich im Ball ein Frosch befand. Nur weniger begeistert.

»Ja, des gibt's doch nicht. Das meinst du jetzt aber nicht ernst, oder?« Doch. Sorry, Uli. Ribbeck war schuld.

Das Ende vom Lied: Uli, auch in dieser Beziehung ein Musterprofi, trat an im *Blickpunkt* – und überreichte seinem Nicht-Lieblingskollegen generös das Objekt der Begierde: »Lieber Herr Lemke, Sie kriegen die Hose.« Dieser Satz ist ihm ungefähr so leichtgefallen wie viele Jahre später Oliver Kahn das »Auf der Bank ist es doch am schönsten«. Aber er hat ihn rausgebracht.

Und Nordlicht Lemke strahlte, als hätte er bei uns im BR-Fernsehstudio gerade erfahren, dass an einem Tag Werder Bremen Deutscher Meister wurde und gleichzeitig die Bayern-SPD der CSU die absolute Mehrheit im Freistaat abgeknöpft hat. Ein selten glücklicher Mensch. Die rote Reliquie wanderte in den Trophäenschrank von Werder Bremen – und atmet dort bis heute hanseatische Luft.

Nicht verwunderlich, dass auch diese Geschichte nicht gerade zum Aufblühen der Liebe zwischen Uli Hoeneß und Willi Lemke geführt hat. Als Bremen im PISA-Test so dermaßen schlecht abschnitt, wusste Uli ganz genau, wer an dem katastrophalen Ergebnis schuld war: natürlich der Schulsenator. Und der hieß damals Willi Lemke. »Ist doch kein Wunder …«, fühlte sich Uli in seiner Meinung von seinem Lieblingsfeind bestätigt.

Wenn man mit Uli zusammenrauscht, kracht es kurz, aber heftig. Ich kann mich an eine *Doppelpass*-Sendung bei Jörg Wontorra in der Autostadt in Wolfsburg erinnern, als dem 1. FC Nürnberg der Abstieg drohte. Wonti stichelte gegen mich: »Und wenn der Club absteigt, fließen bei dir die Tränen.« Und ich habe geantwortet: »Nein, fließen sie nicht – denn meine persönliche Stimmung mache ich nicht von Lust und Laune kurzhosiger Millionäre abhängig.« Das war Uli eindeutig zu systemkritisch. Ein Angriff auf seine heilige Fußballfamilie! Zufällig hatte ich nach der Sendung im Ritz-Hotel einen Interviewtermin mit ihm. Und zur vereinbarten Zeit rauscht er ins Zimmer, brüllt mich an: »Und dir sage ich eines, du musst jetzt genau aufpassen, ob du Schauspieler werden willst oder Kabarettist oder ob du noch Journalist sein willst, du langhosiger Millionär!«

Da bin ich raus zur Tür, das wollte ich mir nicht bieten lassen. Und ein paar Minuten später geh ich wieder rein, der Vulkan hatte ausgeraucht, Blutdruck und Gesichtsfarbe waren wieder im Normalbereich. Uli hat lammfromm und seelenruhig sein *Sportschau*-Interview gegeben. Am Ende, als die Kamera aus war, nutzt mein südhessischer Redakteur die Gunst der Stunde, erzählt von den Problemen seines Heimatvereins Darmstadt 98. Und aus dem wutschnaubenden Bluthochdruck-Hoeneß von vor ein paar Minuten wird der Retter-Uli, der Vater Teresa von der Säbener Straße, wie ihn Kalle Rummenigge einmal nannte. So haben wir das Bayern-Freundschaftsspiel in Darmstadt und die Rettung von Darmstadt 98 eingefädelt. Die zwei Gesichter des Uli Hoeneß – beide gesehen, innerhalb weniger Minuten. Und zu meinem Darmstädter Kollegen habe ich gesagt: »Weißt du, warum ihr das Spiel bekommt? Weil Uli das schlechte Gewissen nach seinem Wutanfall ausbügeln wollte.«

7

DURCH DIE SENDUNG FÜHRT SIE WALDEMAR HARTMANN

Radiogeschichten und Radioschwindeleien

Zunächst landete ich beim BR-Radio und noch lange nicht im Fernsehen. Was mich aber nicht gestört hat, denn Radio ist ein wunderbares Medium. Der Hörer muss allerdings aufpassen. Er sieht ja nichts. Er hört nur. Und was er hört, muss nicht immer vollständig der Wahrheit entsprechen.

Einmal bin ich in der Sendung *Bayern-3-Reiseexpress* daheim im Bett gelegen und habe live vor Ort über das Schneechaos im Allgäu berichtet. Davor habe ich mit der Polizeiinspektion in Kempten telefoniert und mir den ganzen Schlamassel schildern lassen. Zu meiner Entschuldigung möchte ich vorbringen, dass ich dadurch mehr erfahren habe, als ich direkt vor Ort überhaupt mitbekommen hätte. Und dann habe ich aus dem Bett, live aus meinem Matrazenallgäu, berichtet. Gute alte Radiopraxis und bis heute weit verbreitet.

Für einen Freund meiner damaligen Lebensgefährtin, dem all die Skilifte in Balderschwang im Oberallgäu gehörten, wollten wir dringend ein wenig Werbung machen. Also haben wir die Eröffnung der ersten bilateralen Langlaufloipe zwischen Bayern und Vorarlberg, die gemeinsam gespurt wird, groß ins Radio gebracht. Wir waren mit einem kleinen Ü-Wagen da oben, wollten eine wunderbare Winterreportage machen – doch es regnete. Dramaturgisch war das natürlich ungünstig und auch keine wirklich gute Werbung für Balderschwang. Aber: War ja kein Fernsehen. War ja Radio.

Mein Quasischwager Heinz war völlig verzweifelt, doch ich konnte ihn aufrichten: »Heinz, gar kein Problem, wir machen schließlich Radio. Merkst du nicht, wie es schneit?« Und so haben wir eine herrlich winterliche Reportage aus dem Allgäu im *Bayern-3-Reiseexpress* gesendet. Ich stand im strömenden Regen und erzählte, wie wunderbar die Flocken im Oberallgäu rieseln. Halb Bayern muss da Lust bekommen haben, sofort zum Skifahren nach Balderschwang aufzubrechen. Glücklicherweise gab es damals noch keine Live-Wetter-App am iPhone und keine Webcams, sonst hätte ich es nicht schneien lassen können.

Aufgeflogen sind wir trotzdem – zumindest ein bisserl. Es war nämlich so: Unten im Tal verläuft die B19 – und wenn es unten regnet, schneit es bei entsprechenden Temperaturen oben am Riedbergpass auf 1400 Metern schon. Dann geht ohne Schneeketten gar nichts mehr. Und so, das habe ich später erfahren, fährt unten auf der B19 ein Ehepaar durch den Regen und hört den Hartmann im Radio, wie herrlich es da oben schneit. Und die beiden, ortserfahren und besonders schlau, fahren gleich unten auf den Parkplatz und legen ihre Schneeketten an. Alles schaut: Was machen die beiden Wahnsinnigen denn da? Weit und breit kein Schnee in Sicht, was wollen die mit ihren Schneeketten? Und der brave Mann, ortsansässiger Besitzer einer Ferienwohnung, rumpelt ganze sechzehn Kilometer auf Schneeketten durch den strömenden Regen. Der Pass kommt, der Schnee nicht.

Später am Tag hocken wir in der Dorfkneipe, feiern unseren wunderbaren Coup, als der Arme die Tür aufreißt und brüllt: »Wo hockt er, der Verbrecher?« Großer Lacherfolg. Bis heute hat beim BR niemand davon erfahren, wie der Hartmann den Schnee im Allgäu erfunden hat und den Fremdenverkehr ankurbelte.

Eine meiner ersten Radioreportagen für den BR-Sport, für den damaligen Sportchef Fritz Hausmann, dessen Spezialität es war, die Fußballergebnisse in der Sendung *Heute im Stadion* mehrfach vorzulesen, gebündelt, geschnürt und nochmals im Paket – eine meiner ersten Reportagen also war die Berichterstattung von einem absoluten Großereignis, der Deutschen Mannschaftsmeisterschaft im Orientierungslauf in Aying. Ein Weltsportereignis – zumindest bei uns im Radio.

Niemand beim BR würde heute noch auf die Idee kommen, dorthin einen Reporter zu schicken, aber damals war das eben so. Ich habe auch vom Rhönradturnen berichtet, Bayerische Meisterschaften in Freilassing. Rhönradturnen im Fernsehen ist überschaubar aufregend, Rhönradturnen im Radio eine absolute Katastrophe. Das ist die Reifeprüfung eines Reporters, härter kann es nicht mehr kommen.

Das Rhönradgeturne war mein allererster Hörfunkauftrag – und mehr eine Strafexpedition als ein echter Einsatz. Da habe ich schon gemerkt, was Fritz Hausmann von mir hält und wie er mich förmlich zum Rückzug zwingt. Zwischen ihm und mir hat die Chemie vom ersten Moment an nicht gestimmt. Ihm war ich entschieden zu umtriebig. Später, als ich schon im Fernsehen war, da wäre ich ihm gut genug gewesen für seine Radiosendungen. Aber da wollte ich dann nicht mehr.

Also: Der Anfang war hart. Doch ich wollte partout zum Sport. Ich wollte aus dem Olympiastadion berichten. Vorerst stand aber, wie gesagt, der Orientierungslauf an – im wahrsten Sinne des Wortes. Denn Waldi kam zu spät. Waldi war desorientiert auf dem Weg nach Aying.

Ich fahre und fahre und fahre also im Vor-GPS-Zeitalter Richtung Aying, drehe um und fahre hin und her. Und als ich den Wald bei Aying endlich gefunden habe, sind alle schon weg. Da waren nur noch ein paar Absperrungen zu sehen, ein paar Fahnderl – und ein verzweifelter BR-Techniker in seinem kleinen weiß-blauen Ü-Wagen.

Hausmann würde toben, wusste ich. Der konnte mich eh nicht leiden, und ich hatte keinen Beitrag. Das wäre mein Ende beim BR-Sport, bevor überhaupt irgendetwas angefangen hatte. Der Toningenieur Königsberger, einer der liebenswerten Techniker – es gab auch unfreundliche Muhackln, wie wir sagen –, schaute mich ganz entgeistert an: »Ja, Herr Hartmann, wo bleiben's denn? Des ist fei scho vorbei …«

Diese Information trug nicht gerade zu meiner Beruhigung bei. Oder dazu, dass der entsetzte Ausdruck von meinem Gesicht wich. Aber der Herr Königsberger war ein guter Mann und meinte: »Weil wir Sie mögen, Herr Hartmann: Ich hab mit dem Sieger ein Interview gemacht. Da schneiden wir dann Ihre Stimme mit den Fragen rein, und jeder wird meinen, Sie haben mit dem geredet.« Ich könnt' Sie abbusseln, Herr Königsberger! So geschah es, und mein Chef sollte ein Interview von Waldi Hartmann bekommen, dass ich nie geführt hatte. Bei der Rückfahrt hielten wir an einem Wirthaus, ich lud den Königsberger auf ein Bier ein, und wer feierte drin? Die deutschen Mannschaftsmeister im Orientierungslauf. Also bekamen wir noch ein paar Interviews mehr, weil ich den Tontechniker Königsberger eingeladen habe.

Die Lehre aus der Geschichte mit dem Desorientierungslauf war übrigens: Du darfst als Mensch, der seinen Rüssel in eine Fernsehkamera hält, nie vergessen, dass du ohne Team gar nichts bist, eine Null. Hab Respekt vor denen, die dir zuarbeiten! Denn ohne den Kameramann hast du kein Bild. Der kann dich auch so abfilmen, dass du ihm keine böse Absicht unterstellen kannst, wenn er dich alt ausschauen lässt, im wahrsten Sinne des Wortes. Und aus dem Doppelkinn wird dann halt ein Dreifachkinn.

Ich hatte damals einen väterlichen Berater und wunderbaren, klugen und auch trinkfesten Menschen beim BR, einen verantwortlichen Redakteur. Wir wollen ihn Johann Thaler nennen, aber alle sagten nur Hansi zu ihm. Bei ihm im Büro hatte ich Unterschlupf und Asyl gefunden – denn einen eigenen festen Schreibtisch hast du als freier Mitarbeiter ja keinen. Da bist du eher frei schwebend.

Hansi war sehr lebenslustig, hatte eine ebenso wunderbare Frau – dazu beim BR eine Freundin, die Anni, von der die Gattin nichts wusste. Er hatte mich quasi als Freund und Sohn angenommen, wir liefen im Funkhaus tatsächlich unter Vater und Sohn. Und der Sohn wusste von der Liebschaft des Herrn Papa. Irgendwann holte er mich ins Zimmer und meinte: »Hör mal, jetzt kannst du in einem echten Härtetest deine Verschwiegenheit und Loyalität beweisen. Ich habe hier ein Band ...«

Auf dem Sendeband befand sich seine »Livemoderation« fürs Gäubodenfest, Niederbayerns größtes Volksfest in Straubing. Von dort wollten wir am Freitag live berichten. Nur: Hansi Thaler wollte gar nicht nach Straubing. Hansi wollte zu Anni. Aber, und das war der Plan: »Meine Alte soll glauben, dass ich in Straubing bin, verstehst?«

Hansi gab mir das Band: »Hier habt ihr meine Moderation für den Anfang und für das Ende der Sendung. Darunter legt ihr Blasmusik ...«

Auch die Ü-Wagen-Besatzung wusste Bescheid. Wir haben das originalgetreu zusammengeschnitten mit dem vorschriftsmäßigen Defiliermarsch am Anfang, dann die Stimme unseres abwesenden Freundes: »Grüß Gott, hier ist das *Ostbayern-Journal* mit Hansi Thaler. Ich begrüße Sie heute vom Gäubodenfest in Straubing. Durch die Sendung führt Sie Waldemar Hartmann.«

Dann ich mit meiner Sendung und am Schluss meine Übergabe: »Das war's dann von hier, zurück zu Hansi Thaler«, der sich von seinen Zuhörern aus Straubing verabschiedete – »Das war's dann live vom Gäubodenfest in Straubing« –, während er sich live mit seiner Anni vergnügte.

So wird manchmal gelogen im Radio ...

8

MEIN SOHN, DU MUSST DAS SCHAFFEN

*Wie ich Nachrichtenmoderator
im Fernsehen wurde*

Meine erste kleine Geschichte für den Bayerischen Rundfunk, Abteilung Radio, habe ich 1976 abgeliefert. Der Redaktionsleiter des BR-Regionalprogramms *Schwabenspiegel*, auch wieder ein Stammgast in meiner Kneipe – meine Geschäfte liefen grundsätzlich immer an der Theke –, kam irgendwann zu mir, weil ihm gefiel, was ich für die Zeitung schrieb. Und forderte mich auf, mach doch mal was für uns.

Also machte ich was für ihn. Das erste Stück war eine Vorschau auf das Zweitligaspiel 1860 gegen FC Augsburg. Ich habe die ganze Nacht getextet, gewerkelt und getimed. Das lief gut, also habe ich danach immer freitags die Regionalsportvorschau fürs Wochenende gemacht. Und plötzlich war ich für ein paar Leute im Hörfunk der bunte Hund, der schräge Vogel, der lustige Wirt aus Augsburg, etwas völlig Ungewöhnliches. Doch wie wird man vom DJ und Wirt zum Journalisten? Passt das zusammen?

Es passt.

Mein Vorteil: Mikrofonangst kannte ich nicht. Ich war ja bereits zu einer Zeit DJ, als man noch babbeln musste. Ich musste damals schon Stimmungen abschätzen und einen ständigen Kampf gegen die Kellner führen. Denn: Mein Ziel war es, die Tanzfläche vollzukriegen. Die Kellner dagegen wollten, dass sich die Leute hinhocken und trinken. Und da musst du ganz genau wissen, was du spielst, auch mal einen Walzer oder einen Schmuser oder doch besser Rock 'n' Roll und Fox?

Als Discjockey musste ich die Sensoren ausfahren: Wie sind die Leute drauf, was passt grad? Ich musste die Stimmung erschnuppern, die Vibrations spüren. Das war für mich die beste Schule, die ich haben konnte, auch in der Kneipe. Ich war der Erste, der gekommen ist, und der Letzte, der gegangen ist. Wenn ich einmal die Schnauze voll hatte, konnte ich nicht einfach aufstehen und gehen. Ich musste immer den Rücken des letzten Gastes sehen.

Ich habe meine Gäste nüchtern erlebt, ich habe sie besoffen erlebt, glücklich und verzweifelt, mit Geld um sich werfend und pleite, mit der eigenen Frau und der Freundin, aggressiv und sentimental. Ich habe sie in allen nur denkbaren Lebenslagen erlebt. Das gibt's nur beim Wirt. Da bist du Beichtvater, Bankdirektor, Bewährungshelfer und was weiß ich noch alles.

Du musst merken, wenn es irgendwo im Laden brandelt, wenn nur noch ein Funke fehlt, und es gibt eine Explosion. Du musst auf den Tisch hauen können oder auch mal zuschlagen, was durchaus passiert ist. Du musst bereit sein, notfalls den Erstschlag auszuführen, wenn es gar nicht anders geht. Aber in aller Regel musst du ein Meister der Deeskalation sein – denn du willst ja nicht, dass sie dir den Laden auseinandernehmen.

Du musst immer hellwach sein, immer spechten, was sich tut, du bist latent in einer Beobachtungssituation. Was auch für einen Journalisten nie verkehrt ist. Meine Zeit als DJ und als Wirt war die beste Schule fürs Leben. Und für den Journalismus. Das war eine profunde Ausbildung für das Erkennen von Situationen, für den Umgang mit Menschen. Das lernst du auf keiner Journalistenschule der Welt. Und das Wichtigste: Ich war live-sicher.

Die meisten meiner Kollegen fühlten sich auf dem gepolsterten Sessel hinter der Glasscheibe im Studio wohl. Das war nicht meins. Da hatte ich am Anfang einen Knödel im Hals, das war völlig ungewohnt für mich, steril, kalt, unpersönlich, kein Feedback.

Zum ersten Mal in die freie Wildbahn mitgenommen wurde ich auf eine Auktion von Bayern 1 im Kloster Irsee zugunsten der Renovierung des Klosters. Dort bin ich sofort zum Bürgermeister und habe mich erkundigt: Wer sind die Gespicktesten in der Gemeinde? Wer hat das meiste Geld? Und genau zu diesen Leuten bin ich gegangen und habe ihnen gesagt: »Ihr wollt doch eh fürs Kloster spenden. Dann macht's doch bei unserer Auktion mit, dann kriegt ihr auch noch was für euer Geld. Auf geht's, ich brauche sichere Handheber beim Steigern!«

Damit war die Auktion solide vorbereitet. Unter anderem gab es eine exklusive Trainerstunde beim ehemaligen Bayern-Star Franz »Bulle« Roth zu gewinnen. Alle waren hellauf begeistert. Die Auktion lief wie am Schnürchen, wir hatten eine Riesensendung. Und die BR-Leute schauten mich danach an wie einen Wundertätigen: »Das war sensationell, wie du das Geld reingebracht hast, wie du die Leute im Griff gehabt hast.«

Da dachte ich mir: Sind das jetzt so Amateure, oder tun die bloß so? Für mich war das alles völlig normal. Aber die hatten alle noch keine Diskothekenabende veranstaltet, wo du einen ganzen Laden rocken musst. Da lernst du das Quasseln und das Lockersein. Und da lernst du, dich seriös vorzubereiten. Du kannst halt keinen Discoabend veranstalten und denken, na, lass ich einfach mal auf mich zukommen, was so passiert. Das klappt nicht. Niemals. Der große Rudi Carrell hat das auf den Punkt gebracht: »Wenn du etwas locker aus dem Ärmel schütteln willst, musst du vorher etwas reingetan haben.«

Nach der Klosterauktion war ich bei jeder Radiolivesendung mit dabei, weil ich mit den Leuten umgehen konnte. Die große weite Welt war das natürlich noch lange nicht. Im Gegenteil: Wir haben im Regionalprogramm alles mitgenommen, was daherkam: Eröffnung der Kläranlage, Parkplatzerweiterung am Südwestrand der Stadt, das schon erwähnte Gäubodenfest, was auch immer. Später durfte ich dann auch auf Bayern 1 moderieren und auf Bayern 3 *Gute Fahrt und gute Reise*, die legendäre Autofahrersendung.

Aber eigentlich wollte ich immer nur eines. Ich wollte in den Sport. Und am 20. Januar 1979, einem Samstagnachmittag, durfte ich endlich ins ersehnte Fußballstadion. Fritz Hausmann hatte schließlich ein Einsehen mit mir und bot mir an: »Wollen Sie nicht doch einmal eine Probereportage beim Fußball machen?« Und ob ich wollte! Das Münchner Olympiastadion hatte ich zwar noch nicht erobert, aber zumindest das städtische Stadion Nürnberg, Club gegen VfB Stuttgart, 1:0. Waldi beim richtigen Fußball, zum ersten Mal als Reporter.

Schade nur, dass keiner zuhörte. Denn ich saß neben dem altgedienten BR-Reporter Günther Wolfbauer, der live für *Heute im Stadion* kommentierte – und meine Neunzig-Minuten-Reportage wurde nur im Ü-Wagen aufgenommen, zur Begutachtung durch den BR, nicht für die Zuhörer. Nicht zum Senden, nur als Probeband.

Es war eine Katastrophe. Meiner Meinung nach zumindest. Ich fand mich furchtbar. Mein Gott, ich war einer von den Hunderttausenden, die sich jeden Samstag über so manchen BR-Reporter aufgeregt haben – und jetzt verzapfte ich selbst so einen Mist. Ich habe gemerkt: Um Gottes Willen, ist das schwer, neunzig Minuten über ein Fußballspiel zu reden, das ist ja furchtbar. Wenn mein Rundfunkgott, der legendäre Reporter Oskar Klose, das zu hören bekäme – nicht auszudenken ...

Klose war für mich der Gott des Mikrofons. Ich weiß noch, Fritz Hausmann hatte uns Jungen zu Weihnachten mal eine Kassette mit den besten Reportagen von Oskar Klose geschenkt. SENSATIONELL! Die hatte ich im Auto, zum Beispiel Kloses Radioreportage vom Tischtennis-WM-Finale 1969 in München zwischen Eberhard Schöler und dem Japaner Shigeo Itoh. Ein faderes Thema kann es eigentlich gar nicht geben, aber Klose war unglaublich. Du hast beim Zuhören gemeint, die Bälle fliegen dir direkt um die Ohren. Das war Fernsehen ohne Bilder. Zum Niederknien. Genau wie Kloses Reportagen von der Fußball-WM 1974 in Deutschland.

Die nächste Reportage auf dem Band war unser Spiel bei der Fußball-WM 1970 gegen England. Da läuft es mir heute noch kalt den Rücken runter, wenn ich das höre. Der nannte nur dreimal einen Namen, steigerte dabei die Tonhöhe – alles, was heute im Radio und im Fernsehen gemacht wird, hatte Klose damals schon drauf. Und er konnte es viel besser als die Heutigen. Das klang ungefähr so: »Die Engländer auf der linken Seite mit Mullery. M-u-l-l-e-r-y. M-U-L-L-E-R-Y.« Du hast den richtig in den Strafraum reinlaufen sehen, vor deinen Augen, den Engländer. Das kann man gar nicht schreiben, das muss man hören.

Oskar Klose war ein Gigant. Und ich war ein Zwerg. Himmel, war ich schlecht. Was habe ich mich geschämt. Also bin ich direkt nach dem Spiel runter zum Toningenieur, der beim BR als Hirnwurst-Heiner bekannt war, weil er immer nur Hirnwurst, also Gelbwurst, gegessen hat: »Heiner, bitte gib mir das Bandl, ich bring es dem Hausmann gleich selber.«

In Wahrheit wollte ich es gar nicht abgeben. Ich wollte es vernichten. Und zwar restlos. Begründung: Überfall von Außerirdischen auf dem Weg von Nürnberg nach München, schwerer Autounfall, Tonband verbrannt, unerklärlicher Magnetismus, was auch immer. Hauptsache, Hausmann kriegt den Mist nicht zu hören.

Aber der Heiner war nicht zu überzeugen. Nichts zu machen, wahrscheinlich nicht einmal gegen eine Riesenladung Hirnwurst: »Ich muss das Bandl beim Hausmann abliefern, und du kriegst gar nix.« Da war mir klar: Jetzt nimmt die Katastrophe ihren Lauf. Egal: Wirt war ja auch ein schöner Beruf, geh ich halt zurück in die Kneipe.

Gleich am Montag darauf kam, wie zu erwarten, der Anruf von Hausmann, ich soll antreten. Also bin ich zu ihm, auf eine Strafpredigt gefasst, auf eine Demaskierung meiner absoluten Unfähigkeit. Doch Fritz Hausmann war wundersamerweise zufrieden: »Hartmann, da waren ja ein paar ganz ordentliche Ansätze dabei.« Wahrscheinlich hatte er das Band gar nicht angehört. Jedenfalls durfte ich danach tatsächlich ab und zu *Heute im Stadion* machen. So richtig, für Zuhörer: »Wir rufen Waldemar Hartmann.« Mal habe ich den Club in Nürnberg übertragen, mal die Bayern im Olympiastadion – dann mal wieder gar nichts, weil ich immer noch eher der Notnagel war. Gerd Rubenbauer, der etwa gleichzeitig mit mir anfing, tat sich leichter – der war ein begnadeter Hörfunkmann, absolut der Beste von uns Jungen damals. Außer den Altvorderen, Herbert Zimmermann und Oskar Klose, habe ich keinen besseren deutschen Radiosportreporter gehört als Rubi.

Wenn ich mir Rubi im Vergleich angehört habe, habe ich gemerkt: Waldi, du kriegst das einigermaßen anständig hin mit den Fußballreportagen – aber es gibt Dinge, die du besser kannst. Zum Beispiel Fernsehen.

Im Oktober 1979 startete das Bayerische Fernsehen im Dritten mit seiner eigenen Nachrichtensendung, der *Rundschau*. Denn die *Tagesschau* des NDR galt als schwer linkslastig. Und deshalb hat dann der BR beschlossen: Wir übernehmen nicht das rote Programm des Sozen-Kampfverbands Nord, sondern wir zeigen die Welt, wie sie wirklich ist. Also aus Sicht der CSU.

Am Anfang hieß die Sendung BR-intern »Rundklau«, weil einfach die Beiträge der *Tagesschau* genommen und nach den Vorlieben des Hauses neu zusammengesetzt wurden. Das Studio wurde intern »Märklin-Studio« genannt, sah es doch so schön nach Spielzeugeisenbahnen und Laubsägearbeiten aus. HD lag in ferner Zukunft, und die Technik, die der BR dort einsetzte, war später Nachkriegsstandard. Dafür war der Moderator hochmodern – also ich. Und das kam so:

Im Alten Simpl, eine Münchner Kultkneipe und damals mein zweites Wohnzimmer, hatte die Staatskanzlei zweimal im Jahr zum »Hintergrundgespräch« mit den Landtagsberichterstattern geladen, bei Fleischpflanzl und Bier. Zu Gast war jeweils das halbe bayerische Kabinett. Im Herbst 1979 saßen dort mein Radioabteilungsleiter Franz-Josef Kugler, ein BR-Radiomann der ersten Stunde, und mit *Rundschau*-Redaktionsleiter Felix Heidenberger ein weiteres BR-Urgestein. Irgendwann kam Kugler zu mir: »Hock dich mal da her, Waldi. Das ist der Felix, der macht draußen in Freimann Fernsehen. Mit dem musst du dich nächste Woche mal treffen.« Ich hatte keine Ahnung, um was es geht. Sollte ich Heidenberger interviewen? Doch der wollte gar keine Reportage von mir, sondern fragte mich, ob ich mir vorstellen könne, die *Rundschau* zu moderieren.

Natürlich, vorstellen konnte ich mir viel. Also gut, Probesendung nächste Woche.

Nach drei Schoppen Wein mit meinem Freund Hansi (dem mit der getürkten Gäubodenreportage) bin ich nach Freimann gefahren. Mein BR-Ziehvater verabschiedete mich mit den Worten: »Mein Sohn, du musst das schaffen.« Im Studio musste ich den Originaltext der *Rundschau* vom Vortag vorlesen – und danach bei Heidenberger zur Zeugnisverteilung antreten. Er hatte das Ganze auf dem Fernseher in seinem Büro verfolgt, war anscheinend leidlich zufrieden und grummelte: »Gut, dann kann man Sie das gleich nächste Woche machen lassen.« So kam der Hartmann ins Fernsehen, erst einmal als braver Nachrichtenvorleser in der Anti-*Tagesschau* des Bayerischen Fernsehens.

Ich war nicht der einzige Castingkandidat. Eine ganze Handvoll mehr oder weniger hoffnungsvoller junger Fernsehgesichter durfte probeweise die dritte Abendausgabe der *Rundschau* präsentieren, darunter auch Günther Jauch. Kurz nach Mitternacht, als eh niemand mehr zuschaute, konnte man einigermaßen gefahrlos ausprobieren, ob wir unter Umständen kameratauglich waren.

Derjenige, der nach dem Großcasting übrig blieb, war aber nicht Günther Jauch, sondern ich. Dass Günther Talent hatte und ein aufgewecktes Kerlchen war, war zwar offensichtlich – aber er schaute halt mit seinen dreiundzwanzig Jahren geradezu dramatisch jung aus. Wenn der Nachrichtensprecher bei den Zuschauern mütterliche oder väterliche Gefühle weckt, ist das nicht der Weisheit letzter Schluss. Bei den Verantwortlichen war man sich einig: Du kannst doch einen Nachrichtensprecher, der ausschaut wie ein Bub, der für den Zebrastreifen noch einen Schülerlotsen braucht, nicht die Welt erklären und das Erdbeben in Agadir mit 18 000 Toten verkünden lassen. Das glaubt dem keiner. Da denken die Leute ja, sie sind beim Kinderprogramm gelandet. Günthers Fernsehkarriere musste noch warten.

Mir hat die *Rundschau* Spaß gemacht und manchmal sogar mehr, als eigentlich vom Intendanten erlaubt war. Im Nachhinein muss ich zugeben: Die Einschaltquote und die beschwingte Stimmung des Moderators Hartmann in der *Rundschau*-Nachtausgabe lagen manchmal ziemlich gleichauf bei rund 0,8 Promille. Man musste doch arg lange warten bis Mitternacht – also ließen wir in der BR-Kantine mit den Kollegen die Spielkarten kreisen. Und manchmal auch die 1,5-Liter-Lambrusco-Flasche mit Schraubverschluss. Nicht unbedingt eines der herausragenden Erzeugnisse des italienischen Winzerwesens, aber fürs Moderatorenglück Anfang der Achtziger vollständig ausreichend.

Der Fernsehhalltag vor dreißig Jahren sah so aus: Wer die *Rundschau*-Nachtausgabe moderierte, beendete auch das Programm. Damals gab es noch kein Nachtprogramm und keine Spacenight oder nackte Reckturnerinnen auf Sport1. Nach der letzten *Rundschau* kamen bloß noch die Bayernhymne, die Deutschlandhymne und dann das Testbild. Gute Nacht, schönes Bayernland! Und weil der Sendeschluss vor der Tür stand, musste man als *Rundschau*-Nachtausgaben-Moderator immer am Schluss das Sprüchlein aufsagen, das einem die Sendeleitung jeden Tag aufgeschrieben hat: »Damit, meine Damen und Herren, ist das Programm des Bayerischen Fernsehens beendet. Wir zeigen Ihnen zum Abschied noch eine Ansicht von (dann kam ein zünftiges bayerisches Dia, beispielsweise eine Dorfansicht von Schnapslhausen). Ich verabschiede mich und wünsche Ihnen eine gute Nacht.« Lange Zeit hieß es danach weiter: »Und jetzt noch unser Programm von morgen zum Mitschreiben.«

Weil ich das nie verstanden hatte – wer schreibt denn schon das Fernsehprogramm mit? –, habe ich mich irgendwann erkundigt und erfahren: Das war für unsere Brüder und Schwestern im Osten, die natürlich keine Westfernsehzeitschriften hatten. Wieder was gelernt.

Jedenfalls habe ich die tägliche Abschiedsfloskel nach einem beschwingten Abend in der Kantine manchmal ein bisserl extemporiert und zum Beispiel einmal gesagt: »Ich wünsche allen Herren eine erfolgreiche Nacht.« Das war quasi eine Abwandlung des klassischen Nachrichtenversprechers: »In der Nacht Bevölkerungszunahme«, der schon einigen Kollegen passiert ist.

Hui, da war aber was los! Es hatte also doch jemand zugeschaut, wer hätte das gedacht? Und zwar der gefürchtete Sprachpfleger Dr. Schmidt, der lange Jahre im Auftrag des Bayerischen Rundfunks darauf achtete, dass sich die Moderatoren anständig ausdrücken – der hat meinen leicht schlüpfrigen Nachtausflug den hohen Herren gesteckt. Glücklicherweise blieb mein Chef entspannt und erklärte: »Herr Dr. Schmidt, ich verstehe Sie. Aber der Hartmann war mal Wirt, und der verabschiedet seine letzten Gäste halt anders als ein normaler Fernsehansager.« Man beachte: Ich war damals schon kein »normaler Fernsehansager«.

Keinen Ärger gab es dagegen um den bobfahrenden ungarisch-rumänischen Tennisspieler Csaba Czablusa, der jahrzehntelang durchs BR-Programm geisterte.

Mein Chef Eberhard Stanjek hat diesen Ausnahmesportler erfunden, bei einer Diskussion mit einem notorischen Wichtigmacher in unserer Stammkneipe, der Zwicke in der Nordendstraße. Dieser Mann wusste immer alles besser als wir, der war ein wandelndes Fußballarchiv. Irgendwann ist er uns so auf die Nerven gegangen, dass Eberhard beschlossen hat: Wir schlagen zurück. Also hat er dem Mann gesagt: »Hansi, du weißt ja wirklich alles. Aber die Truppe von Rot-Weiß

Essen, die 1955 Deutscher Meister wurde, die bringst du nicht mehr zusammen.«

Hansi war tatsächlich ratlos, ein schönes Bild, wenn auch leider selten.

Wir, triumphierend: »Aha, du kennst also nicht Csaba Czablusa, den Ungarn, der damals mitgespielt hat.«

»Au weh«, hat der Hansi gejammert, »jetzt habt's mich auf dem falschen Fuß erwischt.« Und damit war Csaba Czablusa geboren, der fortan durch den BR-Sport schwirrte, beinahe wie der legendäre Phantomabgeordnete Jakob Mierscheid durch den Bundestag. Eberhard Stanjek hat den famosen Czablusa als dritten Mann im Viererbob übertragen: »Und da sieht man den erfahrenen Csaba Czablusa, siebenunddreißig Jahre alt, schon seit zwölf Jahren im Bob, wie er mit Müh und Not einen Sturz verhindert.« Ich habe ihn einmal beim Skispringen nicht mitspringen lassen als verletztes ungarisches Skisprungtalent Csaba Czablusa, sozusagen die Marika-Rökk-Version von Jens Weißflog. Das war unser Running Gag. Jeder in der Redaktion daheim in München wusste: Wenn Csaba Czablusa auftauchte, dann ging es der BR-Truppe draußen an der Sportfront gut.

Irgendwann hat es dieser Csaba Czablusa sogar in die *Rundschau* geschafft – dank Sepp Maier. Die Katze von Anzing war als Nikolaus auf der Weihnachtsfeier der Sportredaktion und hat uns sauber die Leviten gelesen. Und danach haben wir ihm das Geheimnis unseres Phantomsportlers Csaba Czablusa verraten. Der Sepp war begeistert: »Ja, ihr seid's ja saubere Hund, des gibt's ja ned!« Und ich habe dem Sepp gesagt: »Pass auf, heute kommt er wieder vor, und du auch. Schau dir die *Rundschau* ganz genau an.« Dann habe ich als letzte Sportmeldung, direkt nach einem Skiweltcupsieg von Vreni Schneider vor Tamara McKinney und Marile Epple-Beck, Folgendes vorgelesen: »Noch eine Meldung vom Tennis: Beim Grand-Prix-Turnier in Ensing gewann der bisher nur als Bobfahrer bekannte Csaba Czablusa im Endspiel gegen Joe Maier 6 : 2, 6 : 4. Zum Wetter von morgen.«

Ensing war natürlich Anzing – dort, wo die Katze maust. Und Joe Maier war der Joseph, also der Sepp. Großer Spaß, der Sepp hat das gesehen und nicht glauben wollen, dass wir das tatsächlich live gesendet haben: »Geh, das habt's doch vorher aufgezeichnet ...«

Bis zuletzt ließ ich den sagenumwobenen Ungarn durch meine Sendungen geistern – unter anderem bei der Fußball-WM 2010 als Kotrainer der Elfenbeinküste und in meinem allerletzten Kampf im Dezember 2012 in Nürnberg, mit Csaba Czablusa als möglichem nächsten Gegner von Arthur Abraham. Und dann sind wir gemeinsam in ARD-Rente gegangen, mein alter ungarischer Freund und ich. Egészségedre, Csaba – Prost, Herr Czablusa!

Abschiedssendungen haben mich ohnehin immer beflügelt. In meiner allerletzten *Rundschau* habe ich mich mit einer Strauß-Parodie verabschiedet, den Hals eingezogen, sauber mit dem Kopf gewackelt und gesagt: »If you want to be everybody's darling, you are everybody's Depp. Zum Wetter von morgen.«

Da war's dann eh schon wurscht, und eine Reaktion vom BR-Sprachsheriff Dr. Schmidt ist nicht überliefert.

9

NIX GEGEN WEIHRAUCH UND KNOBLAUCH

BR-Spezis und BR-Spezialitäten

Bis zu meinem Abschied von der *Rundschau*, vom Bayerischen Rundfunk, überhaupt von der ARD war's noch weit. Erst einmal wurde ich Ende 1979 zum Anchormännchen der *Rundschau*-Nachtausgabe um null Uhr siegst-mi-ned. Wahrscheinlich hatte ich beim einen oder anderen meiner Diskothekenauftritte mehr Zuschauer als bei diesen Sendungen, aber egal. Fernsehen war neu, Fernsehen war spannend. Und ich war von den Spätschichtmoderatoren der Einzige, der zwei Monate später in die *Rundschau*-Hauptausgabe aufrücken durfte. Anscheinend hatte man beim BR jetzt das Gefühl: Diesen Hartmann kann man auch dem richtigen Fernsehpublikum zumuten.

Ich fand: Fernsehen war genau das Richtige für mich. Fernsehen war viel besser als die Nordstern-Versicherung. Ich liebte Fernsehen! Die *Rundschau* hat Spaß gemacht – auch wenn sich einige Zuschauer darüber beklagt haben, dass man mit Schnauzbart keine Nachrichten im Fernsehen präsentieren dürfe, weil dann das Lippenlesen nicht funktioniert.

Das Sahnehäubchen war, dass ich das Radio nicht aufgeben musste, denn ich musste ja erst um halb vier nachmittags zur ersten *Rundschau*-Sitzung antreten. An manchen Tagen habe ich in der Früh in BR3 das *Morgentelegramm* gemacht, im Jobsharing mit Sandra Maischberger oder Günther Jauch, und dann am Abend Fernsehen. Bis 1984 wurde der BR zum RH, zum Radio Hartmann. Ich habe dort alles gemacht: Zeitfunk, Verkehr, Regionalprogramm, Sport, nur keine Musiksendungen. In dieser Zeit habe ich den Hauptunterschied zwischen Radio und Fernsehen gelernt: Wenn du im Radio nichts sagst, ist Sendepause. Im Fernsehen ist es dagegen gut, wenn du mal ruhig bist. Leider hat das nicht jeder Kollege verstanden, den ich in den darauf folgenden dreißig Jahren kennenlernen durfte.

Bloß mit dem Sport im Fernsehen hat es vorerst nicht geklappt. Der damalige Fernsehsportchef Eberhard Stanjek kam zwar auf der Funkausstellung 1981 in Berlin mit einem Angebot auf mich zu, und Lust hätte ich auch gehabt, aber es scheiterte einfach an der Frage der Gage – die *Rundschau* zahlte zu gut. Die Kohle saß mit freundlicher Unterstützung des Gebührenzahlers damals locker beim Bayerischen Rundfunk. Es gab 1000 Mark am Abend für die Moderation von drei *Rundschau*-Ausgaben, eine Schweinekohle. Die Wochenendausgaben waren nicht so beliebt bei den Kollegen, die bei ihrer Familie sein wollten – also wurde ich auch noch zum Wochenend-Waldi. Ich hatte damit kein Problem, mir machte das ja Spaß. Eine Schicht dauerte von Freitag bis zum darauffolgenden Sonntag, also zehn Tage am Stück. Das war für ein Arbeiterkind wie mich der Wahnsinn, so viel Geld auf einmal!

Aus diesem Grund befand sich der TV-Sportreporter Waldemar 1981 noch im Wartezustand. Das änderte sich erst 1984 mit dem sogenannten Kabelpilotprojekt München. Helmut Kohls

Kabelfernsehen, sein mediales Herzensprojekt, brachte mich doch noch zum Sport. Der Altkanzler war also nicht nur an der Einheit schuld, sondern auch an mir.

Und das lief so: Es gab in München, ähnlich wie in Ludwigshafen und Dortmund, zwei Kabelkanäle, die aus politischen Gründen vom BR bespielt werden mussten. Spektakuläre 700 Haushalte konnten zuschauen in der neuen Fernsehwunderwelt, taten dies aber nur theoretisch. In Wahrheit sah kein Mensch zu, wie uns schnell klar wurde. Ich weiß noch, wir haben mal ein Preisausschreiben gemacht: Rufen Sie uns an, Sie können 200 Mark gewinnen. Die Quizfrage laute: »Ohne Flei… kein Prei… Ersetzen Sie die fehlenden Buchstaben.« Also richtig anspruchsvoll. Niemand hat angerufen.

Die Abwesenheit von Zuschauern änderte aber nichts daran, dass ein Programm hermusste. Und zwar viel Programm! Was gesendet wurde, war dabei so gut wie egal. Unsere Sendungen trugen unglaublich spannende Titel wie *Freising im Bild*. Ehrlicherweise war das der komplette Irrsinn – aber hinter dem Kabelprojekt stand nun einmal hohe bis allerhöchste bayerische Medienpolitik. Und natürlich musste auch der BR-Sport seinen Beitrag leisten zum fernsehzuschauerlosen Fernsehen der frühen Achtzigerjahre. Sportsendungen mussten gemacht werden, und Sportsendungen mussten moderiert werden.

Auftritt Waldemar Hartmann.

Die Kabelnummer war eine wunderbare Spielwiese. Man konnte alles ausprobieren. Und wenn etwas schiefging, war's völlig wurscht. Es schaute ja keiner zu. So kam ich zum Sport im Fernsehen, war aber gleichzeitig fester Hauptmoderator der *Rundschau*, neben Annemarie Sprotte-Cramer und Petra Schürmann. Gleichzeitig habe ich die *BR-Abendschau* gemacht mit Sabine Sauer. Und mit Petra Schürmann den *Samstagsclub*.

Mein Vorgesetzter war damals BR-Chefredakteur Franz Schönhuber. Und ich muss sagen, er war ein guter Chef, ein hervorragender Journalist, auch wenn sein späterer politischer Werdegang absolut indiskutabel war. Wenn Schönhuber nach Freimann kam, mit dem Taxi, zur Redaktionssitzung, lief das ungefähr so ab: Schönhuber fragt: »Was habt ihr heute als Themen?« Dann wurde brav vorgetragen: »Pressekonferenz Bayerische Landesbank« und ähnliche fade Themen. Schönhuber schaute dann kurz leidend und schlug seine eigenen Themen vor – also die, die die Leute wirklich interessierten: »Der Taxifahrer hat mir grad was erzählt – das ist eine Geschichte!« Das Motto vieler Medienschaffender: »Wo kämen wir denn hin, wenn wir das Programm für die Leute machen?«, galt nie für Franz Schönhuber.

Der Mann hatte ein unglaubliches Gespür für die Themen, die den Leuten auf dem Herzen lagen, auch als Chefredakteur der Münchner Boulevardzeitung *tz* – und später eben auch als Vorsitzender einer unseligen politischen Partei. Stammtischhöhheit, Straßenthemen. Und: Was denkt der Taxifahrer? Das war Franz Schönhuber, als Journalist und später auch in der Politik. Aber als Journalist gefiel er mir weitaus besser.

Eine meiner schönsten *Rundschau*-Geschichten will ich hier nicht vorenthalten (wie Frank Elstner sagte: »Das musst du irgendwann alles erzählen«): Ich habe die einzige aufgezeichnete Nachrichtensendung in der Geschichte des deutschen Fernsehens moderiert.

Es ist ja so, dass von den zehn Geboten des Fernsehens das erste Gebot lautet: Nachrichten sind live. Es könnte ja zwei Minuten vor der Sendung ein Flugzeug abstürzen. Und Nachrichtensendungen on demand waren vor dreißig Jahren im Sendeplan noch nicht vorgesehen. Das mit den Livenachrichten hat sich auch durchaus bewährt im Weltfernsehen, es fördert die Aktualität sehr. Nur an einem Tag, es muss im Frühherbst 1983 gewesen sein, hatte ich damit ein Problem.

An diesem Abend nämlich veranstaltete der Bayerische Rundfunk auf dem Oktoberfest eine große Jubiläumsfeier mit allen Schikanen, mit Bier, Hendl und großem Programm – sogar Gerhard Polt und Dieter Hildebrandt, die unumstrittenen Lieblingskabarettisten des Bayerischen Rundfunks, sind aufgetreten. Der Sender in Freimann war schon am späteren Nachmittag verwaist, und am Abend sollten alle auf der Wiesn sein. Bloß der Hartmann nicht. Der war nämlich als *Rundschau*-Moderator eingeteilt. Beziehungsweise als DvD, als Depp vom Dienst. Erste Ausgabe war von 18.45 Uhr bis 19.00 Uhr, die zweite von 20.45 Uhr bis 21.00 Uhr. Da war einfach auszurechnen: Bis wir vom *Rundschau*-Team draußen auf der Theresienwiese aufschlagen, ist die Gaudi längst vorbei.

Vielleicht war das doch keine so gute Idee mit dem ersten Gebot und mit den Livenachrichten. In der Kantine haben schon alle »Höhöhö« gemacht. Motto: »Und, derfst ned auf d'Wiesn, Waldi? Mei, du armer Kerl.«

Dabei habe ich damals schon gewusst, ein knappes Vierteljahrhundert vor Oliver Kahn: Auf der Bierbank ist's doch am schönsten. Viel schöner als im *Rundschau*-Studio.

Irgendwann hat es mir so gestunken, dass ich zu meinem Regisseur gesagt habe: »Merkst du's? Wir haben die Arschkarte gezogen. Aber nicht mit mir. Weißt du was? Die zweite *Rundschau*-Ausgabe zeichnen wir auf, gleich nach der ersten. Dann sind wir um acht auf der Wiesn und haben unsere Gaudi.«

»Spinnst du? Du kannst doch keine Nachrichtensendung aufzeichnen.«

»Ich schon. Ich verfolge den ganzen Tag die Nachrichtenlage, da ist null los. Und Flugzeuge stürzen heute auch keine mehr ab, das spür ich ganz deutlich.«

Und dann habe ich mich so richtig in den Gedanken verliebt. Das war eine feine Idee! Also habe ich das ganze Team aufgescheucht, das sich immerhin aus drei BR-Abteilungen zusammengesetzt hat: »Wir sind uns alle einig, wir zeichnen die *Rundschau* 2 heute auf.« Dabei war ich der Einzige, der sich einig war – und zwar mit mir selber. Zum CvD, zum Chef vom Dienst, habe ich frech gesagt: »Sie werden eh bald pensioniert, Ihnen kann doch überhaupt nichts mehr passieren.«

Am Ende hatte ich alle beieinander, und wir haben aufgezeichnet. Wir mussten nur aufpassen, dass die Studiouhr die richtige Zeit zeigt – also die falsche. Hat alles prächtig funktioniert. Die richtige falsche Uhrzeit, die handelsüblichen Zeitrafferwolken vor blauem bayerischem Himmel, wie immer halt beim Bayerischen Rundfunk, dann Hartmanns beinahe aktuelle Weltnachrichten. Wunderbare Lösung. Leider ohne Happy End.

Nach der Aufzeichnung sind der Regisseur und ich direkt auf die Wiesn. Im Auto abgeschminkt, der Fahrer hat direkt vor dem Zelt gehalten. Riesengaudi, Polt und Hildebrandt so gut wie selten. Und von den anwesenden Sendergroßkopferten wusste Gott sei Dank ohnehin keiner, dass der kleine Hartmann jetzt eigentlich in Freimann Fernsehen machen müsste. Aufregung gab es nur, weil der Bayerische Rundfunk aus Versehen vergessen hatte, Franz Schönhuber auszuladen – der war zwar schon rausgeschmissen, hatte aber noch seine Einladung. Um den Hartmann hat sich kein Mensch gekümmert.

Es gab bloß ein Problem, und zwar ein großes: Unter einer BR-Kamera, die die Veranstaltung fürs Fernsehen aufzeichnete, hing ein Monitor. Und auf dem lief, absolut unüblich, das aktuelle Programm des Bayerischen Fernsehens. Normalerweise sieht man dort das Kamerabild, diesmal aber komischerweise das Livefernsehen. Das habe ich jedoch leider zu spät gemerkt.

Dann war's drei viertel neun, überschäumende Stimmung auf der Wiesn – als plötzlich auf diesem saudummen Monitor die weiß-blauen BR-Wolken durchs Bild zeitrafferten. Ladys and Gentlemen, Bavarian Broadcasting Company proudly presents the *Rundschau*, natürlich wie immer live from Munich-Freimann – und moderiert von Anchorman Waldemar Hartmann. Dem einzigen Menschen, der es schafft, gleichzeitig live im Fernsehstudio und bei seiner zweiten Maß auf dem Oktoberfest zu sitzen.

Aua.

Mein Abteilungsleiter Dr. Fuchs schaute auf diesen Bildschirm, schaute mich an, schaute immer wieder hin und her, und hat sich höchstwahrscheinlich gedacht: »Herrschaftszeiten, die schauen sich aber ziemlich ähnlich, die zwei.« Und dann hat er bloß ganz leise und in leicht verzweifeltem Tonfall zu mir gemeint: »Du sagst mir jetzt aber bitte, dass das nicht wahr ist.«

Leugnen war zwecklos, die Beweislage ziemlich eindeutig. Also Vorwärtsverteidigung: »Gerhard, ihr feiert's hier, und wir draußen in Freimann sind die Deppen. Weil heute eh nix los war, haben wir halt aufgezeichnet.«

Mein Abteilungsleiter war mittlerweile kalkweiß und hatte große Angst vor seinem Chefredakteur: »Wenn das der Feller sieht.«

»Dann hock dem Feller zwei Weiber hin. Der soll feiern und nicht fernsehen.«

Es ging gut.

Mich allein hätten sie sofort rausgeschmissen, mit großer Lust sogar. Aber es haben drei Abteilungen mitgespielt bei der Geschichte mit den aufgezeichneten Nachrichten. Sie hätten den halben Laden rausschmeißen müssen. Das war dann doch zu aufwendig. Jahre später bin ich mit Wolf Feller beim Roiderer Toni in Straßlach im Gasthof zum Wildpark gesessen, grad zünftig war's. Da habe ich mir gedacht, jetzt erzähle ich ihm die Geschichte, war ja doch recht lustig. Der Feller hätte mich am liebsten nachträglich noch rausgeschmissen. Der verstand in dieser Frage überhaupt keinen Spaß.

Mit Wolf Feller habe ich in den Neunzigern einige denkwürdige Gagenverhandlungen geführt. Unter anderem bei den Winterspielen 1994 in Lillehammer. Und das kam so: Meine BR-Kollegin Corinna Halke zeigte in einem Bericht Bilder der Eiskunstläuferin Tanja Szewczenko aus dem *Stern* – ohne Quellenangabe, ohne Genehmigung des *Stern*. Keine böse Absicht, trotzdem ein absolutes No-go. Klar, dass am nächsten Tag ein Schreiben aus der Rechtsabteilung von Gruner und Jahr bei uns im Fax aufschlug: Wir bitten um zügige Zahlung von 30 000 Mark.

Eberhard Stanjek wusste, dass ich Rolf Schmidt-Holtz gut kannte, den damaligen Chefredakteur und Herausgeber des *Stern*: »Waldi, kannst du den nicht anrufen?« Also rufe ich bei Rolf an, sorry, tut uns leid, dummes Versehen. Muss das denn wirklich sein mit den Dreißigtausend? Nein, musste natürlich nicht sein. Schmidt-Holtz war ganz entspannt und hat sofort gesagt: »Eine Nennung der Quelle auf dem Sender, dann geht das in Ordnung.«

Das ging mir dann aber zu schnell. Meine Anstalt sollte ja das Gefühl haben, dass ich mit Zähnen und Klauen um unser sauer verdientes Gebührengeld gekämpft habe. Ich also: »Rolf, ganz ruhig, nicht so schnell! Ich muss dich erst nach hartem Kampf überzeugen. Und nach zwei Stunden rufst du bei Stanjek an und stimmst zähneknirschend zu. Und du rufst auch nicht selber an, sondern du lässt anrufen.« So haben wir es dann auch gemacht, meine Anstalt war sehr zufrieden mit mir.

Im Laufe dieses Gesprächs hat mir Schmidt-Holtz noch verraten, dass er nach Lillehammer kommt – in seiner Eigenschaft als Präsident der Deutsch-Norwegischen Gesellschaft. Und Eberhard hat mir gesteckt, dass auch BR-Fernsehdirektor Wolf Feller auf der Anreise ist. Diese Konstellation hat mir wunderbar gepasst. Daraus ließ sich etwas machen, karrieretechnisch. Und monetär ebenfalls – der Mensch hat schließlich Ausgaben, die bestritten werden wollen, noch dazu nicht nur für sich selbst,

Ich treffe mich also im Kufenstüberl mit Feller, in aller Ruhe am Nachmittag draußen an der Rodelbahn, und mache ihm klar: »Herr Feller, ich muss mich umschauen, was nach meiner Scheidung laut Düsseldorfer Tabelle noch für mich übrig bleibt. Aber was bei mir als Redaktionsleiter netto rauskommt, ist so wenig – ich weiß am Ende nicht einmal mehr, was ich im Alten Simpl trinken soll. Für die Flasche Wodka reicht es jedenfalls nicht mehr. Und da habe ich noch nicht einmal eine neue Freundin eingerechnet, die ich vielleicht mal einladen muss.« Feller nickte verständnisvoll.

Was er auch verstanden hatte: Rolf Schmidt-Holtz, just in diesem Moment im Anmarsch auf Lillehammer, war im Begriff, das Fernsehgeschäft von Bertelsmann mit dem Bezahlsender Premiere zu übernehmen. Und Schmidt-Holtz wollte mich zu Premiere holen. Das war kein Bluff von mir, das war Tatsache. »Du bleibst hier!«, brüllte Feller. »Ja, Herr Feller, ich würde ja gern bleiben, deswegen sitzen wir ja jetzt hier.«

Als fest angestellter Redaktionsleiter gab es an meinem Gehalt nicht viel zu schrauben, da war selbst der Fernsehdirektor machtlos. Gott sei Dank hatte ich die Idee für eine neue Sendung namens *Augenblicke*, einen Dreißig-Minuten-

Talk mit einem Prominenten – heute ein alter Hut, aber damals noch recht originell. Und wenn ich an der Produktion der *Augenblicke* beteiligt würde, könnte ich mir auf diesem Weg das Geld verdienen, um meine nächste Freundin ab und zu einladen zu können.

Nach einigem Hin und Her war Feller einverstanden: »Okay, ich erfinde was.« Also hat er damals die Postproduction erfunden, von der sich heute eine Reihe Fernsehmoderatoren mehr als redlich ernähren. Aber so weit waren wir noch nicht, damals am späten Nachmittag im Kufenstüberl von Hunderfossen. Trotzdem haben wir schon mal angestoßen, mit Wodka, und mehr als einmal. Am frühen Abend waren wir dann schon per Du. Aber Feller wusste auch, dass ich mich abends um halb zehn mit Schmidt-Holtz im Deutschen Haus in Lillehammer verabredet hatte. Und diesen Termin wollte er partout verhindern. Man weiß ja nie, was Waldi noch alles einfällt.

Also hat er sich gedacht: Den Hartmann saufe ich mit Wodka unter den Tisch. Das haben schon einige probiert, und gelungen ist es keinem. Auch Wolf Feller nicht. Die Frage nach dem Gewinner der Silbermedaille war schnell entschieden. Um neun Uhr brach der Fernsehdirektor zusammen. Ich habe den Fahrdienst geholt, ihn ins Auto gesetzt und ins Hotel fahren lassen. Nur seine Tasche hatte er vergessen, die blieb bei mir im Kufenstüberl. Ich schwöre: Ich habe sie nicht geöffnet, das macht man nicht. Aber da wären sicher ein paar schlaue Sachen dringestanden.

Nachdem ich den Fernsehdirektor ins Bett habe bringen lassen, bin ich halbwegs aufrecht ins Deutsche Haus zu meinem Spezi Schmidt-Holtz, der mich nach der WM im Sommer in Amerika zu Premiere holen wollte, dem heutigen Sky. Jetzt hatte ich zwei Alternativen in der Hand, Fellers *Augenblicke*-Deal und Premiere, was will man mehr?

Als der wiederbelebte Feller am nächsten Tag bei uns auftauchte, stellte er mir nur eine Frage: »Hast du in meine Tasche geschaut?« »Nein, ich schwöre.« An seine Idee mit der Postproduction konnte er sich noch erinnern. Und zu mir sagte er noch mal: »Mach keinen Fehler, geh nicht weg.« Also bin ich beim BR geblieben und habe es nicht bereut. Zumindest meistens.

Auch später hat Feller mit viel Engagement und maximalem persönlichen Einsatz für mich gekämpft. Als mir erneut recht interessante Angebote gemacht wurden, den Bayerischen Rundfunk zu verlassen, überzeugte er mich bei einem langen Gespräch mit viel Wodka und guten Worten, dem herrlichen weiß-blauen Sender treu zu bleiben. Weil sich das Gespräch dann doch ein bisserl in die Länge zog, hatte er seinem Chauffeur freigegeben. Ich wollte ihm noch den Schlüssel wegnehmen, aber der Herr Chefredakteur fuhr selbst heim nach Grünwald, dachte wohl, das ginge noch. Er überschätzte sich aber doch ein wenig, die Folgen waren 27 500 Mark Geldstrafe, zehn Monate Fahrverbot und der obligatorische Depperltest.

Wahrlich höchster Einsatz für meine Weiterverpflichtung, lieber Wolf, dafür noch mal vielen Dank! Du warst ein Mann! Dein Nachfolger Gerhard Fuchs war leider nur noch ein Männchen.

Ich habe mich übrigens von meiner Frau heimfahren lassen. Und zwar live, und nicht aufgezeichnet.

Aber zurück in die frühen Jahre. Als ich Ende der Siebziger beim BR vom Radio zum Fernsehen wechselte, sollte sich mein »Wellnessbereich« nach Aussagen gewöhnlich gut informierter Kreise nicht wesentlich verändern. Der Umzug von der »Wohlfühloase« Funkhaus des Bayerischen Rundfunks in unmittelbarer Nähe des Münchner Hauptbahnhofs zum Fernsehstandort »Sanatorium Freimann« im Norden der Stadt sollte also nur eine lokale Veränderung sein. Kenner allerdings warnten mich, dass diese BR-internen Begriffe aus der Gesundheits-und Rehasprache nur geschaffen wurden, weil beide Standorte den Mitarbeitern der Anstalt unterschiedliche Ruhezonen anboten.

In der Nähe des Funkhauses existierte damals noch die Pfälzische Weinstube, die in fünf gemütlichen Fußminuten zu erreichen war. Und um die Ecke bietet bis heute einer der gemütlichsten Biergärten der Stadt Platz, Speis und vor allem Trank für recherchemüde Funkhausmitarbeiter. Warum man Freimann ein Sanatorium nannte, verstand ich gleich beim ersten Besuch: Viel Wiese, Baumbestand und vor der einladenden Kantine mit großer Terrasse ein kleiner See. Es fehlten nur noch die Liegestühle.

Freilich, der See hatte nur symbolische Bedeutung für das reale Haifischbecken, in das ich da geraten war. Hereinspaziert auf den Jahrmarkt der Eitelkeiten und in die Arena der Wichtigtuer! Orientierung war zu Beginn oberstes Gebot. Wie so oft hatte ich Glück, denn der liebe Gott schickte mir einen seiner besten Diener. Im wahrsten Sinne des Wortes, denn Sigi Rappl, angesiedelt bei der Fernsehdirektion mit nicht genau definierten Sonderaufgaben, fand den Weg zur Anstalt aus dem österreichischen Kloster Stams, wo er die Priesterweihe schon hinter sich hatte und auf dem Weg zu einem Verkünder des Wortes Gottes war – bis er mehr und mehr den Drang ins sinnliche, weltliche Leben verspürte. Sigi verkündete mir die wichtigste Botschaft gleich nachdem wir uns kennen- und schätzen gelernt hatten: »Sag beim BR nix gegen Weihrauch und nix gegen Knoblauch, sonst hast gleich ausg'raucht.« Verstanden, Monsignore! Und dann ist es auch noch hilfreich beim Fortkommen, wenn du nicht mit der Staatspartei CSU im Krieg liegst. Welche Bedeutung die katholische Kirche und die christliche Partei für die Anstalt und ihre Insassen im Bereich Fernsehen hatten, kapierte ich schnell. Die erste Ehe des späteren Fernsehdirektors Prof. Dr. Gerhard Fuchs mit einer Tochter von Karlheinz Böhm sollte nicht lange halten. Die beiden ließen sich scheiden. Doch Fuchs, der Karriere machen wollte, befürchtete wohl, dass eine Scheidung auf dem Weg nach oben hinderlich sein könnte. So dachten damals im Freistaat Bayern noch viele Leute, die sonst aber bei klarem Verstand waren.

Da kam mein Spezi Sigi ins Spiel. Er ließ seine Drähte in den Vatikan glühen. Und, o Wunder, die Heilige Mutter Kirche annullierte die Ehe. Mit dem amtlich wieder unverheirateten Junggesellen Fuchs war ich mal befreundet. Zu der Zeit, als ich meine Kneipe Waldys Club in der Augsburger Stettenstraße betrieb, diente Gerhard an der jungen Universität der Fuggerstadt der Wissenschaft als Assistent. Ab und zu tauchte er auch in der Kneipe auf. Irgendwann verloren wir uns aus den Augen und trafen uns 1979 beim Fernsehen wieder. Er wurde 1995 Fernsehdirektor beim BR, nachdem er zwei Jahre vorher in Hamburg als Chefredakteur von ARD-aktuell verantwortlich für *Tagesschau* und *Tagesthemen* gewesen war. Aus dem Hamburger Exil hat er sich ab und zu mal gemeldet und mir ans Herz gelegt, Augen und Ohren offenzuhalten und die Stimmung in der Partei aufzunehmen, wie die Chancen seiner Rückkehr zum BR stünden.

Ich leistete meinen Freundschaftsdienst, Sigi den seinen bei der Kirche – und eines Tages war die Rückkehr perfekt. Nach Fuchsens Wahl zum Fernsehdirektor 1995 saßen Sigi und ich in der Kantine. Und mein klerikaler Spezi stellte reichlich unromantisch fest: »Und jetzt, so meine Vermutung, wäre es ihm am liebsten, wenn wir zwei uns in Luft auflösen würden.« Den Eindruck konnte man gewinnen.

Selbst in meiner Zeit als Redaktionsleiter Sport des BR suchte Fuchs kaum noch Kontakt. 1997 reifte in mir der Entschluss, diese Position aufzugeben und einen freien Vertrag mit dem Bayerischen Rundfunk auszuhandeln. Der Schreibtisch war nicht meine Welt. Nach sechs Jahren hatte ich genug von Sitzungen, Konferenzen, Budgets und Reiseabrechnungen. Ich war ein Mann des Programms. Das erzählte ich genauso dem damaligen Intendanten Prof. Dr. Albert Scharf.

Der lächelte gütig und fragte: »Und Sie haben sicher einen Lösungsvorschlag?« Hatte ich. Logisch. Ich bekam den gleichen Vertrag wie Gerd Rubenbauer sechs Jahre vorher, den ich zu Beginn meiner Sportchefzeit für Rubi mit dem BR ausgehandelt hatte. Fuchs wurde vor vollendete Tatsachen gestellt und musste einen Vertrag unterschreiben, der nicht wirklich in seine Vorstellungswelt passte.

»Hättest du gedacht, dass ich für dich mal einen Vertrag über eine halbe Million Mark unterschreibe«, fragte er mehr sich selbst als mich. Das war entschieden mehr, als er für seinen Job bekam. Sein ehemaliger Kneipenwirt kassierte also mehr als doppelt so viel wie er, der Vollakademiker in Führungsposition – wahrscheinlich unvorstellbar für Prof. Dr. Gerhard Fuchs.

Das dürfte er mir nie vergessen haben – genauso wenig wie die gute Tat des Vatikan. Als 2006 Papst Benedikt XVI. Bayern besuchte, sendete das Bayerische Fernsehen quasi rund um die Uhr. »Wir haben halb Bayern ausgeleuchtet«, erzählte mir ein Regisseur. Hinter fast jedem Übertragungswagen habe ein zweiter als Back-up gestanden, damit ja nichts schiefgehen konnte. Als Bilanz gezogen wurde, war Fuchs zwar dem Himmel ein Stück näher gekommen – die Kriegskasse des BR aber leer. Es rollte eine große Sparwelle durchs Haus.

Der geistige Beistand des Vatikans hatte ihm bereits vier Jahre davor bei der Wahl zum Intendanten nicht geholfen. Eigentlich stand er 2002 als Nachfolger von Scharf schon fest. Edmund Stoiber hatte sich klar positioniert. Und der Rundfunkrat war und ist fest in der Hand der CSU. Doch dort herrschte nicht Stoiber, sondern Alois Glück, Chef der CSU-Landtagsfraktion. Und der wollte Fuchs nicht. Sondern den Hörfunkdirektor Thomas Gruber.

Gewählt wird der Intendant vom Rundfunkrat. Die numerische Mehrheit haben dort die sogenannten »Grauen«, die Vertreter gesellschaftlich relevanter Gruppen, wie es im Technokratendeutsch heißt. In Bayern waren diese »Grauen« zu dieser Zeit allerdings überwiegend schwarz eingefärbt. Und einer dieser Grauschwarzen war mein Spezi Josef »Dick« Deimer, fünfunddreißig Jahre lang CSU-Oberbürgermeister von Landshut, und damit der dienstälteste Rathauschef der Bundesrepublik. Als Vorsitzender des Bayerischen Städtetags war er Mitglied des Rundfunkrats. Ich kannte ihn seit vielen Jahren über Alois Schloder, deutsches Eishockeydenkmal und späterer Sportamtsleiter in Landshut, quasi der Franz Beckenbauer auf Kufen. Eines Tages ruft mich Dick an, wie ihn alle Welt nannte. »Ich soll mir im Auftrag der Grauen über die beiden Kandidaten ein Meinungsbild verschaffen. Du kennt die am längsten und besten, lass uns mal zum Essen gehen.« Gesagt, getan. Wir saßen ein paar Stunden zusammen, und ich erstellte nach bestem Wissen und Gewissen eine Pro-und-Contra-Liste von Gruber und Fuchs.

Wenige Tage später, ich liege mit meiner Frau am Strand auf Sardinien, klingelt mein Handy. Gruber ist dran: »Ich wollte dir danken.«

»Wofür?«

»Ich war mit Deimer beim Essen. Und als ich ihm gesagt habe, dass ich für den Intendantenposten kandidiere, obwohl der Stoiber nicht hinter mir steht und ich auch beim Fernsehen keine Freunde habe, hat er mich korrigiert. Er hat mir gesagt, dass du durchaus lobende Worte über mich geäußert hast. Dafür will ich Danke sagen.« Gern geschehen, lieber Thomas. Aber ich hatte auch nicht nur Negatives über Fuchs auf meine Liste gepackt.

Dann die Wahl. Als das Ergebnis verkündet wird, zuerst Totenstille, weil es niemand glauben will: Gruber gewinnt mit 26 : 21 Stimmen. Sensationell! Der Stoiber-Kandidat vergeigt! Viele sagen, dass sich hier schon die ersten Vorzeichen des folgenden Niedergangs des ehemals so mächtigen Vorsitzenden und Ministerpräsidenten abzeichneten.

Danach war beim BR vieles nicht mehr so wie vorher.

Für mich war mit dem Auslaufen meines Vertrages 2008 Schluss. Weder Intendant Gruber noch Fernsehdirektor Fuchs kümmerten sich um eine Verlängerung und sahen auch keinen Gesprächsbedarf. Wenn wir in unserem Beruf nicht mehr miteinander reden, dann läuft was falsch.

Als Höhepunkt beziehungsweise Tiefpunkt nach zweiunddreißig Jahren beim BR ließ mich Fuchs aus der Sendung *Sonntagsstammtisch* am 1. Februar 2009 ausladen. Als Begründung gab der Sender an, dass Fuchs die Absage veranlasst habe – »aus dramaturgischen Gründen, um mehr Pep in die Sendung zu bringen. Waldemar Hartmann steht Monika Hohlmeier politisch zu nahe, ihr Zusammentreffen beinhaltet zu wenig Spannung für die Sendung.« Monika Hohlmeier ist CSU-Europaabgeordnete und Tochter von Franz Josef Strauß. Sie ist also in der Partei, die Fuchs nicht als Intendanten haben wollte. Gut gebrüllt, Füchslein! Im Übrigen war ich als Gast für das Thema »Die Bundesliga vor der Rückrunde« eingeladen. Geschenkt.

Stattdessen machte ich rüber und fand eine neue Heimat beim MDR in Leipzig, der, nebenbei bemerkt, nicht wie der

BR die technische Entwicklung des letzten Jahrzehnts verschlafen hat.

Und mein Spezi Sigi Rappl? Der ist schon lange pensioniert. Vom Papst bekam er für seine missionarische Tätigkeit beim Bayerischen Rundfunk den höchsten Orden verliehen. Damit dürfte er sogar auf einem Pferd direkt in den Petersdom reiten.

So was hat die CSU von heute nicht zu bieten.

10

ALPENREPUBLIK? GUTE IDEE!

Meine Begegnungen mit Franz Josef Strauß

Wie gesagt, so was hat die heutige CSU nicht mehr zu bieten – und erst recht nicht so einen wie Franz Josef Strauß. Ich war von Anfang an totaler Strauß-Fan, schon von Haus aus, denn mein Vater war zwar Arbeiter, aber großer Strauß-Verehrer. Obwohl in Nürnberg dreißig Jahre lang der legendäre SPD-Oberbürgermeister Andreas Urschlechter regierte, mit satten 60-Prozent-Mehrheiten, und obwohl mein Vater als braver Arbeiter eigentlich zur klassischen SPD-Klientel gehörte, hat er CSU gewählt, weil er Strauß gut fand. Und ich war mit zwölf, dreizehn Strauß-Fan, weil ich meinen Vater gut fand.

Jahre später, in meiner Augsburger Kneipe, verkehrten alle nur denkbaren politischen Fraktionen. Mein bester Freund Hans-Roland war Jungsozialistenvorsitzender, und ein anderer Stammgast, Bernd Kränzle, war Bezirksvorsitzender der Jungen Union und später Staatssekretär im bayerischen Justizministerium. 90 Prozent meiner Gäste waren rot, ich galt als der schwarze Wirt, und ich habe das auch nicht versteckt, was allen gastronomischen Regeln widerspricht. Denn als Wirt solltest du so geschlechtslos und neutral sein wie nur möglich und nach allen Seiten offen.

Wir führten stürmische und turbulente Diskussionen damals. Ich kann mich erinnern, bei der Brandt-Wahl Ende 1972 habe ich für Sonntagabend Freibier versprochen, weil ich sicher war, dass die Schwarzen mit Rainer Barzel gewinnen. Dann kamen die ersten Hochrechnungen, was damals ja noch gedauert hat bis sieben, halb acht Uhr. Und dann war schon absehbar: klarer Sieg für Willy Brandt. Jessas, das wird teuer!

Um acht Uhr abends haben die roten Spezln schon draußen gegen die Tür gebumpert: »Mach auf, schwarzer Hund!« Ich habe sie reingelassen, Freibier, und um neun bin ich einfach gegangen, aus meiner eigenen Kneipe, weil ich das Siegesgeheul nicht mehr ertragen konnte.

Und dann kam eines Tages der JU-Chef zu mir und sagte: »Waldi, du musst jetzt Mitglied werden, und du musst noch ein paar von deinen Gästen einsammeln, denn wir wollen unseren Kreisvorsitzenden loswerden.« Und so bin ich in die Junge Union eingetreten. In der blieb ich Mitglied, bis ich mit fünfunddreißig aus biologischen Gründen ausgeschieden bin, nämlich wegen Überschreiten der Altersgrenze. In die CSU bin ich aber nie eingetreten, auch wenn manche Leute das gerne annehmen. Bei der Wahlversammlung in einer gerammelt vollen Wirtschaft hat man mir gesagt: »Schau, das ist der, den wir loswerden wollen. Und das ist der, den wir wählen.« Dann haben beide geredet, erst der, der weg sollte, und dann der andere. Nach dem ersten Redner habe ich mich zu Wort gemeldet. Als Wirt und bunter Hund haben mich die meisten schon gekannt, und habe gesagt: »Wenn du in meiner Kneipe Geschäftsführer wärst und würdest so einen Rechenschaftsbericht ablegen, wäre dein Mantel jetzt schon auf der Straße, und du würdest hinterherfliegen.« Und alle so: »Jawoll! Bravo!«

Danach hat der Zweite geredet – aber nicht der, den sie mir zuvor als Kandidaten vorgestellt hatten, sondern komischerweise ein anderer. Das wurde in der Pause kurzfristig noch einmal geändert. Auf dem Klo. Man sieht: Ich habe die Politik ganz von unten kennengelernt. Der vom Klo ist dann auch gewählt worden, und ich bin sofort in den Vorstand gekommen – ein bisserl wie die Jungfrau zum Kind. Jedenfalls bin ich danach dreimal zu den Versammlungen gegangen. Und nach dem dritten Mal habe ich mir gedacht: Es geht im Endeffekt immer nur darum, wer wird was und wer darf nix werden. Es ging nicht ein einziges Mal um irgendeinen politischen Inhalt, nicht einmal um einen Gehsteig oder um ein neues Trambahnhäusl. Und dafür war mir meine Zeit zu schade, und mein Geld auch. Denn ich musste für diese Abende immer einen Geschäftsführer in meine Kneipe stellen, und der wollte natürlich bezahlt werden. Damals habe ich gemerkt: Wer einen anständigen Beruf hat, kann sich die Politik gar nicht leisten, Ausnahmen bestätigen natürlich die Regel. Und das war's dann auch ein für alle Mal mit meiner politischen Karriere.

Wahrscheinlich war die Politik wirklich nichts für mich. Mein Sozifreund Roland und ich haben damals ganze Stammtische leer gepredigt mit unserem dauernden Politisieren. Irgendwann hat einer nach dem anderen die Flucht ergriffen, und wir sind allein dagesessen. War nicht so schön.

Wie gesagt, CSU-Mitglied war ich nie, aber Strauß-Fan bin ich immer geblieben. Und später beim Radio habe ich dann tatsächlich IHN kennengelernt: FJS himself, den Muhammad Ali der bayerischen Politik. Genauso schwarz, genauso groß, genauso gefürchtet. Übrigens: Bevor Strauß 1978 aus Bonn zurück nach Bayern kam, als Ministerpräsident und Goppel-Nachfolger, gab es tatsächlich eine Standleitung zwischen der Staatskanzlei in der Prinzregentenstraße und dem BR-Funkhaus am Hauptbahnhof. Was die Opposition immer nur vermutet hatte, war tatsächlich Realität.

Immer wenn am Dienstag Kabinettssitzung war, wurde danach die Standleitung aktiviert, und es folgte die Berichterstattung im Radio. Die lief nach einem wenig originellen und kaum variierten Schema ab: Um siebzehn Uhr legte der Moderator des *Bayern-Magazins*, Franz Josef Kugler, los: »In der Bayerischen Staatskanzlei begrüße ich jetzt den Regierungssprecher Dr. Schwabe. Grüß Gott, Herr Dr. Schwabe.«

»Grüß Gott, Herr Kugler.«

»Herr Dr. Schwabe, was hat der Ministerrat denn heute beschlossen?«

»Liebe Hörer, der Ministerrat hat heute beschlossen, dass ...«

Dann wurde referiert, beinahe wie in der *Aktuellen Kamera* der roten Genossen von drüben – von der Umgehungsstraße zwischen Dingskirchen und Bummsbach bis zur Novellierung der Schiffsdieselverordnung.

Das *Neue Deutschland* im Radio.

Das Ende lautete immer: »Herr Dr. Schwabe, herzlichen Dank in die Staatskanzlei.«

»Danke, Herr Kugler.«

Unterwürfigst, Ihr Bayerischer Rundfunk.

Keine Fragen, nur Verlautbarungen. Damals war der BR tatsächlich noch so, wie man sich Bayern aus dem *Königlich Bayerischen Amtsgericht* vorstellt, mit dem Bayerischen Defiliermarsch als Soundtrack. Alles war holzvertäfelt, auch so manche Köpfe – aber zugleich gemütlich, viel gemütlicher als heute.

Doch sogar Franz Josef Strauß war das Verlautbaren zu viel. Bei seinem Amtsantritt wollte er ganz neue, unerhörte Sitten einführen. Keine Standleitung mehr am Dienstag um fünf, sondern, Innovation!, eine leibhaftige Pressekonferenz.

Diese kühnen Pläne führten zu großer Aufregung in der Bayernabteilung des Bayernrundfunks. Es gab eine große

Sitzung, bei der ein großes Problem zu diskutieren war: Wer geht ab sofort immer zum Strauß, wer übernimmt die Berichterstattung vom Herrn Ministerpräsidenten? In der Hierarchie lagen mindestens 90 Prozent des BR vor mir. Aber die wollten alle nicht zum Strauß. Sie haben sich nicht getraut. Es gab jede Menge faule Ausreden. Keiner wollte – und der Grund war ganz einfach, dass Strauß gefürchtet war, weil er alle gnadenlos abgebürstet hat. Mit anderen Worten: Die hatten ganz einfach keinen Arsch in der Hose.

Und ich Jungspund mit meinen dreißig Jahren bin in dieser Sitzung gesessen und habe mir gedacht: Das gibt es doch nicht! Jetzt kommt der Strauß aus Bonn nach München, der Heiland steigt hinab zu den Irdischen – und keiner will mit dem lieben Gott sprechen. Die Kollegen haben die Möglichkeit, jeden Dienstag mit Franz Josef Strauß zu reden, und das macht keiner.

Gemeldet habe ich mich in der Sitzung aber auch nicht, das wäre zu unverschämt gewesen, ein zu eklatanter Verstoß gegen die Hierarchie. Als ob beim FC Bayern ein A-Jugendlicher sagt, er würde eigentlich ganz gern Libero spielen – statt dem Franz.

Es dauerte eh nur eine halbe Stunde, bis ich einen Anruf bekam: Ich soll dringend zum Kugler kommen, dem Mann mit der stillgelegten Standleitung.

Kugler zu mir: »Und, was sagst? Von dene Leffe (Löffel, im Bayerischen eine leicht abwertende, aber minderschwere Schmähung) traut si koana zum Strauß. Traust du di?« Damals ist noch Bairisch geredet worden beim Bayerischen Rundfunk.

Hartmann traute sich. »Klar. Mach i.«

Und von da an bin ich jeden Dienstag, ausgestattet mit meinem Uher-Tonbandgerät, zur Audienz beim König von Bayern angetreten. Von meiner Zeit beim *Schwabenspiegel* kannte ich schon den einflussreichen Kultusminister Hans Maier,

Professor Maier, Wirtschaftsminister Anton Jaumann und einige andere. Aber viel wichtiger war: Ich kannte die Fahrer der hohen Herren. Mit denen habe ich immer die neuesten Witze ausgetauscht und über Fußball philosophiert. Und die Fahrer haben alles gewusst. Damals, als das Handy noch nicht erfunden war, gab es nur Autotelefone, Politik wurde bevorzugt auf Autorücksitzen gemacht – und die Fahrer hörten alles mit.

Ich also immer vor der Pressekonferenz zu den Fahrern: »Wie geht's, was ist los, worauf muss ich aufpassen?«

»Du, heute ist nix.«

Ein anderes Mal hat es dann aber geheißen: »Du, sei vorsichtig, heit schebbert's.« Und wenn die Fahrer gewusst haben, dass es scheppern wird, dann hat es auch gescheppert. Und wie! Ich war also immer bestens vorbereitet. Und ich habe jeden Dienstag mit dem großen Franz Josef mein Interview gemacht, nach der offiziellen Pressekonferenz.

Damals gab es noch kein Radio Gong und kein Energy und wie die ganzen anderen Mikrofonhinhalter so heißen. Was Strauß im Bayerischen Rundfunk gesagt hat, war regierungsamtlich. Wir waren der einzige Radiosender, der da war. Zur Pressekonferenz wurden aufgebaut: drei blaue Mikrofone vom BR-Radio, zwei blaue Mikrofone vom BR-Fernsehen – und an höheren Feiertagen gab sich das ZDF die Ehre.

Vor unseren Interviews führten Strauß und ich immer ein kleines Vorgespräch. Da war's ganz gut, dass ich anständig vorbereitet war – von meinen Chauffeuren und von der Pressekonferenz davor.

Von Anfang an bin ich ganz normal mit ihm umgegangen, das hat ihm wahrscheinlich gefallen angesichts der ganzen sonstigen Katzbuckelei um ihn herum. Ich habe ihm gesagt: »Herr Ministerpräsident, Sie wissen ja selber, ich habe immer an die dreieinhalb Minuten Zeit, und in diesen dreieinhalb Minuten würde ich gerne mit Ihnen die wichtigsten Themen in einem Frage- und Antwortspiel durchgehen. Und den Rest packen wir in die Moderation. So habe ich mir das vorgestellt.«

Dann hat er straußmäßig mit dem Kopf gewackelt und ein bisserl gewippt und geantwortet: »Wenn Sie sich das so vorstellen, dann mach ma's so.«

Und so hamma's g'macht. Ich habe gemerkt: Der mag mich. Und so war beim BR immer der Hartmann für den Strauß zuständig. Wenn etwas mit Franz Josef zu tun war – der Waldi macht's schon.

Das hat auch immer gut hingehauen – bis ich irgendwann während so einer inoffiziellen FJS-BR-Regierungserklärung merkte: Au weh, das Tonband ist aus. Ich hatte vor dem Interview vergessen, an den Anfang zurückzuspulen. Das Tonband machte ganz leise schlapp, schlapp, schlapp, ein furchtbares Geräusch in meinen Ohren – und ich dachte mir: Leck mich am Arsch, was mach ich jetzt? Der Herr Ministerpräsident redet und redet, erklärt die Welt, wie sie wirklich ist – und wenn er jetzt die politische Bombe zündet, habe ich ihn nicht auf dem Band. Das würde ganz schlecht ankommen daheim beim BR.

Ich also, meinen ganzen Mut zusammengenommen, zu Strauß: »Ähm, Herr Ministerpräsident ...«

»Wos is?«

»Herr Ministerpräsident, das tut mir jetzt leid, aber das Bandl ist rausgerutscht.«

»Mach amal auf!«

Ich mach also das Uher auf. Der Herr Ministerpräsident schaut rein: »Ja, das war ja schon ganz durchgespielt!« Ich, staunend: »Ja, gibt's denn des auch!« Er, durchaus nicht unamüsiert: »Hartmann, von Politik haben Sie keine Ahnung.

Aber ich habe zumindest erwartet, dass Sie Ihr Handwerkszeug beherrschen.«

Und dann hat er mir die Lage der Nation noch mal von vorn erklärt ...

Meine Lieblings-Strauß-Geschichte hat sich 1980 zugetragen, auf der Allgäuer Festwoche in Kempten. Strauß war Kanzlerkandidat – mit einem Mordsrespekt für seinen Gegenspieler Helmut Schmidt. Ich erinnere mich noch, dass die CSU-Wahlkampftruppe damals einen sehr bösen und persönlich verletzenden Film über Schmidt gemacht hat. Der lief nur einmal, ohne das Wissen von FJS, auf dem CSU-Parteitag. Strauß hat die Verantwortlichen noch am gleichen Abend rasiert und gesagt, diesen Film will ich nie mehr sehen, so kann man mit einem Mann wie Helmut Schmidt nicht umgehen. Auch das war Franz Josef.

Zurück zur Allgäuer Festwoche. Ich stand da, Liveübertragung in der *Bayern-Chronik* des BR-Hörfunks, Rundgang des Kanzlerkandidaten. Der Moderator kündigte an: »Ich gebe ab zu Waldemar Hartmann und dem bayerischen Ministerpräsidenten« – nur leider war weit und breit kein Strauß zu sehen. Also habe ich ein bisserl was von den herrlichen weißblauen Wolken über dem Allgäu erzählt, von der wunderbaren Stimmung auf der Festwoche, bla, bla, bla.

Nur: Da war immer noch kein Strauß. Er hatte nämlich davor eine lange Rede in der Gaststätte Kornhaus gehalten und sich dabei Fidel-Castro-mäßig ein bisserl in der Zeit vertan. Es muss eine große Rede gewesen sein, mit dem aufsehenerregenden Tenor: »Bayern ist stark, Bayern ist autark, Bayern könnte auch alleine sein, und deshalb braucht Deutschland Bayern.« Separatismus auf weiß-blau!

Irgendwann kam er endlich, ich war live drauf, was er aber nicht gemerkt hat. Er dachte, das ist wieder so ein Vorabgeplänkel. Ich also zu Strauß: »Sie haben gerade drüben im Kornhaus gesagt, eigentlich kann Bayern alleine existieren. Da besteht doch die Frage, warum machen wir das nicht?« Und er zur mir, live in die bayerischen Haushalte: »Ja, wenn mich das der Spitzenreporter des Bayerischen Rundfunks fragt, ist das durchaus zu überlegen.«

Ich zu ihm: »Alpenrepublik?« Und er zu mir: »Gute Idee.«

Bis er gemerkt hat, wir sind live drauf – aber das war ihm dann auch wurscht. Franz Josef Strauß verkündete bei Waldemar Hartmann die geplante Gründung der Alpenrepublik Großbayern! Danach war im Funkhaus die Hölle los: Separatismus, Abspaltung, Presseanfragen, große Aufregung. So war das damals. Das Wort des Königs war Gesetz.

11

HERR CHEFREDAKTEUR, SIE HABEN IHRE AUFSICHTSPFLICHT VERLETZT!

Mein kurzer Ausflug ins Privatfernsehen

Mögen manche meiner roten Spezln vielleicht den Kopf geschüttelt haben, wie gut der Waldi mit dem Strauß konnte – mir egal, ich war höchstzufrieden, dass wir miteinander klarkamen. Irgendwann lernte ich dann auch die Söhne des großen Franz Josef kennen. Als ich 1987 zwischenzeitlich zu TV Weiß-Blau bin, nach Meinung der *Süddeutschen Zeitung* das »schwarze Fallbeil« des nagelneuen Kabelfernsehens, hat Franz Georg Strauß dort die Strippen gezogen – ihn kannte ich, wie fast jede andere Bekanntschaft meines Lebens, aus der Kneipe, dem Alten Simpl. Dass ich bei Weiß-Blau antreten musste, war also die negative Folge meines guten Drahtes zu Strauß senior.

TV Weiß-Blau war nicht der Kampfname des BR, wie man vielleicht vermuten könnte, sondern ein von der Politik erwünschter Münchner Lokalsender, der die schöne neue Fernsehwelt erobern sollte. Franz Georg war dort beteiligt, Leo Kirch hat immer fleißig Geld in den Sender gebuttert. Und das Ganze war hochdefizitär. Chefredakteur Julian Gyger wirkte zuvor als Pressesprecher der FDP und war einer der überzeugten Strauß-Anpinkler gewesen. Die ganze bayerische Medienlandschaft hat nur den Kopf geschüttelt, wie das gut gehen konnte. Es ging aber eh nicht lange gut. Der neuartige Sender hat hinten und vorne nicht funktioniert. Und irgendwann hat eine sehr hohe Runde beschlossen, dass man das Problem lösen und TV Weiß-Blau endlich in Schwung bringen müsste.

Mittlerweile war auch der Süddeutsche Verlag zur Hälfte eingestiegen, und es wurde ein für alle Seiten vermittelbarer Chefredakteur gesucht. Das Vorschlagsrecht hatte Weiß-Blau. Also rief mich Franz Georg Strauß an, er müsse mit mir reden. Er wollte, dass ich zu seinem Sender komme. Ich zu ihm: »Franz Georg, das ist ein sehr glattes Eis. Ihr müsst mit dem Bayerischen Rundfunk reden. Denn das mache ich nur mit Rückfahrkarte.«

Vom immerwährenden BR zu einem wackligen Lokalsender, den es morgen vielleicht schon nicht mehr geben würde? Keine verlockenden Aussichten. Doch der BR stimmte meinem Vorschlag mit der Rückfahrkarte zu – das politische Interesse an dieser Personalie war enorm.

Inhaltlich war die Richtung bei Weiß-Blau schnell klar. Ich wusste, wir können dort nicht Politik rauf und runter senden, das will keiner sehen. Wenn schon, dann müssen wir ein münchnerisches Stadtfernsehen machen. Eine verfilmte Boulevardzeitung sollte es sein und keine verfilmte *Süddeutsche*, obwohl deren Verlag zur Hälfte beteiligt war. Und schlimmer konnte es für Weiß-Blau ohnehin nicht mehr werden. Denn dieser unglückselige Fernsehsender stand jeden Tag in der Zeitung – aber leider nicht mit seinem Programm, sondern wegen endlosem Ärger und Problemen und Intrigen. Aber ich war optimistisch und leicht TV-Weiß-Blauäugig: Mensch, vielleicht wird ja wirklich was draus, vielleicht ist das die Zukunft. Man kann sich's heute gar nicht mehr vorstellen, aber damals herrschte ja eine irrsinnige Euphorie, was das neue Privatfernsehen anging.

Weil ich von BR-Fernsehdirektor Wolf Feller tatsächlich die geforderte Rückfahrkarte bekommen hatte, dachte ich mir: »Okay, wenn das schiefgeht, muss ich in zwei Jahren beim BR wenigstens nicht wieder ganz unten in der Hierarchie anfangen und mich hinten anstellen.« Die Rückkehroption war so formuliert, dass ich zumindest wieder in meine alten Bereiche hätte einsteigen können. Ich hatte ja damals den *Blickpunkt Sport* und die *Rundschau*, also die populärsten Sendungen des BR. Und ich konnte ja nichts dafür, dass die hohe Politik nach mir rief – und zwar mehr als lautstark, mit einem Anruf direkt bei Intendant Reinhold Vöth. Kein Wunder, dass Vöth keine Anstrengungen machte, mich zu halten. Und ebenfalls kein Wunder, dass mir meine Zeit beim Privatfernsehen später als Betriebszugehörigkeit beim BR angerechnet wurde. Eigentlich war ich also nie richtig weg. Ich war nur zwischenzeitlich abkommandiert, aus politischen Gründen. Und dass ich bei Weiß-Blau mehr verdiente als beim BR der Fernsehdirektor, war auch kein schlechtes Argument. Aber: Es hat Spaß gemacht ohne Ende in der neuen Fernsehwelt. Zumindest am Anfang. Und zwar nicht nur der Blick auf den Kontoauszug – sondern auch der Job als Chefredakteur.

In der Öffentlichkeit fiel mit meinem Wechsel zu Weiß-Blau erst einmal der Maibaum um. Tenor: »Jetzt hat die CSU ihren Vorschlaghammer bei TV Weiß-Blau sitzen.« Ich war der schwarze Teufel, das straußhörige Gespenst, der Sozenfresser, der Axel Springer aller bayerischen rechtschaffenen Linksintellektuellen – *SZ*-Beteiligung hin oder her. Auch wenn mich die linksliberale *Abendzeitung* zuvor noch als Nachfolger von Klatschkolumnist Michael Graeter verpflichten wollte. Das war damals ein Megajob, mit heute gar nicht zu vergleichen. Graeter war der liebe Gott in München, über ihn hat Helmut Dietl später seine Serie *Kir Royal* gemacht, in der Franz-Xaver Kroetz den Baby Schimmerlos gespielt hat, die Filmversion von Graeter. Und Dieter Hildebrandt war sein Fotograf.

»Das wär was für dich, das musst du machen«, hatte mich der leitende *AZ*-Redakteur Wolf Heckmann am Stammtisch im Simpl in seiner gewohnt robusten Art angebellt. »Du musst nur wissen, wer in München mit wem vögelt. Und noch besser ist es, wenn du weißt, wer mit wem nicht mehr vögelt. Und ich weiß, dass du das weißt.« Das war damals das Berufsbild eines Klatschkolumnisten. Damals ging es noch um echte Stars und nicht wie heute um C-Promis beim Telefonzelleneröffnen in München-Pasing. Wegen dieses Angebots saß ich sogar zweimal im Büro von *AZ*-Chefredakteur Udo Flade in der Sendlinger Straße, alles war schon abgenickt. Es gab nur ein einziges, allerdings ein richtiges Problem: Ich hätte am Wochenende nicht gekonnt, wenn Sport war. Und ein Klatschreporter, der am Wochenende keine Zeit hat, wenn gevögelt wird oder auch nicht, war dann doch keine so gute Idee. Das fand vor allem auch der verantwortliche Lokalchef Ernst Fischer, der verständlicherweise keine Lust hatte, am Wochenende Aushilfen zu bezahlen, weil sein Starkolumnist im Fußballstadion hockt.

Ich habe dem Herrgott und dem *AZ*-Betriebsrat, der gegen mich gekämpft hat wie gegen den Gottseibeiuns, sehr oft gedankt, dass ich nicht der neue Graeter wurde. Denn später saß der im Gefängnis, und ich weiß nicht, ob ich auch so weit gekommen wäre. Fast allen bei der *Abendzeitung* ging die Muffe, jetzt kommt der schwarze Waldi – als ob Graeter der ausgewiesene Chefliberale gewesen wäre. Aber anscheinend hatte der Betriebsrat das Gefühl, im bewaffneten Kampf zu stehen.

Dabei war TV Weiß-Blau alles andere als CSU-Fernsehen. Es hat nur einen einzigen Eingriff in die Programmhoheit des Chefredakteurs Waldi Hartmann gegeben, nämlich als eine Diskussion anlässlich des Münchner Filmfests stattfand. Meine Filmredakteurin führte diesen Talk live, unter anderem mit Peter Timm, Regisseur der deutsch-deutschen Komödie *Meier*. Die Redakteurin wollte von ihm wissen, was er im Fall eines Gewinns mit den 50 000 Mark Preisgeld machen würde. Und Timm erklärte, dass er einen Teil für eine deutsch-polnische Jugendbegegnungstätte spenden wolle, der die Bayerische Staatsregierung noch jede Menge Geld schulden würde. O weh, das war ein Politikum damals!

Ich war im Regieraum dabei und fand das nicht besonders aufregend. Ein anderer Zuschauer, einer vor dem heimischen Fernseher, aber schon: FJS, der »Ahnherr«, wie er familienintern hieß. Denn immer, wenn er zu Hause war, hat Strauß TV Weiß-Blau angeschaut, es war schließlich der Sender seines Buben. Und plötzlich wird im hauseigenen Strauß-TV die Landesregierung vorgeführt! Und die Redakteurin fährt nicht sofort dazwischen und stellt das saubere schwarze Weltbild wieder richtig. Geht ja gar nicht!

Am nächsten Tag komme ich guter Dinge in die Redaktion, wo Strauß junior mit bitterer Miene schon auf mich wartet: »Der Ahnherr hat zugeschaut! Er droht mit Liebesentzug!« Ich zurück: »Mein Gott, Franz Georg, was soll ich denn machen? Das war eine Livesendung, da passiert so was.« Und wer war natürlich schuld? Der Chefredakteur, der die Sendung nicht anständig vorbereitet hat und so eine Ungeheuerlichkeit zulässt! Der Hartmann also. Bildschirmverbot für die Dame war die mindeste Konsequenz, die der Ahnherr forderte. Und ich habe Franz Georg gesagt: »Dann müssen wir die ganze Geschichte mit Weiß-Blau beenden, so hat das keinen Sinn.« Und außerdem saß ein hoher Beamter aus dem

Kultusministerium als Juryvorsitzender mit in der Runde. Warum hat der denn nichts gesagt? Das hat Franz Georg seinem Vater dann so übermittelt.

Wochen später ist Strauß nach der bayerischen Landtagswahl 1986 reichlich angetrunken in der Bonner Runde aufgetaucht, der Auftritt ist bis heute unvergessen. Ich war vor Ort dabei, Strauß hatte zuvor im Kreis der anderen CSU-Würdenträger, Stoiber, Tandler & Co., im Ehrengastbereich des Münchner Olympiastadions kräftig gebechert. Denn es gab immer noch keine Hochrechnungen. Die gewohnten 50 Prozent plus x – oder nix? Keiner wusste Bescheid. BR-Chefredakteur Wolf Feller hatte den Auftrag, dafür zu sorgen, dass FJS aus München zur Elefantenrunde dazugeschaltet wird. Einige CSU-Großkopferte waren der Meinung, man solle den Großen Vorsitzenden in diesem desolaten Zustand nicht der Nation vorführen.

Um Viertel nach acht ging's los, ARD-Mann Martin Schulze moderierte, und Strauß sprach live vor einem Millionenpublikum den bis heute legendären Satz: »Wer ist denn eigentlich Herr Schulze?« Der Witz war: Was FJS gesagt hat, war inhaltlich fast perfekt und druckreif – bloß die straußsche Zunge war schwer wie Blei. Aber er hat sie abgebürstet, alle. Danach ist die gesamte CSU-Gemeinde mit Strauß und mit Waldi mittendrin weitergezogen ins Piazzetta, den Stammitaliener des Ministerpräsidenten im Gebäude der Bayerischen Landesbank. Wir dort alle weiter am Picheln, und um Viertel nach elf verkündet Tandler das amtliche Endergebnis: 55,8 Prozent für die CSU! Riesenjubel – wenn Strauß das Endergebnis um Viertel nach acht schon gewusst hätte, hätte er Kohl öffentlich versenkt.

Man trinkt also heiter weiter, freut sich des Lebens, und nachts um halb zwei steht Strauß auf, wankend, aber standhaft senkrecht, und verabschiedet sich per Handschlag von den Anwesenden. Als er zu mir kommt, sagt er in typischer Strauß-Manier: »Herr Chefredakteur, Sie haben Ihre Aufsichtspflicht verletzt!« Ich zu ihm: »Herr Ministerpräsident, ich hab's doch Franz Georg gesagt, ich kann nicht in eine Livesendung eingreifen, dann haben wir erst recht einen Skandal. Und Ihr Mann aus dem Kultusministerium, der muss das doch richten.« Er darauf: »Also gut. Nieder mit Ihnen! Aber dann wieder auf, marsch, marsch!« »Danke, Herr Ministerpräsident!« Abgang FJS. Daraufhin Innenstaatssekretär Peter Gauweiler zu mir: »Jetzt hast du eine Karriere zerstört.« Von dem Herrn aus dem Kultusministerium hat man danach nicht mehr viel gehört. Das muss man sich vorstellen: Selbst solche lächerlichen Details, so eine Fernsehsendung, die kaum jemand gesehen hat, hat Strauß wochenlang in seinem Kopf abgespeichert und dann rausgeholt – an einem Abend, an dem er sturzbetrunken war, an einem Abend, an dem die absolute Mehrheit, das Auf und Nieder der CSU, auf dem Spiel gestanden hatte.

Die letzte Instanz vor meinem Wechsel zu Weiß-Blau war übrigens ein Einzelinterview mit Strauß in der hintersten Ecke des Piazzetta, in dem er mich regelrecht examinierte. Es ging um Außenpolitik im Allgemeinen und den Nahostkonflikt im Besonderen, eines seiner Lieblingsthemen. Ich war Gott sei Dank zuvor mit der Hanns-Seidel-Stiftung drei Wochen zur politischen Horizonterweiterung in Israel gewesen. Einen regelrechten Crashkurs hatte ich da bekommen. Ich war in der Knesset, ich stand auf den Golanhöhen, im Westjordanland und überall. Ich kannte mich also leidlich aus und konnte mitreden. Das hat Strauß anscheinend beeindruckt, das hat ihm Spaß gemacht. Bloß als ich den deutschen Botschafter in Israel recht tüchtig und »einen von uns« nannte, schnaubte FJS ungehalten: »Geh, Hartmann, das ist ein Genscherist!«

Irgendwann war ich mit Familie und meiner Tochter Christina, die damals noch in der Wiege lag, am Strauß-Stammsitz in der Hirsch-Gereuth-Straße in München-Sendling eingeladen. Seine Tochter Monika hatte ihre ungefähr genauso alte Tochter dabei. Nachts beim Grillen auf der Terrasse geht die Tür auf, Franz Josef kommt nach Hause, marschiert ins Kinderzimmer, holt ein Kind aus der Wiege, macht duzi-duzi, wie man das halt so macht als guter Opa – allerdings hat er das falsche Kind erwischt, nämlich meins. Bis ihm seine Monika sagt: »Papa, das ist das falsche.« Meine Tochter hat die Verwechslung bei bester Gesundheit überstanden und keinen bleibenden Schaden erlitten.

Einmal bei einem Termin in der Staatskanzlei in der Prinzregentenstraße komme ich in sein Büro, der Ministerpräsident sitzt hemdsärmelig am Schreibtisch und schwenkt eine Boulevardzeitung. Die Schlagzeile dreht sich um einen Kindermörder, der damals sein Unwesen trieb und als »Maisfeldmörder« durch die Zeitungen ging. »Host as g'lesen?«, ruft Strauß aufgeregt, »das ist diese Justiz! Unglaublich!« Und er legt eine Schimpfkanonade über den bayerischen Justizapparat hin mit allen Schimpfwörtern, die man sich nur vorstellen konnte, zefix noch mal.

Mein Gott, konnte der Strauß schimpfen! »So weit«, hat er gebellt, »ist es in Deutschland mittlerweile gekommen, dass der Tote beweisen muss, dass er ermordet wurde!« Mein Gott, Herr Ministerpräsident, Ihr Blutdruck! Ihr Herz! »Uuuuunglaublich!« Mit einem Schlag war wieder Ruhe – Strauß zu mir: »Und was macha mia?« Also hab ich ihm das Thema vorgetragen, über das ich mit ihm reden sollte, aber das hat ihn nicht interessiert. Er wedelte noch mal mit der Zeitung und sagte: »Ja haben Sie denn nicht mitbekommen, was passiert ist? Darüber will ich was sagen!« Also haben wir über den Maisfeldmörder geredet, und danach ging es ihm wieder besser.

Die vielleicht schönste Strauß-Geschichte war seine späte Liebesaffäre mit Renate Piller, einer dreißig Jahre jüngeren, adretten späteren PR-Dame aus Österreich. Franz Josefs Frau Marianne, die »Mami«, wie sie im Strauß-Clan hieß, war 1984 mit vierundfünfzig bei einem Autounfall gestorben. Und nach der Mami kam Renate, die Strauß sein »schönes Mädi« nannte. Und das ging so: Als TV-Weiß-Blau-Geschäftsführer Hermann Mayer Ende 1986 seine neue Anwaltskanzlei in der Nymphenburger Straße in München einweihte, schmiss er eine schöne Fete, wir hatten Spaß, es gab ein wunderbares Buffet, aber gegen halb elf war's dann auch gut. Die Gesellschaft war schon in der Auflösung begriffen, als es an der Tür klingelte.

Franz Josef ante portas! Der Landesvater gab sich die Ehre, schon etwas angeschlagen. Und plötzlich fanden alle die Party wieder richtig toll und wollten bleiben. Strauß hatte Hunger und fiel wegen seines nicht mehr ganz optimalen Zustands beinahe mitten ins Buffet. Fast hätte es kräftig »Rumms« gemacht, aber Renate in ihrem Pepitakostüm, die Assistentin der Weiß-Blau-Geschäftsführung, rettete ihn und kümmerte sich fortan intensiv um den Ministerpräsidenten – an diesem Abend und auch die letzten zwanzig Monate bis zu seinem Tod. Sehr zum Missfallen des Strauß-Clans und vor allem seiner Kinder, die extrem unglücklich über die Verbindung waren. Aber der Ahnherr war der Frau völlig verfallen, der hat sich nichts geschissen. Wenn eine alte Hütte brennt, dann lichterloh.

Renate schaute gut aus und hatte einen klaren Blick für Machtverhältnisse. Es ist ja überliefert, dass sich Franz Josef gleich am nächsten Tag telefonisch bei der Pillerin meldete (»Hier Strauß!«), und wir waren alle gespannt, wann die Geschichte auffliegen würde. Am Tag, als sie auffliegen würde, hielten Franz Georg, Hermann Mayer und ich eine Krisensitzung ab, und ich wurde zum Pressesprecher ernannt, zum Chef der

Spionageabwehr. Alle Anrufe, die Frau Piller betrafen, liefen über mich. Die Dame musste auf Tauchstation gehen. Da habe ich die Kreativität der Boulevardkollegen kennengelernt, die sich getarnt als Fleurop-Boten in den Sender schleichen wollten: »Wir sollen Blumen für Frau Piller vorbeibringen.« Die hatten die wildesten Ideen, um an diese Frau und an ein Foto zu kommen. Heute wäre alles einfacher, heute hätte die Lady ein Profil bei Facebook oder bei Xing, aber damals war das noch schwierig.

1988 war die Hochzeit angeblich bereits geplant, doch dann läuft am 3. Oktober im Autoradio plötzlich Trauermusik: Der König ist tot. Franz Georg rief mich an, er wollte reden. Wir sind in ein Restaurant in der Innenstadt, in dem auch der Ministerpräsident gerne war. Im Fenster brannten schon Kerzen neben einem Bild von FJS, und das war in der ganzen Stadt so. Die Trauerkundgebung werde ich nie vergessen. Wir sind von der Hirsch-Gereuth-Straße losgefahren, an Hunderttausenden von Menschen vorbei, München hat geweint. Danach wollte ich niemanden mehr sehen, bin in meine Kneipe, die Zeitlupe, habe mir eine Flasche Wodka aufgemacht und die Tränen laufen lassen.

Aber zurück zu TV Weiß-Blau. Das erste halbe Jahr dort lief super. Wir haben hingebungsvoll und recht erfolgreich die *Abendzeitung* verfilmt – bis der Süddeutsche Verlag beschloss: Wir steigen aus. Das war eine rein wirtschaftliche Entscheidung, keine inhaltliche. Zu dieser Zeit hatte die ganze Redaktion nur noch Angst. Die haben nicht mehr übers Programm nachgedacht, sondern sich nur noch gefragt: Steht mein Schreibtisch morgen noch da? Ich bat den Verlagsgesellschafter Dr. Johannes Friedmann um ein klärendes Gespräch. Ihn kannte ich noch, als er eine Art Promipraktikum beim BR gemacht hatte.

Nach dem Gespräch mit Friedmann wusste ich, die steigen aus. Das war der Anfang vom Ende meines weiß-blauen Privatfernsehabenteuers. Zuvor hatte ich vier Kamerateams gehabt und dreißig Leute. Danach blieben ein Team und fünfzehn Leute. Damit kannst du in München kein vernünftiges Fernsehen auf die Beine stellen. Das habe ich Franz Georg Strauß auch öffentlich auf einer Pressekonferenz gesagt: »Damit kann man kein Fernsehprogramm machen. Und damit kann auch ich nicht weitermachen.«

Danach alle aufgeregt zu mir: »Wie hast jetzt das gemeint?«
»So, wie ich es gesagt habe.«
»Also, dann müssen wir darüber reden.«
»Müssen wir, richtig.«

Und so hieß es im September 1987 für mich: TV Weiß-Blau, ade. Worauf sich für mich die Frage stellte, was mache ich jetzt. Gut, ich hatte zwar den Rückfahrschein. Aber zurück zum BR wollte ich eigentlich nicht dringend. Denn ich wusste genau, was mich dort erwarten würde: die branchenübliche Häme! Du gehst nach nicht mal einem Dreivierteljahr dort wieder in die Kantine, und alle grinsen: »Oh, jetzt kommt der Herr Chefredakteur.« Oder: »Bei uns ist es halt doch am Schönsten, gell, Herr Hartmann.« Nein danke, das brauchte ich nicht.

Also fädelte Wilfried Scharnagl (über den Strauß mal gesagt hatte: Er schreibt, was ich denke, und ich denke, was er schreibt) als ZDF-Fernsehrat und Vorsitzender des »Schwarzen Freundeskreises« in diesem Gremium einen Termin mit Intendant Dieter Stolte ein. Es verging keine Woche, und Stolte lud mich zum Frühstück ins Münchner Nobelhotel Vier Jahreszeiten ein, wo er mir die Moderation des *Heute-Journals* antrug, was gut in die politische Farbenlehre gepasst hätte. Wie gesagt, ich war nie CSU-Mitglied, aber das Gerede vom Parteibuch, das du als politischer Fernsehjournalist angeblich brauchst, ist eh Unsinn. Eine zuverlässige politische Nähe zu einer Partei reicht völlig aus. Im Gegenteil: Wenn es mal wieder Angriffe gegen den Schwarzfunk gab, konnte man problemlos sagen, was wollt ihr eigentlich, der Hartmann ist ja nicht einmal in der CSU. Das ist denen am allerliebsten – wenn du die Geisteshaltung hast, aber die nicht auf dem Papier steht.

Stolte zeichnete mir meinen möglichen Karriereweg haargenau voraus: Erst Korrespondent für *Bonn direkt*, dann *Heute-Journal*, danach Rückkehr nach München entweder als Leiter des ZDF-Landesstudios München oder in einer hohen Position beim Bayerischen Rundfunk. Und genau diesen Weg, der für einen Schwarzen damals vorgezeichnet war, ist dann Sigmund Gottlieb gegangen, der heutige BR-Chefredakteur.

Der ZDF-Sport war wegen der massiven Bajuwarenallergie von Sportchef Dieter Kürten keine Alternative. Schon bei Harry Valérien, der sich ja mit fünfundsechzig auf der Höhe seines Schaffens befand, hatte Kürten angeblich nur auf den Tag der Pensionierung gewartet. Zwei Gockel auf einem Misthaufen sind halt immer einer zu viel. Wenigstens war Dieter auf der Beerdigung von Harry 2012 so ehrlich zuzugeben, dass sie nie Freunde waren und dass ihm Harry erst an seinem achtzigsten Geburtstag das Du angeboten hatte. Ich habe schon ganz andere verlogene Lobhudeleien an offenen Gräbern erlebt.

Die Verhandlungen mit dem ZDF haben sich jedenfalls zerschlagen, weil ich mich nicht noch einmal hochdienen wollte und der Einstieg als kleiner Reporter bei *Bonn direkt* mir nicht recht schmeckte. Also hab ich zu Stolte gesagt: »Herr Stolte, eine Minute dreißig aus dem Bundestag in Bonn mache ich nicht mehr.« Ich nach Bonn zur Anstaltslehre beim ZDF und irgendeinem fällt dann nach zwei Jahren doch ein, dass die Farbenlehre mittlerweile wieder ganz anders ausschaut? Nein, Herr Intendant, das brauch ich dann doch nicht. Also kein Hartmann beim ZDF.

Ehrlich gesagt, ich war etwas rat- und orientierungslos, bis mich Feller wieder anrief: »Was ist jetzt, wofür hab ich Ihnen die Rückfahrkarte ausgestellt?«

»Ich weiß nicht recht, Herr Feller, das blöde Gerede in der Kantine, das passt mir alles gar nicht.«

»Dann gehen Sie eben nicht in die Kantine zum Essen.«

Also ich raus zu ihm nach Freimann. Wir hatten ein gutes Gespräch, er verlangte allerdings eine Entscheidung von mir: Politik oder Sport. Beides geht nicht mehr: »Wir geben in der ARD Gas, und da kann es nicht sein, dass der Politikmoderator ständig aus dem Fußballstadion berichtet.«

Nach einem Gespräch mit Sportchef Eberhard Stanjek habe ich das Herz entscheiden lassen. Und mein Herz schlug für den Sport. Das bedeutete das Ende des politischen Journalisten Waldemar Hartmann. Und den Beginn für den Sportjournalisten Waldi Hartmann, wie man ihn danach fünfundzwanzig Jahre lange kannte. Es war die letzte ganz große Gabelung in meiner beruflichen Laufbahn. Denn damit hatte ich meine Heimat, ohne Politik, im Sport, beim BR. Und weil wir ein gewichtiger Sender in der ARD waren und Eberhard Stanjek eine gewichtige Stimme in der Sportchefrunde, kam der Hartmann in den ARD-Sport.

Welchen Einfluss die Politik auf den Rundfunk in Deutschland nehmen konnte – und bis heute nehmen kann –, habe ich dann unter Strauß-Nachfolger Max Streibl erlebt. Nach dem Vorbild von Brandt-Aktionen wie »Wir für Willy«, in denen sich Prominente vor Wahlen zu Brandt bekannten, wollte Streibl für die Landtagswahl 1990 eine Art »Wir für Max«. Sein Referent Elmar Stelzer, ein alter Spezi aus Augsburg, rief mich an und zusammen überredeten wir die

Bayern-Fußballer Stefan Reuter, Roland Grahammer und Raimond Aumann zum Mitmachen. In Aumanns Anzeige stand dann riesengroß der Text: »Weil wir in Bayern keinen Linksaußen brauchen, sondern eine Sturmspitze.« Die Jungs haben dann, kein Scherz, Morddrohungen aus der Südkurve bekommen.

Streibl jedenfalls war zufrieden, die Landtagswahl gewann er auch. Bei einem Essen für seine Unterstützer setzte er sich neben mich: »Ich habe gehört, dass Sie das mit initiiert haben, und ich bedanke mich ganz herzlich bei Ihnen. Es ist gut zu wissen, dass man Freunde hat. Denn Sie wissen ja, meine Gegner sitzen nicht in der SPD oder in der FDP. Meine Gegner sind in der CSU, der Strauß-Clan.« Ich darauf: »Aber Herr Ministerpräsident, Sie wissen, dass ich der Familie nahestehe.« – »Das weiß ich. Aber ich biete Ihnen mehr.« Logisch: Er war jetzt derjenige, der an den Schalthebeln saß.

Das war nicht bloß so dahergesagt, denn die Streibl-Geschichte hat eine Fortsetzung: 1992 wurde ich beim Bayerischen Rundfunk fest angestellt, aber ich war mit der angebotenen Tarifgruppe nicht ganz glücklich. Im Vertrag, der bei mir landete, stand nicht die Einstufung, die mir davor fest zugesichert worden war und auf die mich verlassen hatte. Auf gut Deutsch gesagt: Ich habe mich verarscht gefühlt. Diesen Vertrag unterschreibe ich nicht! Ich war ja verwöhnt vom BR, zumindest in finanzieller Hinsicht. Und dann habe ich überlegt, was mach ich denn wegen meiner Tarifgruppe, und bin auf eine Idee gekommen: Der Ministerpräsident schuldet mir doch noch einen Gefallen! Streibls Satz bei diesem Essen 1990 hatte ich noch genau im Ohr: »Wenn was ist, dann melden Sie sich!« Und jetzt war was.

Ich rufe also an in der Staatskanzlei, die Vorzimmerdame ist Fußballfan, ich bekomme sofort am nächsten Tag um zehn in der Früh einen Termin beim MP – auf den selbst Minister normalerweise wochenlang warten mussten.«»Was kann ich ihm denn ankündigen?«, erkundigt sich die Streibl-Dame. »Die Personalabteilung beim BR, die veräppelt mich.« Ich am nächsten Morgen also hin zum Streibl. Grüß Gott, Herr Ministerpräsident, ich hätte da ein Problem. Er hört aufmerksam zu, nickt und sagt: »Ja, wenn das ausgemacht war, dann müssen die das so machen. Ich kümmere mich drum.« Dann ratschen wir noch eine halbe Stunde über irgendwas, Wiederschauen, Herr Ministerpräsident.

Von der Staatskanzlei ging's mit dem Auto zurück nach Freimann, Eberhard Stanjek saß mit leichenblasser Miene in seinem Büro: »Waldi, was hast du gemacht?« – »Was soll ich gemacht haben, was ist los?« – »Warst du beim Streibl?« – »Ja, ich komme gerade aus der Staatskanzlei.«

Auf den dichten schwarzen Filz beim BR war offenbar Verlass. Streibl hatte sich bereits gekümmert und persönlich in der Personalabteilung angerufen, wo alles strammstand. Ich bekam meinen Vertrag, haargenau so, wie ich mir das vorgestellt hatte. Damit war die heuchlerische Mär von der Nichteinflussnahme der Politik auf den Rundfunk in Deutschland einmal mehr widerlegt. Man muss ganz deutlich klarstellen: Die CSU musste beim BR keine Türen eintreten, die wurden ihnen freundlich geöffnet. Zwischen Freimann und der Nymphenburger Straße entstanden regelrechte Trampelpfade: Wer was werden wollte, machte sich auf den Jakobsweg. Oder, in diesem Fall, den Stoiber-Weg. Das hat sich bis heute nicht geändert. Und genauso wie mein schwarzes Beispiel gibt es dafür auch jede Menge rote Beispiele.

Ich sage: Jeder, der in diesem öffentlich-rechtlichen System eine hohe Führungsposition erreicht, ist auf einem Parteiticket dort hingekommen oder wurde durch die hohe Politik abgenickt. Natürlich muss bei dem Kandidaten auch Qualität da sein. Aber Qualität allein reicht nicht, ohne politisches Ticket kommst du nicht weiter, egal ob im Jahr 1992 oder 2013. Und Angela Merkel hat den *Heute*-Moderator Steffen Seibert vom ZDF auch nicht als Regierungssprecher geholt, weil er ein nettes Gesicht hat oder weil er für linkes Gedankengut bekannt war. Sondern weil sie wusste, auf welcher Seite er stand.

12

DIE FLEISCHGEWORDENE GROSSE KOALITION

Der schwarze Waldi und seine roten Spezln

Wie das Leben so spielt: Ich war zwar nie in der CSU, aber ich bezeichne mich gerne als wertkonservativ. Einige meiner besten Freunde sind allerdings Sozis, wie Hans-Roland Fäßler, mit dem ich seit gut vierzig Jahren durch dick und dünn gehe (und er mit mir). Roland war seinerzeit Juso-Vorsitzender in Augsburg, und ich war im Vorstand der Jungen Union. Mein natürlicher Feind war damals Heidemarie Wieczorek-Zeul, die Juso-Bundesvorsitzende, die bei 5000 Euro im Monat die höchste Steuerklasse anfangen wollte. Als Wirt war ich da bereits drüber, und deshalb war ich felsenfest davon überzeugt: Die rote Heidi will mich in die Verarmung treiben. Roland dagegen war ebenso fest der Meinung: Alle – aber dich doch nicht, Waldi!

Garantiert duze ich mich mit mehr Roten als Schwarzen. Ich war zum Beispiel nie per Du mit Edmund Stoiber. Er redet mich zwar manchmal mit Waldi an, wenn er meint, dass es gut für ihn ist, wenn er so tut, als ob wir dicke Freunde wären. Aber mit echtem Duzen hat das nichts zu tun. Ich duze lieber meine roten Freunde: Peer Steinbrück, Horst Ehmke,

Wolfgang Clement, den ich über Roland kennengelernt habe. Wir haben uns öfter im Weinhaus Steinbach in Bad Honnef getroffen, wo es laut Johannes Rau die besten Bratkartoffeln Europas gab. Wobei: Der ehemalige Bundeswirtschaftsminister Clement ist ja kein richtiger Roter mehr. War er wohl auch nie.

Kurzum, ich war nie ein Sozenfresser. Und warum? Vor allem aus zwei Gründen. Dem Dolce Vita sind die meisten SPDler eh mindestens genauso zugeneigt wie ich. Die meisten meiner roten Spezln habe ich begleitet auf ihrem langen Weg von Kämpfern für die Armen und Entrechteten bis zur Erkenntnis, dass das Herz links sitzt, und der Geldbeutel rechts. Außerdem können die Sozis besser feiern, ganz einfach. Und hier schließt sich der Kreis zur Frage des Duzens, denn für die Genossen ist das ja völlig normal, das Genossen-Du. Nach dem Motto: Genießen wir dieses Glas, wir genossen es schon gestern.

Viele Schwarze in dieser Kategorie kenne ich nicht – außer den ehemaligen saarländischen Ministerpräsidenten Peter Müller. Der ist neben einigen Landtagsabgeordneten aus meiner Münchner Zeit der einzige schwarze Politiker, der beim Partymachen mühelos als Roter durchgeht. Die Schwarzen waren immer steifer, zurückhaltender, konservativer im Umgang. Soll ich vielleicht mit Herrn Pofalla einen trinken gehen? Oder mit Kristina Schröder? Dann noch lieber mit Horst Seehofer – und wenn's nur dazu gut ist, um ihm ein wenig Fußballsachverstand zu vermitteln. Er hat ja beim Politischen Aschermittwoch 2009 in Passau seinen damaligen CSU-Superstar von und zu Guttenberg, der später zum Glühwürmchen verkümmerte, so gefeiert: »Karl-Theodor, du bist der Franck Ribéry der CSU!« Bei aller Liebe zu stoiberschen Fußballanalogien – aber der Vergleich hat ein bisserl gehinkt. Ein Moslem, der auf der linken Seite und noch dazu in rosa Schuhen spielt, ist vielleicht doch nicht das ideale Aushängeschild für den klassischen niederbayerischen CSU-Stammwähler. Jedenfalls haben mir die Roten immer mehr gelegen als die Schwarzen, rein von der Lebenstauglichkeit her.

Wobei: Einmal habe ich von einem Schwarzen einen Brief bekommen, der mich so richtig gefreut hat. Der damalige bayerische Ministerpräsident Günther Beckstein hat mir zu meinem sechzigsten Geburtstag einen netten Brief an den »Sehr geehrten Herrn Hartmann« geschickt, computergeschrieben, handelsüblicher Inhalt. Und darunter hat er mit der Hand hinzugefügt: »Lieber Waldemar, auch privat gratuliere ich herzlich. Du prägst die Marke ›Bayern‹ entscheidend mit. Danke! Dein Günther«. Beckstein war ein Politiker – und ist ein Mensch – mit dem Herzen am richtigen Fleck. Eine Charaktereigenschaft, die als Ministerpräsident wahrscheinlich eher schadet als nützt.

Aber schöner war es immer mit den Roten. Peer Steinbrück hat mir 2009 zur Verleihung des Münchner Ehrenpreises Sigi-Sommer-Taler der Faschingsgesellschaft Narhalla für mein Kabarettprogramm *Born to be Waldi* eine wunderbare Laudatio (hier etwas gekürzt) gehalten – einen echten Steinbrück, der bis heute nichts an Aktualität verloren hat.

»Meine sehr verehrten Damen und Herren,
lieber Preisträger,

das Schönste ist, dass ich heute nicht mehr amtlich zu wissen brauche, ob der Sigi-Sommer-Taler für Herrn Hartmann einen geldwerten Vorteil darstellt, den er versteuern müsste, sondern nur noch der Frage nachgehen muss, ob er ihn denn wirklich verdient hat. Das, lieber Waldi, werden wir noch sehen.

Wie Karl Dall sagt: Sport und Humor kommen normalerweise nicht zusammen. Waldemar Hartmann und sein kongenialer Partner Harald Schmidt: Die haben es schafft, mit Wahnsinnsquoten. *Waldis Club*, ausgestrahlt nach den Spielen der deutschen Fußballnationalmannschaft, nehmen die Zuschauer als perfekte Mischung aus Stammtisch, Kabarett und Fußballkompetenz an, nach Spitzenspielen mit Marktanteilen von über 30 Prozent! Hätten wir als Sozialdemokraten auch mal wieder gerne, aber das ist für den Franz-Josef-Strauß-Fan und -Imitator Hartmann kein Thema, allenfalls kabarettistisch. Und genau da ist er nun, auf seine älteren Tage, angekommen. Er ist über den Journalismus zu jenen Wurzeln zurückgekehrt, aus dem die Brettln sind, die für viele die Welt bedeuten.

Nun hat er wie *Blasius, der Spaziergänger* [einer von Sommers Protagonisten; Anm. d. Red.] auf der Bank Platz genommen: nicht etwa, um ins Spiel eingewechselt zu werden, sondern – um im Bild zu bleiben – Geschichten aus den Kabinen des Sports und den Kantinen des Fernsehens zu erzählen. Die ›Du-mit-deinen-drei-Weißbier-Story‹ aus der Studiokneipe in Reykjavík mit Rudi Völler im Ausschank ist ja nun – nicht zuletzt auch durch offene Schleichwerbung – hinlänglich bekannt.

Aber heute steht die Verleihung des Sigi-Sommer-Talers im Vordergrund. Ich kenne *Blasius, den Spaziergänger* nur vom Hörensagen, aber wenn ich mir die stolze Liste der Preisträger ansehe, dann bin ich mir ganz gewiss, dass Waldi Hartmann nicht nur in diese Riege passt, sondern dazu gehört.

Er gehört dazu, weil er als Sportreporter nicht den Grimme-Preis oder den Beifall des Feuilletons im Blick hatte, sondern jene wirklichen Fans in den Süd-, Ost-, Nord- oder Westkurven der Stadien, die den Fußball nicht aus kommerzieller, sondern aus ganz persönlicher Leidenschaft lieben. Dem Volk aufs Maul schauen und nicht den Stars nach dem Munde reden. Waldi Hartmann, den man getrost und voller Sympathie als ›Rampensau‹ bezeichnen darf, knipst seine Sport-, seine Fußballleidenschaft nicht erst an, wenn sich Kameras auf ihn richten. Ich weiß, wie sehr dich, lieber Waldi, auch der Tod von Robert Enke bewegt, so wie uns alle, die Sport nicht bloß als Geschäft verstehen: Mensch sein, Mensch bleiben dürfen.

Meine sehr verehrten Damen und Herren, ich beglückwünsche Waldi Hartmann zur Verleihung des Sigi-Sommer-Talers und gratuliere der Narhalla zu ihrer Wahl!«

Danke, Peer!

Das Schönste beim Feiern mit Roten ist immer eine gewisse Diskrepanz zwischen sozialistischer Theorie und hedonistischer Praxis. Nur ein Beispiel dazu: Bei einer der »Kulturreisen« unser roten Clique (mit mir als Gastschwarzem), in denen es vor allem auf die fachkundige Überprüfung der Qualität der Produkte örtlicher Winzer ankam, haben wir im steirischen Graz Clement vom Bahnhof abgeholt. Wolfgang kam einen Tag später an, weil er noch einen Termin mit Stoiber am Tegernsee hatte, der arme Kerl. Bei uns war's garantiert lustiger. Wir stellten uns am Haltepunkt der ersten Klasse auf und warteten auf unseren Wolfgang, der aber komischerweise nicht ausstieg. Auf einmal rief und winkte einer von ganz hinten, vom Ende der zweiten Klasse – Clement! Ich zu ihm: »Wolfgang, ich weiß genau, dass du nicht dahinten in der zweiten Klasse gesessen bist. Du bist erst kurz vor dem Bahnhof aus der ersten Klasse da hinter gegangen.« Clement war in vollem Umfang geständig. Zumindest beinahe: »Vielleicht hast du sogar recht, Waldi.«

Ottfried Fischer, noch so ein Roter, habe ich als jungen Schauspieler und Kabarettisten im Alten Simpl kennengelernt. Wir sind gemeinsam an der Bar gesessen und haben uns langsam in Richtung der Tische eins bis drei vorgearbeitet, wo die wahren Größen der Kategorie von »Monaco Franze« Helmut Fischer sitzen durften. Den Zugang zu diesen Tischen musste man sich mit engagiertem Konsum hart erarbeiten, und Otti und ich waren dank unseres Fleißes auf einem guten Weg.

Otti wurde damals immer bekannter in München. Als Sir Quickly aus der BR-Serie *Irgendwie und Sowieso* war er auf dem Weg zum lokalen Helden. Und das Geld auf seinem Konto wurde immer mehr. Eines Tages ist er mit einem nagelneuen 7er BMW vorgefahren, in ein kleineres Auto hat er ja nicht reingepasst. Und eingebaut in diesen BMW war ein sündhaft teures Autotelefon, C-Netz, um die 15 000 Mark hatte er dafür hinlegen müssen, das wusste ich. Ich habe gefragt: »Dicker, du als Roter mit einem Autotelefon, das geht ja gar nicht!« Seine Antwort: »Wenn die Weltrevolution ruft, muss ich erreichbar sein.«

Es war immer lustig mit Otti, und bei der Hochzeit mit meiner zweiten Frau Birgit, der Wirtin aus der Zeitlupe, hat er sich sogar als Trauzeuge angeboten. Als ich dann aber in der *Abendzeitung* innerhalb von zwei Wochen von drei Hochzeiten gelesen habe, bei denen Otti als Trauzeuge amtierte, und nachdem er auch sonst bei jeder Telefonzelleneröffnung als Stargast dabei war, habe ich ihn mit Dank von seiner Aufgabe entbunden. So wurde Franz Georg Strauß mein Trauzeuge, also genau die andere Fakultät. Weltanschaulich ware ich immer flexibel. Was dazu geführt hat, dass sich unser Standesbeamter in Gröbenzell, ein glühender Strauß-Verehrer, sehr ausführlich um den Trauzeugen gekümmert hat und weniger um das Hochzeitspaar. Am peinlichsten war ihm, dass er Franz Georg um seinen Personalausweis bitten musste: »Ich kenn sie natürlich, Herr Strauß, wissen's, aber Sie kennen ja die Bürokratie.« Franz Georg hatte seinen Ausweis dabei. Unser zweiter Trauzeuge, mein BR-Kollege Manfred Vorderwülbecke dagegen nicht. Worauf Otti triumphierend aufsteht, in seine Jackentasche langt und sagt: »Aber ich hab ihn dabei!« Doch der Dicke hatte Pech: Es hat sich dann herausgestellt, dass der Urgroßvater von Manfred Vorderwülbecke ein Gründungsbürger von Gröbenzell war – und aufgrund dieser lokalen Bekanntheit durfte Manfred auch ohne Ausweis als Trauzeuge amtieren. Da war er fast ein bisserl beleidigt, der Kapitalistenfresser und spätere Bulle von Tölz.

Gut erinnere ich mich, wie er seine Frau Renate kennenlernte, die damals eine sehr fesche Reporterin bei Radio Charivari war. Otti, ich und ein paar Spezln hatten einen Tisch beim Sechstagerennen in der Olympiahalle. Irgendwann war der Dicke beim Bieseln, und da hat sie sich an unseren Tisch getraut und gefragt: »Meinen's, der Herr Fischer gibt mir ein Interview?« Ich habe ihr geantwortet: »So wie du ausschaust, würde ich sagen, Ja. Wart einfach.« Dann kam er zurück, sie haben ein Interview gemacht, und ich habe schon gesehen, wie bei Otti die Äuglein blitzten. So wurden die beiden ein Paar.

Meine schönste Otti-Geschichte will ich nicht vorenthalten: Für ein österreichisches Nachrichtenmagazin rief er 1987 den wegen seiner Nazivergangenheit isolierten und verfemten österreichischen Bundespräsidenten Kurt Waldheim an – als Franz Josef Strauß. Otti hat das wunderbar gemacht und Waldheim seiner, also Straußens Solidarität versichert (»Mia miassn zammhoitn!«) und ihn aufs Oktoberfest eingeladen. Der Bundespräsident war schwer gerührt und hat die Einladung nach München angenommen: »Vielen Dank, Herr

Ministerpräsident!« Eine wunderbare Nummer. Bloß danach hatte Otti die Hosen voll – und als eine Veranstaltung vor der Tür stand, zu der auch Franz Georg Strauß kommen sollte, ging ihm die Düse, und er wollte nicht kommen. Anruf von Otti bei mir: »Waldi, meinst nicht, dass die jetzt recht sauer sind auf mich?« Also habe ich bei Franz Georg nachgefragt – und von Verärgerung konnte gar nicht die Rede sein. »Der Ahnherr hat sein Gespräch mit Waldheim gehört und hat sich kaputtgelacht.« So sind Ottfried Fischer und Franz Georg Strauß zu Spezln geworden, als große bayerische Koalition zwischen links und rechts. Wobei: Natürlich war Franz Georg durch und durch ein Schwarzer – aber immer liberal und weltoffen. Kurz gesagt: ein sehr angenehmer Mensch.

Otti wurde später zu Deutschlands Schauspieler mit dem kleinsten Mienenspiel und dem größten Einkommen. Wir haben immer noch Kontakt, bis heute, und auch in seiner schwersten Zeiten, als die einstige Eiche zur Trauerweide verkümmerte, was mir im Herzen wehgetan hat. Seinen Humor hat er nie verloren. Und bei seiner wunderbaren Verabschiedung nach der letzten Ausgabe von *Ottis Schlachthof* hat der BR gezeigt, dass er das durchaus hinkriegt mit einem würdevollen und warmherzigen Abschied. Nur leider halt nicht immer ...

In einem *Zeit*-Interview hat Harald Schmidt einmal gesagt: »Waldi ist die fleischgewordene Große Koalition.« Weil ich mit allen auskomme. Und wenn ich die Parteienlandschaft heute betrachte – da gibt es eh keine großen Unterschiede her. Zwischen einem Steinbrück und einem CDU-Mann aus dem Sozialbereich gibt es null Unterschied in der Sicht auf die Welt. Da geht es einzig und allen ums Firmenzeichen. Fahre ich Audi oder fahre ich BMW? Und in Fällen von populistischen Entscheidungen wie beispielsweise dem

So sicher wie das Amen in der Kirche: Aus dem Bub wird mal was.

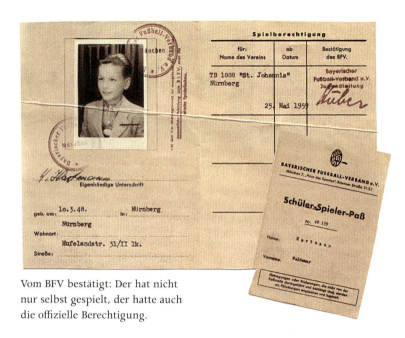

Vom BFV bestätigt: Der hat nicht nur selbst gespielt, der hatte auch die offizielle Berechtigung.

Wer hat hier denn den Ball versteckt?

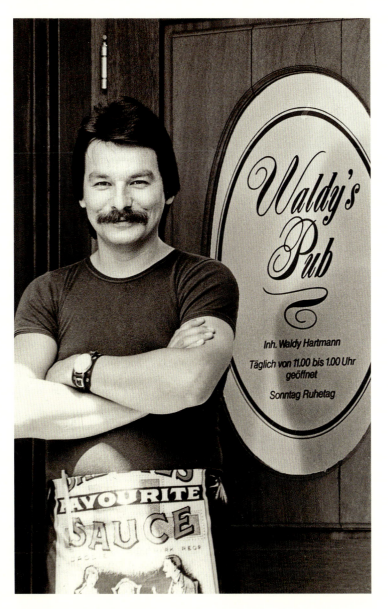

Welcome to Waldy's Pub: 1977 öffnet der erste Laden in Augsburg mit Köpi vom Fass seine Tore – da hatte ich schon einige Jahre Kneipenerfahrung auf dem Buckel.

Zur Reha in den Pub: Uli Hoeneß (Mitte) und Bernd Dürnberger (rechts), zwei von vielen invaliden Kickern, die hier wieder auf die Spur gebracht wurden.

Die besten Kontakte knüpft man an der Theke: erste Sport-Hörfunksendungen live aus Waldy's Pub.

Manöverbericht-
erstattung »Blaue
Donau« für
den BR, 1978.

»The Champ«: 1976 im Circus Krone mit Muhammad Ali und
dessen Bruder Rahman.

Der legendäre FC Schmiere gegen die Datschiburger Kickers im Augsburger Rosenaustadion, mit dabei: Uli Hoeneß (oben, 5. v. l.), Klaus »Auge« Augenthaler (oben, 9. v. l.), Franz „Bulle" Roth (oben, 10. v. l.) und Egon Coordes (oben rechts).

Auch in Blouson, mit Krawatte und Slippern kann man einiges ausrichten …

... irgendwie sportlicher wirkt es aber doch so.

Zwei, die sich verstehen: mit Franz Josef Strauß.

Linke Socke hin oder her, Hauptsache Format: mit Peer Steinbrück.

Das kann ja heiter werden: »Dirty Harry« zu Gast in *Waldis Club*.

Guter Freund aus Box-Tagen: Wladimir Klitschko gratuliert zum Sechzigsten.

Geburtsstunde vom »Weißbier-Waldi«: Rudi Völler geht nach der Niederlage gegen Island der Hut hoch.

Na, na, war ja alles nicht so gemeint: Nach dem Sieg über Schottland zwei Wochen später ist das Vertragen umso schöner.

2006, der FC Bayern ist Deutscher Meister: Schweinsteiger kümmert sich um die Erfrischungen.

Ein guter Rat unter Freunden? Oder plaudert Paul Breitner ein bisschen aus dem FC-Bayern-Nähkästchen?

Hochzeit mit Petra 2001.

neuen Flensburger Punktesystem, macht den Schwarzen eh keiner was vor. Ich bin kein Ideologe, mich interessiert: Wer macht was? Wer kann was?

Einer meiner Lieblingssozen war und ist Horst Ehmke – nach Meinung meines Vaters damals ein Kommunist, ein führender Vertreter der fünften Kolonne Moskaus. Das war mir aber egal. Und Franz Josef Strauß war's auch egal. Wenn Ehmke in München war, hat er öfter bei Strauß vorbeigeschaut, was natürlich niemand wissen durfte. Aber Strauß-Sohn Franz Georg hat mir dann immer gesteckt, wenn Ehmke am Abend in den Alten Simpl kam, die legendäre Münchner Künstler- und Kabarettistenkneipe. Und dort habe ich ihn flüchtig kennengelernt, den Ehmke. Was viele Jahre später in der *NDR-Talkshow* von Bettina Tietjen und Eva Herman am Hamburger Flughafen dazu führte, dass Ehmke, die Frankfurter Linkenlegende Matthias Beltz und ich in der Runde saßen und Ehmke nach der Sendung zu mir sagte: »Ich kenne Sie doch von irgendwoher.« Und er meinte nicht meine Sendungen, sondern persönlich. Darauf ich: »Ich kenne Sie auch. Alter Simpl.« – »Stimmt! Ich bin der Horst!« – »Und ich bin der Waldi! Und immer wenn du im Alten Simpl aufgetaucht ist, wusste ich, dass du davor bei Strauß warst.« – »Stimmt auch!«

Matthias Beltz, neben Joschka Fischer einer der alten Frankfurter Straßenkämpfer und späterer Extraklassekabarettist, hörte zu, witterte Hochverrat an der reinen linken Lehre: »Horst, bitte sag mir, dass das nicht wahr ist!« Ehmke erklärte ihm vergeblich, dass Politik nun mal so funktioniert, dass man Mehrheiten suchen muss. Und es waren viele Gläser Rotwein notwendig, um den roten Matthias versöhnlich zu stimmen. Um drei Uhr hat uns die Flughafen-Security aus der Bar entfernt, der Airport musste zugesperrt werden. Fortsetzung der Debatte danach an der Hotelbar. Und von da an zählte Horst Ehmke zu meiner linken Zelle. Was so weit führte, dass Ehmke, ein leidenschaftlicher und alles andere als erfolgloser Krimiautor, zur WM 2006 zusammen mit mir einen Fußballkrimi schreiben wollte. Er hatte mir sogar schon ein Exposé zugeschickt, mit gut hundert Seiten, in dem er skizzierte, wie er sich die Bundesliga vorstellt. Ich sollte dazu meine sportlichen Insiderkenntnisse einbringen. Geklappt hat es nicht mit dem schönen Projekt – aber so spannend wie das Elfmeterschießen gegen Argentinien wäre der Ehmke-Waldi-Krimi garantiert geworden.

Als ich Ehmke gesagt habe, dass das mit dem Krimischreiben eher doch nichts für mich ist, hat er mich richtig beschimpft: »Ach, haben sie dich weichgeklopft, willste kein Nestbeschmutzer sein? Das ist feige!« Später traf ich Ehmke auf irgendeinem Fest, er umarmte mich und sagte: »Ich liege dir zu Füßen, du hast uns vor einer Riesenblamage bewahrt.« Denn in dem Buch sollte es unter anderem darum gehen, wie Schröder die Weltmeisterschaft für seine Wiederwahl instrumentalisieren wollte, wozu es ja dann wegen Angela nicht mehr kam. Zudem hatte sich auch noch Frau Strunz kurzfristig in Frau Effenberg verwandelt – und damit gezeigt, dass die Realität bessere Geschichten schreibt, als es sich jeder Romanautor ausmalen könnte. Danach war auch Horst klar: Unser Stoff war doch nicht ganz so prickelnd, wie er sich das erhofft hatte.

Zur späten Beruhigung des leider bereits verstorbenen Matthias Beltz darf ich noch nachtragen, dass es zwischen Strauß und Ehmke nicht immer um die hohe Politik ging. Wie mir Ehmke erzählte, kamen sich die beiden honorigen Althumanisten eines sehr späten Abends wegen der Konjugation eines altgriechischen Verbs gehörig in die Haare. Jeder wollte recht haben, und keiner wollte nachgeben. Am nächsten Tag fand Ehmke die Lösung, konnte es auch beweisen. Und so ging er während einer Bundestagsdebatte an den Platz zu Strauß und hielt ihm den Zettel mit der Griechenlösung unter die Nase. Strauß nickte zustimmend, was in allen Zeitungen am nächsten Tag zu wilden Spekulationen über geheime Verhandlungen zwischen CSU und SPD führte. Stimmte fast – man hatte verhandelt, bis spät in die Nacht, aber nicht über große Politik, sondern über altgriechische Konjugationen.

Zur Bonner Republik gehörten aber auch seine Geschichten über den phasenweise schwer depressiven Willy Brandt, der sich drei Tage im Schlafzimmer einschloss, bis Ehmke kam, die Vorhänge öffnete und den Kanzler wieder zur Arbeit befahl: »Willy, steh auf, wir müssen regieren!« Dann hat Willy Herbert Wehner und Egon Bahr als »Arschlöcher« beschimpft, ist aufgestanden und regieren gegangen.

Im Übrigen: Das authentischste und meiner Meinung nach beste Interview, das ich in den letzten Jahren geführt habe, stand im September 2012 ausgerechnet im Genossenkampfblatt aus Berlin, der *taz*. Und dann auch noch in der *sonntaz*, der Wochenendausgabe, über zwei Seiten und farbig, nicht irgendwo versteckt im Sportteil. Zugegeben, ich war skeptisch, ob ich mit der *taz* überhaupt reden will, weil ich mir dachte, die wollen mich doch ohnehin nur genüsslich anpinkeln. Von wegen: Chefreporter Peter Unfried war glänzend vorbereitet, besser als ich es bei anderen sogenannten »Edelfedern« je erlebt habe. Und das Ergebnis (hier leicht gekürzt) war ein ebenso faires wie unterhaltsames Gespräch, in dem ich das eine oder andere Klischee vom Trachtenjanker-Waldi widerlegen konnte – und andere Klischees mit viel Genuss gern bestätigt habe, weil sie eben keine Klischees sind, sondern der Wahrheit entsprechen. Lesenswert, wie ich finde!

taz: Was unterscheidet Sie von der Figur des »Waldi«, die Sie seit vielen Jahren beruflich darstellen, Herr Hartmann?

WALDEMAR HARTMANN: Sie irren: Ich stelle Waldi nicht dar, ich bin Waldi. Eins zu eins. Das ist seit 35 Jahren so. Ich spiele keine Rolle. So wie ich privat am Stammtisch sitze, so sitze ich auch im Fernsehen in »Waldis Club«.

taz: In Ihnen steckt doch sicher ein sensibler Feingeist Waldemar.

HARTMANN: Danke. Ich bin natürlich kein Haudrauf und auch kein polternder Schenkelklopfproduzent, wie ich auf Medienseiten oder von Feuilletonisten dargestellt werde. Da haben sich Klischees gebildet, die dann auch bleiben, weil der Journalismus leider kein Rechercheberuf mehr ist, sondern ein Abschreibberuf geworden ist. Deshalb halte ich mich an den Rat von Harald Schmidt: Du kriegst die Klischees eh nicht aus der Welt, also bediene sie.

taz: Deshalb frage ich, weil Sie mal sagten, Sie bedienten auf Schmidts Rat hin ein »Waldi-Klischee«.

HARTMANN: Ich habe Sie schon verstanden. Ich könnte ja so tun, als ob ich privat Chopin höre und eine Schmetterlingssammlung pflege, aber das tue ich nicht. Ich verstelle mich nicht, aber ich werde eben auch völlig überzeichnet dargestellt.

taz: Die inhaltliche Kritik an Ihrer langjährigen Fußballtalksendung »Waldis Club« war bei der EM meist negativ: Sie gelten als »enthemmter Moderator« (*SZ*), der »Ignoranz, Großmannssucht und Sportchauvinismus« praktiziert (*FAS*).

HARTMANN: Was soll ich dazu noch sagen? Kaum einer von den Kollegen hat auch nur eine Minute mit mir telefoniert, um seine Sicht der Dinge mit meiner abzugleichen.

taz: Aber doch wohl zugeschaut.

HARTMANN: Das ist pure Effekthascherei. Da wird genau der polternde Haudraufjournalismus selbst produziert, der kritisiert wird.

taz: Man hat Sie auch schon als »Kumpeleiqualle« und »Duzdudelsack« beschimpft. Was erregt uns Qualitätsjournalisten so, dass wir derart unsere Kinderstube verlieren?

HARTMANN: Ich weiß es nicht, da fragen Sie den Falschen. Es ist jedenfalls die gleiche Klientel, die aufschreit, wenn Robert Enke sich vor einen Zug wirft, wie unmenschlich alles sei und dass wir innehalten müssten und anders miteinander umgehen. Und im selben Atemzug haut sie selbst drauf. Und bedenkt nicht, dass auch ich eine Familie habe und Menschen, die mir nahestehen.

taz: Liegt der Kritik am »Weißbier-Duz-Sportjournalismus« ein Missverständnis zugrunde, dass es gar kein Journalismus sein will, sondern Unterhaltung?

HARTMANN: Sport ist im Prinzip Unterhaltung. Und bei einem Großturnier wie WM und EM sind manchmal drei Spiele am Tag, und davor, dazwischen und danach werden die Leute bis ins Detail fachlich aufgeklärt. Diejenigen, die das alles angeschaut haben, kannst du nachts um halb zwölf nicht wachhalten, indem du noch mal Kreise um Spieler malst, die zu weit weg vom Gegner standen. Die erreichst du nur emotional.

taz: Würden Sie sagen, das ARD-Duo mit Moderator Beckmann und Exprofi Mehmet Scholl ist journalistisch-kritische Analyse und »Waldis Club« dann Unterhaltung?

HARTMANN: Ich würde den Scholli auch in die Kategorie Unterhaltung stecken. Weil er amüsant ist und eine ganz eigene Farbe in das Programm bringt.

taz: Wenn nun aber der Fachanalytiker Scholl schon süffisant sagt, dass der laufschwache Stürmer Gomez sich »wundgelegen« habe ...

HARTMANN: … haben wir es schwer, das noch zu toppen.

taz: Erstens das und zweitens: Das ist nicht fachlich, sondern völlig unangemessen.

HARTMANN: Das war der einzige Satz, der ihm misslungen ist. Ein klassischer Scholli. Da stürzen sich wieder alle drauf. Würde er ihn nicht bringen, dann wäre er nicht Scholl.

taz: Sind Sie Journalist oder Entertainer?

HARTMANN: Unterhaltender Journalist.

taz: Es gibt diverse Interviewschulen bis hin zur provozierenden Unverschämtheit. Sie behandeln die Interviewten immer sehr freundlich. Was ist Ihr Konzept?

HARTMANN: Ich habe in meiner Redaktionsleiterzeit immer gesagt: Jungs, mit nassforschen und aggressiven Fragen kommt ihr nicht weiter, da sperrt ihr euer Gegenüber zu.

taz: Schmusen kann es ja auch nicht sein.

HARTMANN: Nein, aber er muss sich in dem Frage-Antwort-Spiel schon wohlfühlen. Und dann kriege ich auch etwas raus. Das ist so ein Wahn, dass Fragen nur für die Redaktionssitzung am nächsten Tag gestellt werden, auf der dann gesagt wird: Toll nachgehakt, super. Aber dass nichts dabei rausgekommen ist, wird übersehen. Ich habe gesagt: Was wird dann am nächsten Tag nachgedruckt? Eure Fragen doch nicht. Nur die Antworten werden gedruckt, und zwar dann, wenn was Gescheites rauskommt.

taz: Einerseits nimmt die Unterhaltungsfunktion zu, andererseits gibt es eine Verfachlichung des Sprechens über Fußball – ist Letzteres ein Fortschritt?

HARTMANN: Nein, es ist eine Pseudoverwissenschaftlichung. Diese Rhetorik wurde offenbar an der Sporthochschule in Köln erfunden. Raumorientiertes Gegen-den-Ball-Spielen und vertikal in die Schnittstelle: Diese Verwissenschaftlichung der Fußballlehrersprache hat für meinen Geschmack etwas Oberlehrerhaftes. So möchte ich nicht über Fußball sprechen.

taz: »Waldis Club«-Analysten neigen nicht gerade zu tiefschürfender Fachanalyse.

HARTMANN: Weil es die tiefschürfende Fachanalyse gar nicht braucht, von der Sie sprechen. Weil Fußball leicht erklärbar ist, weil man ein paar Dinge ganz normal erklären muss.

taz: Die Frage ist: Gehört das zum Auftrag der Öffentlich-Rechtlichen – den Stammtisch zu reproduzieren?

HARTMANN: Als was würden Sie denn den »Presseclub« in der ARD bezeichnen? Auch *taz*-Redakteure scheinen sich an diesem Stammtisch wohlzufühlen.

taz: Sie werfen Fernsehprogrammdirektoren und Feuilletonisten vor, dass die sich weigern, Programm für die Zuschauer zu machen.

HARTMANN: Ich werfe nichts vor, ich bin ja eben genau nicht der Richter. Das ist ein Spruch aus meinem Bühnenprogramm. Da lasse ich einen Programmdirektor sagen: Ja, wo kommen wir denn da hin, wenn wir Programm für die Zuschauer machen?

taz: Diese Einstellung soll es auch in Zeitungshäusern geben.

HARTMANN: Ich fürchte das auch. Manche Häuser, die mit Auflagenschwund kämpfen und Task Forces einsetzen, sollten vielleicht einfach mal überlegen, ob sie nicht am Leser vorbeischreiben.

taz: Welche Medien schätzen Sie?

HARTMANN: Zunächst mal die Fachpresse wie *kicker* und *Sport-Bild*. Auch wenn ich da alle zwei Jahre mal mehr oder weniger angepinkelt werde, gehört die *Süddeutsche* zu meiner Grundausstattung. Morgens googel ich, lese die Mediendienste *turi2.de* und *dwdl.de* und damit alles aus der Branche auf einen Blick. Und dann lese ich *Süddeut-*

sche *Online*, *Spiegel Online* und *Bild.de*. Den *Spiegel* lese ich vor allem, wenn ich ihn günstig im Flugzeug kriege.

taz: Was finden Harald Schmidt und Sie aneinander?

HARTMANN: Diese Fragezeichen in den Augen habe ich schon oft gesehen. Die *SZ* hatte damals die Frage gestellt: Bildungs-Harry und Weißbier-Waldi – wie soll das funktionieren? Wir haben dann über 20 Sendungen bei Olympia in Turin 2006 und Peking 2008 miteinander gemacht. Bevor es losging, saßen wir eine Stunde beim Italiener und da sagt er: »Weißt du, Waldi, wenn die mir so einen jungen aufstrebenden Dynamiker hingesetzt hätten, wäre ich wieder nach Hause gegangen. Aber mit dir abgefucktem Profi mach ich das, und zwar mit großem Spaß.«

taz: Das nahmen Sie als Kompliment?

HARTMANN: Zwischen uns hat sich dann eine gefühlte Freundschaft entwickelt.

taz: Man wollte Sie einige Male loswerden, aber Sie kamen jedes Mal stärker zurück. Woher nehmen Sie die Kraft?

HARTMANN: Vielleicht liegt das wirklich an meiner Biografie: Von meinem 18. Geburtstag stand ich auf eigenen Füßen. Mit 23 habe ich meine erste Kneipe aufgemacht. Ich musste immer für mich selbst kämpfen. Ich habe nie eine Mark von meinen Eltern bekommen.

taz: In Ihrem berühmtesten Interview sagten Sie auf die Behauptung des DFB-Teamchefs Völler, Sie hätten drei Weißbier intus, Sie seien gar kein Weißbiertrinker. Sondern?

HARTMANN: Entgegen dem bierdümpelnden Bild von mir trinke ich zum Frühstück Tee oder Kaffee. Zum Essen auch mal ein Glas Wein. Und an der Bar abends einen Wodka. Weißbier trinke ich nur zur Brotzeit oder nach dem Radeln. Das ist ein Wohlgenuss.

taz: Wie sehen Sie sich und Ihr Schaffen richtig eingeordnet?

HARTMANN: Der Kollege Michael Horeni hat nach dieser Völler-Nummer in der *FAZ* eine kleine Hymne auf mich geschrieben. Und der letzte Satz war: »Absolut lebens- und livetauglich.«
taz: Das bringt Sie auf den Punkt?
HARTMANN: Der Satz soll auf meinem Grabstein stehen.

13

RECHTSAUSSEN, DU SCHWARZE SAU!

Sammy Drechsel und der FC Schmiere

Noch einmal muss ich auf die roten Socken zurückgekommen. Nein, die gehörten zwar nicht zur Ausstattung des FC Schmiere, der bestgelaunten Fußballmannschaft aller Zeiten, waren in selbigem aber reichlich vertreten. Und ich mittendrin als schwarzer Waldi – mal wieder.

Der FC Schmiere mit dem heimlichen Vereinsheim im Alten Simpl – das waren herrliche Zeiten! Für alle Nichteingeweihten: Der FC Schmiere ist eine mehr als legendäre Fußballmannschaft, die aus Kabarettisten, Schauspielern, ehemaligen Fußballgrößen und anderen oft trinkfesten Menschen besteht und die Sammy Drechsel, der große Kabarettist mit der noch größeren Berliner Schnauze, der Gründer der Münchner Lach- und Schießgesellschaft, bereits 1956 ins Leben gerufen hat. So gut wie alle 54er-Weltmeister haben irgendwann für die Schmiere gekickt, später auch 74er-Weltmeister wie Paul Breitner und 90er-Weltmeister wie Klaus Augenthaler, außerdem Weltstars wie Maximilian Schell.

Die *Süddeutsche Zeitung* hat vor einigen Jahren eine Statistik des FC Schmiere veröffentlicht, mit einer rekordverdächtigen Bilanz von 1539 Siegen und 366 Niederlagen, bei einem Torverhältnis von 11 948 zu 6838, darunter auch drei oder vier Kisten meiner Wenigkeit. Man kann den FC Schmiere also mit Fug und Recht als den FC Barcelona des Thekenfußballs bezeichnen – und Sammy Drechsel, den Rekordtorschützen mit sagenumwobenen 1500 Treffern, als den Lionel Messi von Schwabing.

Als ich 1984 zum BR-Sport kam, war Sammy Drechsel noch Reporter beim Bayerischen Rundfunk. Zu Sammy hatte ich gleich von Anfang an einen richtig guten Draht trotz gewisser weltanschaulicher Differenzen. Er eher auf dem linken Flügel, ich eher auf dem rechten Flügel. Er Malt Whisky ohne Eis, bevorzugt in der Darreichungsform eines Schoppens, ich Wodka. Sammy – heute kann man das sagen, er ist leider 1986 viel zu früh verstorben (wenn diese Floskel für jemanden gilt, dann für ihn) – war hinter jedem Rock her. In seinen letzten Jahren allerdings eher aus der theoretischen Perspektive. Und irgendwann beim Schoppentrinken sagte er in seiner schnoddrigen Art zu mir: »Willste mal mitkicken?« Ein Ritterschlag! Natürlich wollte ich mitkicken! Sportlich musste ich mich dafür nicht qualifizieren – es hat gereicht, dass der Ball nicht mit dem Weinen anfing, wenn ich mich ihm näherte.

Also: Erstes Spiel auf der Bezirkssportanlage Neukeferloh, in der Mitte der Kabine steht der Koffer mit den Trikots. Paul Breitner auch mit dabei, in der Blüte seiner Jahre und garantiert noch fit genug für die Bundesliga, dazu die alten Löwen Erich Beer, Thommy Zander und Hans Haunstein. Es standen immer einige Topkicker in der Mannschaft, die durch uns restliche Nasen aber entscheidend geschwächt wurden. Meine wichtigste Frage an den Chef beim Suchen nach dem richtigen Dress mit der richtigen Nummer: »Sammy, wo spiele ich denn überhaupt?« Er zurück, wie aus der Pistole geschossen: »Natürlich Rechtsaußen, du schwarze Sau, wo du hinjehörst!« Linksaußen, wer sonst, war Dieter Hildebrandt. Unter hinter mir auf rechts, der Jahrhundertkoch Eckart Witzigmann. Zu ihm habe ich gesagt: »Ecke, ich weiß Bescheid, Österreich! Stehgeiger!«

Das hat richtig Spaß gemacht mit den Jungs. Und da habe ich live mitbekommen, was es bedeutet, wenn ein Führungsspieler wie Paul Breitner dich anschaut. Paul hat uns Einbeinige genauso angeschaut wie früher seinen Katsche oder seinen Dürnberger. Da stehst du stramm, meine Herren, wenn ein Breitner, der zwei Jahre davor noch im WM-Endspiel gestanden hat, die gesamte Kompanie zum Ärmelhochkrempeln vergattert! Schneller und höher hast du die Ärmel nie mehr in deinem ganzen Leben gekrempelt. Es sind 50 Grad in der Sonne, wir führen 5:0 gegen den TSV Wasweißich, es sind noch zehn Minuten zu spielen, ich bin fertig wie vorher und nachher nicht mehr in meinem Leben. Ich stehe in der Nähe des eigenen Sechzehners, der Torwart wirft den Ball zu Paul, Paul schaut mich an und ruft mir zu: »Waldi, jetzt gemma noch mal.«

Normalerweise müsstest du in so einer Situation sagen: »Ja, hast du denn den Hintern offen, Weltmeister? Bist du gegen einen Schrank gelaufen?« Aber, hey, das war Paul Breitner! Und der Paul hat diesen Blick! Der schaut dich so überzeugend an, dass du weißt: Es hilft nix: Gemma noch mal, Waldi! Uli Hoeneß hat schon recht: Wenn der FC Bayern 2012 bei der Championsleague einen Wadlbeißer wie Jens Jeremies gehabt hätte oder einen Gemma-noch-mal-Fußballer wie Paul, wäre das »Finale dahoam« nicht zum bajuwarischen Trauerfall geworden. Mein Pech war nur: Zum Passspielen, zum Rumdandeln bis zum Strafraum des TSV Wasweißich, hat er mich brauchen können, der Paul. Aber als ich dann frei im Strafraum gestanden bin, im Schweiße meines Angesichts, völlig fertig, habe ich den Ball nicht mehr von ihm bekommen. »Des muaßt lernen, Waldi«, hat Breitner gesagt, »des Tor schiaßt a anderer.« Danke schön, Weltmeister!

Aber mein Spezi, der Weltmeister, ist manchmal eh ein spezieller Fall. Ich erinnere mich an eine Ausgabe von *Waldis Club* bei der Europameisterschaft 2008 in Wien – bei dem Turnier, bei dem wir teilweise 36 Prozent Marktanteil und über fünf Millionen Zuschauer hatten. Irgendwer hat ausgerechnet, dass wir allein in Bayern auf einen Marktanteil von 49,1 Prozent nach dem Spiel gegen Portugal kamen, beinahe die absolute Mehrheit und höher als beim Papstbesuch daheim in Bayern. In einer dieser Ausgaben lieferte Veronica Ferres in anderthalb Minuten eine wirklich brillante Analyse des vorangegangenen Spiels. Was sie sagte, hatte Hand und Fuß.

Bloß dem Paul hat es nicht gefallen. Er ist nach der Sendung sofort verschwunden, und irgendwann nachts an der Bar klingelte mein Handy. Paul. Sauer. Stinksauer. »Hab weg müssen nach München, hat pressiert. Und eines sag ich dir gleich, Waldi: Wenn jetzt schon blonde Frauen die Analyse machen, dann brauchst ja mich nicht mehr.« Wenn Paul auf Crashkurs geht, dann fliegen die Fetzen. Wobei: Ich mag das ja, langweilige Leut' gibt's genug. Und was ihn ehrt: Er sieht es ein, wenn er einen Fehler gemacht oder wenn er Unsinn verzapft hat.

Die schönste Geschichte zum Thema »*Waldis Club* und Paul« dreht sich um die Fernsehmoderatorin Bärbel Schäfer. Als die Bärbel zum ersten Mal zu Gast war, erkundigte sich Paul wie immer vor der Sendung bei mir: »Wer kimmt'n no?« Ich zähl ihm die Gäste auf, unter anderem Bärbel Schäfer.

Paule geht sofort in die Luft. »Wooooos? Gibt's ja ned! Dann kumm i ned!« Aber warum denn, Paul? »Die hat mal in einem Interview über mich hergezogen, in der *Bunten* oder so. Mit der setz ich mich nicht an einen Tisch!« Und er brummelt und schimpft, jede andere gern, bloß nicht die Schäferin.

Also frage ich bei Bärbel nach: »Der Paul kann nicht mit dir. Hast du mal was über ihn gesagt, in der *Bunten* oder irgendwo anders?« Bärbel total erstaunt: kein Wort gegen Paul Breitner. Nie im Leben. Warum auch? Sie ruft dann sogar ihren Vater an. Papa, hab ich mal was Dummes über Paul Breitner gesagt? Auch Vater Schäfer ist ratlos.

Immerhin, Paul lässt sich breitschlagen und sitzt mürrisch am Tisch mit der Schäferin. Aber beim nächsten Mal, hat er danach gegrantelt, wenn die sich traut und noch mal kommt, dann kommt er nicht. Ihm langt's! Ihr könnt's mich mal. Und als Bärbel das nächste Mal da war, wollte er mich tatsächlich sitzen lassen, wir haben schon hektisch wegen eines Ersatzgastes rumtelefoniert. Und irgendwann habe ich gesagt: Wenn wir keinen anderen finden, haben wir eben nur drei Gäste. Dann macht Matze Knop halt einen mehr. Der Kaiser, Lothar Matthäus oder Luca Toni saßen dank Matze ja eh immer mit am Tisch.

Jedenfalls läutet am Nachmittag vor dieser Sendung mein Telefon. Paul. Der Knurrer von Freilassing: »Host scho jemand?« – »Nein, Paul, ich habe niemanden.« – »I kimm scho.«

Dann legt er die Karten auf den Tisch: »Waldi, ich hab so eine Scheiße gebaut. Mir hat das keine Ruhe gelassen, dass die Schäfer behauptet hat, dass sie nie etwas über mich gesagt hat.« Also hat er seinen Sohn Max aktiviert, der heute in der Pressestelle des FC Bayern arbeitet – und Max, übrigens ein Pfundskerl, fand die Wahrheit raus. Paul, relativ kleinlaut: »Das war gar nicht die Bärbel Schäfer. Das war die Gaby Köster. Hab ich verwechselt.« Aber er war

Manns genug, sich abends mit einem Riesenblumenstrauß vor Bärbel hinzuknien und um Entschuldigung zu bitten. Und Bärbel Schäfer ist seitdem der weltgrößte Paul-Breitner-Fan.

Matze Knop haben wir übrigens auch bei der EM 2008 für uns entdeckt. Die halbe ARD war damals verrückt nach Oliver Pocher. Der Kleine war der neue Unterhaltungsheiland – zumindest hat ihnen Fred Kogel das eingesungen. Deshalb hatte Struve von mir verlangt: Pocher muss während der EM dreimal als Gast in die Sendung. Und was der Programmdirektor verlangte, war Gesetz. Aber Matze war mein Kontrastprogramm, mein Gegenangebot. Ich werde nie vergessen, wie ich ihn im Hotel Sacher zum ersten Mal live als Franz Beckenbauer erlebt habe. Der war sensationell. Plötzlich geht die Aufzugtür auf, Karl Schranz kommt raus und läuft dem falschen Kaiser in die Arme. Natürlich hat Karl gemerkt, dass der Franz nicht der Franz war. Aber die beiden unterhielten sich zehn Minuten lang so herrlich als Schranz und Franz, dass ich gewusst habe: Matze passt perfekt in den *Club*.

Eigentlich sollte er nur als Sidekick an der Bar stehen, als viel beschäftigter Kaiser ständig am Telefonieren. Aber ich habe darauf bestanden, dass er mit am Tisch sitzt. Und dort ist er geblieben, bis 2012. Ich weiß noch, in der ersten Sendung 2008 sitzt Buffy Ettmayer neben Matze/Franz, erzählt von irgendeinem Fußballspiel aus grauer Vorzeit – und sagt völlig überzeugend zu Matze: »Du bist doch dabei gewesen bei dem Spiel, Franz!« In dem Moment hat Buffy wirklich angenommen, dass Franz Beckenbauer neben ihm sitzt. Und Matze ist dermaßen in seiner Rolle aufgegangen, dass er es wahrscheinlich selbst manchmal geglaubt hat. In der gleichen Sendung hat Arie Haan irgendwann beruhigend die Hand auf den Arm von Matze gelegt, und Matze ließ einen echten Beckenbauer los: »So waren's schon immer, die Holländer, immer am Trikot zupfen.« Ich hätte mich wegschmeißen können vor Lachen.

Aber zurück zum FC Schmiere. Mein größtes Spiel war in Augsburg gegen die Datschiburger Kickers, eine ortsansässige Prominentenmannschaft. 15 000 Zuschauer im schwabenweit weltberühmten Rosenaustadion. Wir mit Auge, Bulle Roth, Uli Hoeneß, Hansi Pflügler, Raimond Aumann, mit dem alten Clubberer Stefan Reisch, 1961 mit dem 1. FC Nürnberg Deutscher Meister. Eine absolute Welttruppe, und Waldi mittendrin. In der Kabine saß ich neben Stefan Reisch, einem begnadeten Techniker, und der erklärte mir: »Siehst, Waldi, ich hab schon immer gesagt, der Uli Hoeneß hat nie Fußball spielen können, der hat immer nur rennen können. Und jetzt, wo er nicht mehr rennen kann, siehst du, dass er nicht Fußball spielen kann.« So war die Stimmung bei der Schmiere. Das hat mir etwas bedeutet, diese Mannschaft. Wir haben auch vor null Zuschauern gespielt. Alle waren geil auf den Ball, Hauptsache, die Kugel war auf dem Platz. Und wir haben immer gewusst, auch nach Sammys Tod: Wir müssen spielen, das sind wir Sammy schuldig.

Sammy Drechsel war dermaßen fußballbekloppt, der hatte einen Herzinfarkt, saß zwei Wochen später auf der Bank und hat sich zum Elfmeter selber eingewechselt. Sammy hat den FC Schmiere an einem unvergessenen Silvestertag zweimal spielen lassen, gegen zwei Gegner, weil er in dieser Saison noch keine hundert Tore geschossen hatte. Und diese Bilanz der Schande durfte nicht ins neue Jahr mitgenommen werden. Beim zweiten Spiel, als es nur noch um eine einzige Kiste für Sammy ging, hat einer von uns, körperlich völlig am Ende, zum Schiedsrichter gesagt: »Hey, Schiri, jetzt pfeif endlich einen Elfer, damit der sein Tor macht. Du kriegst einen Hunderter dafür. Sonst lässt der noch einen dritten

Gegner einfliegen.« So ist der Sammy zu seinen 1500 Toren gekommen. Ihn am Strafraum nicht anzuspielen war bei Todesstrafe verboten.

Einmal bei einem Spiel, Freistoß aus zwanzig Meter. Der Platz ist wie meistens furchtbar. Sammy baut sich aus einem Häuferl Erde kunstvoll eine Abschussrampe, legt den Ball drauf, nimmt fünfzehn Meter Anlauf wie Cristiano Ronaldo – und ein Mitspieler steht neben dem Ball und haut ihn aus dem Stand ins Kreuzeck, bevor der Herr Drechsel angerauscht kommt. Der durfte drei Monate nicht mehr spielen.

Sammy Drechsel hat alles erreicht im Leben, er gründete die Lach und Schieß, er war schon zu Lebzeiten eine Legende. Zu seiner Beerdigung kamen 3000 Leute, der Nordfriedhof war schwarz vor Menschen, von Willy Brandt abwärts. Er hatte ein fesches Haus draußen in Freimann, eine tolle Frau, Irene Koss, die erste Ansagerin in der Geschichte des deutschen Fernsehens – und er liebte seine Arbeit und vor allem den Fußball bis zum letzten Atemzug. Als ihn der damalige BR-Sportchef Eberhard Stanjek auf dem Bildschirm ein wenig aus dem ersten Sturm bugsiert hatte, hat Sammy beim nagelneuen BR-Kabelfernsehen rangeklotzt, das zwei Jahre lang überhaupt keine Zuschauer hatte, weil es kein Mensch sehen konnte. Aber Sammy war selig, dass er arbeiten und vom Fußball berichten durfte.

Weil wir keine anderen Senderechte hatten, haben wir Fußball aus der Bezirksliga übertragen. Und der große Sammy Drechsel, Autor des Bestsellers *Elf Freunde müsst ihr sein*, der schon neben Sepp Herberger auf der Bank saß, war dort, hat mit ganzem Herzen aus der Bezirksliga berichtet und war happy. Und dann hat er einen Bericht zusammengeschnitten, den kein Mensch gesehen hat. Ums Geld ging es ihm dabei schon längst nicht mehr. Hauptsache Arbeit, Hauptsache Fußball, allet dufte!

Und dufte war er tatsächlich, dieser kleine große Sammy Drechsel, mit dem ich gerne noch viele Jahre länger Spaß gehabt hätte. Die großartigste linke Socke aller Zeiten. Als Sammy an Krebs starb, war er erst sechzig, fünf Jahre jünger, als ich es jetzt bin. Auch an ihn habe ich gedacht, als ich mich entschieden habe, mir meine letzten Jahre vor dem ominösen Siebzigsten nicht mehr von Neid und Missgunst verderben zu lassen. Das Fernsehen heute könnte mehr so wunderbar verrückte Sammy Drechsels brauchen. Der Mann hatte wirklich ein Herz wie ein Bergwerk.

14

DER GAST MUSS SICH WOHLFÜHLEN

Warum ich gerne die Duzmaschine bin

»Hartmann, die Duzmaschine« – so lassen sich die ersten größeren öffentlichen Kritiken an mir in drei Wörtern zusammenfassen. 1994, im Jahr der Olympischen Winterspiele in Lillehammer und der Fußball-WM in den USA, kam plötzlich von Dieter Pudenz, dem stellvertretenden Sportchef des SWR, in der Schaltkonferenz: Waldi darf nicht mehr duzen. Entweder er siezt, oder er muss runter vom Bildschirm. Man wollte mir also eine Siezgelegenheit anbieten und einen Per-Sie-Schein ausstellen.

Zuvor hatte es in Sachen Waldi und Sprache nur einmal Probleme gegeben – in den Achtzigerjahren beim Bayerischen Rundfunk, mit dem bereits erwähnten hauseigenen Sprachpfleger Dr. Schmidt, der mich kräftig auf dem Kieker hatte. Der Doktor hatte seine Lieblinge, und er hatte seine Kandidaten, mit denen er nichts anfangen konnte – und ich stand auf der schmidtschen Liste des Bösen mit enormem Vorsprung auf Platz eins.

Schmidt führte nämlich tatsächlich eine Liste, auf der links die Namen der BR-Mitarbeiter standen, die er beurteilte, und rechts die Vergehen. Sein Liebling war (was ich verstanden habe) die unvergessene Petra Schürmann. Und ich war der Anti-Schürmann (was ich nicht verstanden habe), der Nachrichtensprecher des Grauens in der *Rundschau*. Bei Petra stand links der Name und rechts nichts. Bei mir stand links wenig, rechts waren es zwei Seiten – eine sprachliche Kompletthinrichtung. Alles falsch ausgesprochen, alles falsch betont – und dabei hatte ich nicht einmal geduzt. Dieser Mann hat in diesem Beruf keine Zukunft!

Die »Duzmaschine Hartmann« hat die *Süddeutsche Zeitung* 1996 in ihrem Magazin erfunden – eine zugegebenermaßen brillante Formulierung, außer wenn sie einen selbst betrifft. Die Duzmaschine blieb an mir kleben, bis heute. Extra für mich, nochmals vielen Dank dafür, hat die WDR-Sportredaktion sogar ein Positionspapier mit dem schönen Titel »Distanz in der Sportberichterstattung« erstellt – um zu beweisen, »dass wir uns mit dem Gegenstand unserer Berichterstattung nicht gemein machen«. Kinder, habt ihr keine anderen Sorgen?

Bei den Kritikern heißt es ja immer, dass das Duzen nach Geklüngel und Kumpanei zwischen Journalist und Sportler klingt, dass es eine Nähe herstellt, bei der sich der Zuschauer ausgeschlossen fühlt. Wahrscheinlich hat der Hartmann mit dem Sportler XYZ gemeinsame Leichen im Keller, oder warum duzen die sich? Jo, wo samma denn da? Die Wahrheit: Mit keinem einzigen Sportler verband mich jemals eine Leiche im Keller, es handelte sich immer nur um das eine oder andere Getränk an einer Bar.

Das klassische Beispiel war die WM 1994 in den USA mit Mario Basler und Kalle Riedle. Mit Basler war ich, wie jeder andere Mensch auch, per Du – wenn jemand Mario mit »Herr Basler« anspricht, dreht er sich um und schaut, wer gemeint sein könnte. Und Kalle kannte ich, seit er mit siebzehn aus dem Allgäu zum FC Augsburg gekommen war. Berti Vogts hatte ihn in den USA gleich im Eröffnungsspiel ausgewechselt, einem grausigen 1:0 gegen Bolivien. Für jemanden, der im Sturm spielt, bedeutet so etwas beim Auftaktspiel meistens: Höchststrafe, Turnier gelaufen, wünsche guten Heimflug. Denn wenn der andere Stürmer ein Tor schießt, kommst du nie mehr in die Mannschaft. Getroffen hat übrigens Jürgen Klinsmann. Auch das noch, wird sich der Riedle gedacht haben.

Dieser Karl-Heinz Riedle, besser gesagt, der kümmerliche Rest von Karl-Heinz Riedle, trat also nach diesem peinlichen Spiel bei mir zum Interview an. Und dann habe ich mit ihm so gesprochen, wie ich immer im *Blickpunkt Sport* im Bayerischen Fernsehen geredet habe: Mit Menschen, mit denen ich per Du war, war ich per Du. Und bei einem privaten Sie blieb es auch im Interview beim Sie. Ganz einfache Regel. Natürlich sieze ich Dortmunds Präsident Reinhard Rauball. Oder Mainz-Trainer Thomas Tuchel, falls ich ihm einmal begegne. Die Leute kenne ich kaum, und warum sollte ich mich dort als Duzer anbiedern? Dafür darf ich Otto Rehhagel duzen, was auch nicht viele geschafft haben.

Jedenfalls war in dieser Situation mit Karl-Heinz Riedle für mich ganz klar: Wenn ich Kalle jetzt zum ersten Mal sieze, dann sperrt der zu, dann denkt der: »Ja, pfiati Gott, jetzt ist der Hartmann auch noch gegen mich.« Und dann sieht der Zuschauer ein Interview, in dem zwar ARD-vorschriftsmäßig gesiezt wird, aber bei dem nichts rauskommt. Und wer hat etwas davon? Niemand, außer Herrn Pudenz. Und ich muss nach dreißig Berufsjahren auch wirklich nicht damit kokettieren, dass ich ein paar Fußballer kenne. Wenn es anders wäre, hätte ich etwas falsch gemacht.

Aber das Problem bei solchen Schreibtischtätern und Bedenkenträgern – und das Fernsehen ist voll davon, bis heute –, die nie den direkten Umgang mit den Menschen pflegen, lässt sich ganz einfach auf den Punkt bringen: Sie halten ihr Publikum für dümmer, als es ist. Die glauben tatsächlich, der Zuschauer sitzt daheim vor dem Bildschirm und grämt sich und ärgert sich grün und blau, weil der Fernseh-Waldi den Riedle oder den Wasi oder die Rosi oder wen auch immer beim Interviewen duzt. Nach dem Motto: So eine Unverschämtheit, ich fühle mich total ausgeschlossen bei dem Interview. Jetzt bin ich bös und schalte aus oder um auf RTL!

Denn davor haben sie am meisten Angst im Fernsehen: dass der Zuschauer ausschaltet. Oder, noch viel schlimmer, dass er umschaltet. Ausschalten geht noch, schlafen gehen darf der Zuschauer, wenn er unbedingt meint. Dann sammelt wenigstens die Konkurrenz keine Marktanteile. Aber Umschalten ist die Hölle für Fernsehmenschen.

Für mich war es immer wichtig, dass ich für den Sportler eine angenehme Atmosphäre schaffe, in der er sich öffnet, in der er Sachen preisgibt, die er in einem steifen Rahmen für sich behalten hätte. Deshalb darf die erste Interviewfrage auch nie die Frage mit der vorgehaltenen Flinte sein. Die darf gern später kommen. Aber erst mal musst du immer mit dem Wattebäuschchen werfen. Und, liebe Fernsehkollegen, bitte nie vergessen: Wichtig sind nicht die Fragen, die wir Journalisten stellen, egal ob per Sie oder per Du. Denn die Fragen stehen nicht am nächsten Tag in der Zeitung oder heutzutage ein paar Sekunden später auf Facebook und Twitter. Dort stehen nur die Antworten – und auf die kommt es an!

Ich bleibe bei meiner Meinung: Der Zuschauer sieht lieber ein Interview, in dem geduzt wird – in dem er was erfährt und in dem er den Sportler als authentischen Menschen erlebt –, als ein gesieztes Interview, bei dem nichts rauskommt. So einfach ist das. Heute siehst du beim Sport im Fernsehen nur noch Interviews, in denen gesiezt wird. Oft genug hat man dabei das Gefühl, da findet gar kein Gespräch statt, sondern da wird der Sportler zu einem Verhör einbestellt. Dabei wird dann gern vergessen, dass es »Studiogast« heißt, mit Betonung auf »Gast«. Und als Wirt habe ich gelernt: Der Gast muss sich wohlfühlen. Ich habe nicht das Gefühl, dass der Zwang zum Siezinterview die Wahrheitsfindung fördert.

Aber das ist sowieso ein sehr deutsches Phänomen mit dem Siezen. In der Schweiz zum Beispiel ist man sehr viel schneller per Du. Es gibt keinen Skilehrer, der zu einem König jemals »Sie« gesagt hätte. Über tausend Meter gilt das Skilehrer-Du. Und am schlimmsten finde ich das Hamburger Sie. Sie, Jürgen! Ja, hör mir doch auf!

Und der Sie-Zwang hat Dinger produziert, man glaubt es nicht! Ich weiß noch, nach dem ganzen Waldi-Duz-Wirbel durfte man im ZDF-Sport nicht mehr duzen. Dienstvorschrift, schriftlich, obwohl auch Harry Valérien und Dieter Kürten immer gerne geduzt haben. Doch wozu hat's geführt? Ich erinnere mich an ein Interview Michael Steinbrecher gegen Peter Neururer – und das »gegen« steht hier ganz bewusst. Steinbrecher immer per Sie, Sie, Sie – und Neururer hat immer entschlossen zurückgeduzt. Peinlich.

15

DAS MÜSSEN WIR NICHT ARCHIVIEREN

Faire und unfaire Kritiker

Hand aufs Herz: Mit Kritikern umzugehen – das musste ich erst lernen. Geärgert habe ich mich immer dann, wenn ich genau gemerkt habe, es geht nicht um eine konstruktive und sachliche Kritik – sondern der Absender kann einfach mit meiner Person nichts anfangen, weil ihm mein Schnauzer nicht gefällt oder was auch immer.

Für mich war das Schlimmste, als mich Jürgen Roth 2002 in der *Frankfurter Rundschau* als »konfusen Krachkopf« dermaßen persönlich runtergemacht hat, dass ich ein einziges Mal den Medienanwalt Michael Nesselhauf angerufen habe. In der Kritik (wenn man sie überhaupt so nennen möchte) ging es um »Waldemar Hartmann, diese aggressiv-heitere, mopsig-joviale Inkarnation von rettungsloser Selbstliebe und intellektuellem Bankrott, diese Heimsuchung des modernen Fernsehens, der Kumpelei und nationalen Erregung«. Mehr will ich von der Schweinenummer gar nicht zitieren, es wäre zu viel der Ehre.

Jedenfalls habe ich zum Telefonhörer gegriffen und mich beklagt: »Herr Nesselhauf, ich kann doch nicht alles über mir auskübeln lassen.« Und dann hat mir Nesselhauf erklärt: »Herr Hartmann, wir können leider nichts machen. Und ich sage Ihnen auch warum: Über dem Artikel steht ›Eine Polemik‹.« Da habe ich gelernt: Wenn man »Polemik« über einen Artikel schreibt, besitzt man einen Freifahrtschein für Unverschämtheiten aller Art. Da kannst du jeden von oben bis unten hemmungslos besudeln. Wenn du nur zehn Prozent davon deinem Nachbarn entgegenschleudern würdest, wären diverse Tagessätze fällig. Ich halte das bis heute für eine schreiende Ungerechtigkeit. Für mich hat das mit Pressefreiheit nicht mehr viel zu tun.

Doch bevor mich einer tatsächlich für so selbstverliebt hält, wie es mir vorgeworfen wurde, sei gesagt: Es gab Kritik, mit der ich bestens umgehen konnte. Faire Kritik eben. In der *Sport-Bild* beispielsweise schrieb lange Jahre der TV-Kolumnist Freddy Durchblick, hinter dem (was damals niemand wusste) der Bruder des langjährigen Chefredakteurs Gerhard Pietsch steckte. Der Mann muss jede Woche stunden- und tagelang vor dem Fernseher gesessen und Sport geschaut haben (meine Hochachtung!), ungefähr jeden Tag, achtundzwanzig Stunden, rund um die Uhr mit mehreren Fernsehern. Er hat dich nach allen Regeln der Kunst mit feiner Feder seziert – und dich genau in der Minute erwischt, in der du schlecht warst. Damals ist man aus der Sendung raus und hat genau gewusst: Au weh, Burschi, das war heute nix – und der Meister Durchblick hat garantiert zugeschaut. Ich habe für solche misslungenen Sendungen den Satz erfunden: »Das müssen wir nicht archivieren.« Und so war's dann auch. Damals hat man die *Sport-Bild* von hinten aufgeschlagen und geschaut, wie viele Bälle man bekommen hat. Zeugnisverteilung, Freunde! Freddy hatte Volltreffer, der hat aber auch gelobt. Und er war nie verletzend. So einen wie ihn habe ich nie mehr erlebt.

Natürlich hat *Waldis Club* auch polarisiert. Wobei ich nie verstanden habe, dass sich Menschen so quälen können, dass sie diese wirklich praktische und meist rot beschriftete Ausschalttaste an der Fernbedienung einfach nicht finden. Denn es ist doch so: Ein Länderspiel oder Olympische Spiele willst du einfach sehen, und dafür erträgst du notfalls halt auch einen Kommentator, der dir auf die Nerven geht. Aber *Waldis Club* musste niemand sehen, wenn er nicht wollte. Ich habe doch nie einen Zuschauer am Fernsehsessel festgebunden, mit der Peitsche bedroht, die Fernbedienung die Toilette runtergespült und mit drohender Stimme gesagt: »Und du schaugst jetzt zua, sonst passiert was, Freunderl!« Wir haben ja meistens gegen Viertel nach elf, halb zwölf gesendet – und mir fallen für diese späte Abendstunde genug wunderbare Aktivitäten ein, die viel mehr Spaß machen, als sich grün und blau über den Hartmann zu ärgern. Habe ich nie verstanden, werde ich nie verstehen. Aber vielleicht ist die Alternative, die bei solchen Leuten kurz vor Mitternacht lockt, nicht ganz so spannend wie bei mir daheim. Jedenfalls hatte ich manchmal das Gefühl, dass die Kritiker von ihrem Redaktionsleiter, Ressortleiter, von wem auch immer, dazu gezwungen wurden: Du schaust heute *Waldis Club* an. Die hatten aber eigentlich ganz andere, schöne Dinge vor und ließen ihrem Frust freien Lauf.

Was auch für die Politiker und ihre gut dreißig »Freunde« galt, die sich während der Fußballeuropameisterschaft 2012 unter dem Motto »Waldis Club abschaffen!« bei Facebook zusammenfanden. Darunter waren Ruprecht Polenz, in seiner kurzen Amtszeit von April bis November 2000 als Generalsekretär der CDU krachend gescheitert, und Franz Maget, der den TSV 1860 München mit an die Wand gefahren hat und der als Ministerpräsidentenkandidat die bayerische SPD in ihre beiden größten Niederlagen nach dem Krieg geführt hat – sofern bei ihm von Führung überhaupt die Rede sein kann. Dieser Maget, der Vater aller Niederlagen, und Polenz (mittlerweile hat er sich mit dem Posten des Fernsehratsvorsitzenden des ZDF abgefunden), führten also die Anti-Waldi-Front im »sozialen Hetzwerk« Facebook an. Hatte ZDF-Polenz mit Usedom keine anderen Sorgen? Und wie kann es angehen, dass ein ZDF-Vertreter eine ARD-Sendung in aller Öffentlichkeit dermaßen abqualifiziert und von »Abschaffen« spricht – eine hasserfüllte Formulierung, die mich an unselige Zeiten erinnert. Wobei: Vielleicht hat Polenz bis heute nicht verkraftet, wie schnell er wegen beispiellosen Misserfolgs als CDU-Generalsekretär »abgeschafft« worden war.

Ergänzt wurde diese unselige Runde ausrangierter Politiker von Thüringens Kultusminister Christoph Matschie aus dem MDR-Sendegebiet. *Waldis Club* als drohender Untergang des Abendlandes – ich hätte eigentlich gedacht, dass unsere Politiker andere Probleme haben müssten.

Aber als Fernsehschaffender merkst du ja selber, wie so ein Trend entsteht. Das ging Harald Schmidt in den letzten Jahren nicht anders. Am Anfang durften alle den *Club* dufte finden – endlich mal ein anderer, ein lockerer Blick auf den Fußball. Und plötzlich war Feierabend und die Geschütze wurden aufgefahren. Bei der Europameisterschaft 2012 mit dem Public Viewing in Leipzig war es so – mit einer Sendung, die ich in dieser Form gar nicht wollte.

16

DAS BESTE WAR, WIE DU DEN MOB IM GRIFF HATTEST!

Public Viewing, Leipzig 2012

Wer das Public Viewing in Leipzig bei der Europameisterschaft 2012 auf dem Gewissen hat, habe ich bis heute nicht herausgefunden. Es gibt zwei Kandidaten – und keiner von beiden will's gewesen sein. Zwar war ich Produzent des *Clubs*, hatte aber natürlich Partner, die die Umsetzung für mich erledigt haben, schlüsselfertig als Dienstleister. Ich muss ja keine Kamerateams aussuchen und buchen. Das macht Günther Jauch auch nicht.

Es war ja so: Den Umzug mit dem *Club* von München nach Leipzig 2010 hat der Zuschauer zu Hause am Fernseher erst einmal gar nicht bemerkt. Die Atmosphäre im dortigen Bayerischen Bahnhof war so gut wie im Seehaus im Englischen Garten in München, sogar der Tisch war der gleiche. Und die sächsischen Brezen haben auch nicht schlechter ausgeschaut. Das war genau die richtige Größenordnung für die Sendung: achtzig Leute im Publikum, da sind die Zwischentöne durchgekommen, echtes uriges Kneipenfeeling.

Irgendwann ist dann aber durchgesickert, was das ZDF für die EM 2012 plant. Usedom! Eine eigene Insel! Was machen wir jetzt? Das war in all den Jahren immer der klassische Reflex im ARD-Sport: Die Mainzer nehmen Geld in die Hand und geben Gas – und wir hecheln hinterher. Bei der EM 2008 war es genauso. Damals hatte das Zweite die Bregenzer Seebühne als Fußballlocation erfunden – also mussten wir nachziehen. Beziehungsweise umziehen, nämlich mit dem *Club* von München ins Wiener Edellokal DO & CO, mit direktem Blick auf den Stephansdom. Mit gutem Willen könnte man sagen: eine fesche Kulisse. Und mit bösem Willen: eine Seebühne für Arme. Eine Fototapete mit dem Steffl hätte auch gereicht. Trotzdem noch einmal Danke, ARD: Mein Hotelzimmer, meine Bar und mein Studio waren zu Fuß alle innerhalb von zwei Minuten erreichbar. Das war arbeitnehmerfreundlich und gut investiertes Geld, wie ich fand.

Und so brauchten wir 2012 ein Arme-Leute-Usedom. Wer dann den Stein ins Rollen brachte, der schließlich in den *Club* krachte, ich weiß es nicht mehr. Jedenfalls sagte mir mein Produzent Bernard Michaelis: Hör mal, Waldi, die ARD will von uns eine Antwort auf Usedom. Da müssen wir etwas erfinden. Denn Gerhard Delling, Matthias Opdenhövel, Reinhold Beckmann und Mehmet Scholl waren ja wieder im Stadion. Die EM-Stimmung im Ersten war also etwas gedeckter als auf Jubel-Trubel-Usedom – so hatten die ARD-Oberen das zumindest befürchtet. Dass beim ZDF an der Ostsee die meisten Zuschauer dem ortsansässigen Rückenschmerz- und Bandscheibentherapiezentrum entstammten, ahnte damals ja noch keiner. Auf gut Deutsch: Der ARD-Sport hatte vor Usedom die Hosen gestrichen voll. Also musste Waldi zum wandelnden Usedom werden. Am besten jodelnd in Lederhosen.

Deshalb ist irgendwann im Münchner Augustiner-Biergarten, der Denkfabrik der ARD-Sportkoordination, die Idee entstanden, ein Public Viewing zu machen: auf der freien Fläche hinter dem Bayerischen Bahnhof in Leipzig. Das klang erst einmal verlockend. Aber mir war gleich klar: fünf-, sechshundert Leute, holldriho, das wird eine eigene Veranstaltung. Da wirst du auf der Bühne lauter, ob du es willst oder nicht, die Zwischentöne gehen verloren. Und meine schöne Kneipenatmosphäre ist dahin. Kein Moderator der Welt kann sich so umstellen, dass er das vergisst. Man redet dann automatisch nicht nur für den Zuschauer vor dem Fernseher, sondern auch für die Leute vor Ort. Mein schöner Waldi-Stammtisch wurde von der Ostsee weggespült.

Und noch was war klar: Wenn die Leute, die bei mir auf der überdachten Tribüne vor der 280-Quadratmeter-Riesenbühne sitzen, im Laufe des Tages zwei EM-Spiele sehen, dann sind sie um halb sechs da. Und wir senden um halb zwölf. Das sind sechs Stunden bei ausreichender innerer Befeuchtung mit Leipziger Gose, einer obergärigen sächsischen Bierspezialität, 4,5 Prozent Alkohol, unter Zusatz von Milchsäure, Koriander und Salz – kein Paulaner, aber durchaus zu empfehlen. Die Gose und andere Schmiermittel führten logischerweise zu einer Stimmung im berauschten Sachsenvolk, die mit dem besinnlichen Usedom gar nicht zu vergleichen war.

Aber ich habe nachgegeben, ich Depp, und gesagt: »Okay, ich will nicht im Weg stehen.« Das nächste Problem war ohnehin schon im Anmarsch: Man hat mir wortreich erklärt, dass es sich leichter rechnet, vom Minutenpreis her, wenn wir nicht die übliche halbe Stunde senden, sondern fünfundvierzig Minuten. Davor hatte ich schon länger gewarnt. Immer wieder gab es Anläufe, den *Club* zu verlängern, und immer wieder war mir dabei bewusst: Das funktioniert nicht. Der *Club* war gut, so wie er war, wenn die Leute sich daheim vor dem Fernseher nach dreißig Minuten anschauen: »Was, schon vorbei?« Irgendwann will der Mensch schließlich auch schlafen, und das muss er nicht unbedingt während meiner

Sendung auf der Couch. Auch meine Gäste waren immer überrascht, wie schnell diese halbe Stunde vergangen ist. Aber in einer Dreiviertelstunde gibt Matze Knop eben noch mal den Calli und noch mal den Loddar und noch mal den van Gaal – was er fantastisch gemacht hat, was für viele am Ende aber auch zu viel war. Und wenn du ab dem Viertelfinale nur noch ein Spiel aufzuarbeiten hast, kann eine Dreiviertelstunde extrem lang werden. Dann geht das Wassertreten los, zwanzig Minuten vor Schluss, um mit allen Mitteln bis zum Ende durchzuhalten.

Aber, wie gesagt, ich habe mich breitschlagen lassen. Der ganze Spaß kostete ja auch einen Haufen Geld. Am Schluss standen bei der ARD für die zwei Wochen Public Viewing aus Leipzig 1,5 Millionen Euro auf der Rechnung. Nach dem Motto: »Weil ich es ihr wert war«?

Jedenfalls hatte ich für die 1,5 Millionen statt meines griabigen Dreißig-Minuten-Stammtischs ein dreiviertelstündiges aufgedonnertes Public-Viewing-Spektakel mit einer Überdosis Leipziger Gose am Hals. Wer auf diese Schnapsidee gekommen ist, bleibt nach wie vor im Dunkeln. Mein Produzent zeigt mit dem Finger auf die ARD, es gibt diverse Briefwechsel dazu. Wie immer beim Fernsehen eben: Am Ende will es keiner gewesen sein – aber derjenige, der seine Nase in die Kamera hält, ist der Depp und kassiert die Watschn.

Fakt ist: Dadurch kam eine völlig andere Atmosphäre auf, und die ist mir dann auch kräftig um die Ohren geflogen. Der *Club* war nicht mehr der *Club*. Das war mir von vornherein klar, dazu musst du nicht hundert Jahre auf der Welt sein, um das zu ahnen. Der *Zeit*-Chefredakteur Giovanni di Lorenzo, den ich sehr schätze, hat mir erzählt, dass sogar bei seinem Edelblatt über dieses Thema diskutiert wurde. Dass man sich dort gefragt hat: Wie gehen wir mit Waldis EM-Sause um? Wird der *Club* wieder ein Thema, nachdem er nun ganz anders funktioniert als bisher? Ist Waldi größenwahnsinnig geworden? Denn jetzt singt er auch noch! Und die Deko schaut aus wie der Eurovision Song Contest in Aserbaidschan, aber für Arme! Der Waldi-Song-Contest! Der Baller(hart)mann! Eigentlich haben nur noch Bengalos gefehlt. Das Feuer wurde jedenfalls bald eröffnet bei den üblichen Verdächtigen unter den Fernsehkritikern.

Und natürlich habe ich mich von dieser Stimmung auch treiben lassen. Wenn da fünfhundert Leute sitzen, kannst du kein Kammerspiel veranstalten oder einen auf Richard David Precht machen mit einem fußballphilosophischen Quartett. Das höchste Lob kam von meinem Studiogast Campino von den Toten Hosen, der mitbekommen hat, wie ich schon im Warm-up die Deeskalation eingeleitet und den Leuten gesagt habe: »Leute, super, wenn ihr hier Spaß habt! Aber wenn wir nachher Sendung machen, wär's nett, wenn ihr uns reden lasst und auch noch zuhört.« Für so etwas kann man schnell Pfiffe ernten. Normalerweise nutzt du ja das Warm-up zum Heißmachen der Leute, wie der Name schon sagt, und ich habe das oft genug getan in meinem Leben. In Leipzig war ich aber eher der Cool-down-Waldi, damit nachts um halb zwölf nicht nur Gegröle über den Sender geht. In Usedom haben sie gleichzeitig mit Einpeitschern und Animateuren versucht, die Rückenlahmen wieder zum Leben zu erwecken. Ich kann dem ZDF hierfür nur Leipziger Gose empfehlen. Mit anderen Worten: Ich hatte Campino, auf Usedom hatten sie tote Hose. Der meinte nach der Sendung zu mir: »Das Beste war, wie du den Mob im Griff hattest.«

Im Endeffekt hatte sich ja am Kern der Sendung wenig verändert. Am Tisch saß jede Menge A-Klasse. Harald Schmidt war zweimal da, Anne Will war zweimal da, außerdem Campino, Frank Elstner, Stefan Kretzschmar, Til Schweiger, Jürgen von der Lippe und einige Hochkaräter mehr. Und unser

Glück war zunächst: Eine Woche lang gab es in den Zeitungen nichts anderes als das freudige ZDF-Bashing mit »Usedomina« Müller-Hohenstein. Als Usedom durch war, kam Scholli mit seinem wund gelegenen Gomez dran. Ich sagte schon zu den Kollegen: »Sehr schön, die haben uns vergessen.« Aber dann waren wir an der Reihe. Die zweite mediale Welle, als das Draufhauen auf Usedom langweilig wurde, hat uns mit voller Wucht erfasst.

Da war Polemik mal wieder Trumpf. Und wenn die Kritiker ehrlich sind: Nach dem Aus gegen Italien haben wir wirklich Klartext gesprochen: über Löws Aufstellung, was falsch gelaufen ist, ob uns die Führungsspieler fehlen. Matze-Einlagen? Gab's kaum noch. Bloß: Dann wurde, so scheint's mir, bewusst weggeschaut, weil sich keiner seine Geschichte totrecherchieren wollte. Nach dem Motto: Ich muss doch nicht Waldi schauen, um Waldis Sendung in die Pfanne zu hauen. Da werde ich richtig ärgerlich, wenn mit purer Bosheit geschrieben wird und es nur noch um meine Körperfülle geht. Was hat mein Bauch mit der Moderation des *Clubs* zu tun? Oder wenn permanent das Klischee »Bierseligkeit« bemüht wird – dabei war in den Krügen nie auch nur ein Tropfen Alkohol. Die enthielten sechs Jahre lang immer nur Wasser. Wenn ständig etwas rausgezogen wird, damit es passt, dann kann ich den Rest auch nicht ernst nehmen. Konstruktive Kritik, was man besser machen könnte, kommt eh nie. Das ist reines Eunuchentum der Journalistenkollegen: Ich kann's zwar nicht, aber ich schreibe drüber.

Wobei ich felsenfest überzeugt bin: Diese Kritiken liest eh kein normaler Mensch. Die Medienseiten der *FAZ* oder anderer Blätter führen sich nur Medienmenschen zu Gemüte, und zwar ausschließlich die. Das ist Braten im eigenen Saft, zur gegenseitigen Befriedigung und Beglückung. Dem Zuschauer ist völlig egal, was da steht. Das zeigen die Zahlen.

Wir haben die Quote im Vergleich zur WM 2010 nochmals gesteigert, mit fünf Millionen Zuschauern nach dem Italien-Spiel, mit 30 Prozent Marktanteil, und das mitten in der Nacht. Giovanni di Lorenzo fragte mich: »Lesen Sie denn das Zeug?« Klar, antwortete ich, lese ich das. Wenn der Pressespiegel kommt, überblättere ich nicht zwanghaft meine Kritiken. Darauf er: »Ich lese es nicht, die Verrisse nicht und die Hymnen auch nicht. Ich will mich nämlich nicht mit den Augen anderer sehen.« Den Satz kannte ich nicht, aber ich finde ihn gut. Und Harald Schmidt meinte einmal zu mir: »Waldi, Kritik ist immer so wichtig, wie du sie nimmst.«

Bei der Europameisterschaft habe ich nach einer Kritik die dazugehörigen Einschaltquoten gelesen, zum Ausgleich und zur Beruhigung. Denn die haben mir wesentlich besser gefallen. Helmut Thoma hat das mit dem Wurm, der dem Fisch schmecken muss und nicht dem Angler, perfekt auf den Punkt gebracht. Und wenn er so vielen Fischen schmeckt wie bei uns, kann es kein ganz schlechter Wurm gewesen sein. Damit sind alle Fragen beantwortet.

Meine einzig wahre Kritikerin ist eh meine Frau Petra. Sie kennt mich am besten, sie ruft immer nach den Sendungen bei mir an und sagt dann zum Beispiel: »Waggala, heute hast du richtig arbeiten und anschieben müssen.« Und wenn die Sendung gut war, meint sie: »Heute hast du nichts tun müssen, heute ist es von selber gelaufen.«

Was mich schmunzeln lässt und was typisch für die ARD ist: Für meine Nachfolge haben sie ein öffentliches Casting veranstaltet und erst Matthias Opdenhövel, dann Reinhold Beckmann und dann Gerhard Delling aufs Eis geschickt. Und am Ende wurde es keiner von den dreien, sondern Alexander Bommes. Herrlich! Im Demontieren ihrer Aushängeschilder ist die ARD unübertroffen – ist halt eine Anstalt! Wie erkläre ich bitte dem Publikum, dass der erste Sturm, die drei herrlichsten Sportmoderatoren des Ersten Deutschen Fernsehens, nicht dazu fähig ist, den ins mediale Altersheim entsorgten Waldemar Hartmann abzulösen? Wobei das Konzept dieses Sportschauclubs, falls es je eines gab, auch nicht zwingend brillant war: Nach einer Stunde ernsthafter Analyse machen wir noch mal dreißig Minuten ernsthafte Analyse, bis auch der letzte Zuschauer sanft entschlummert ist. Da hat dann sogar mancher Kritiker geschrieben: Das war hart, Mann! Beziehungsweise: Das war leider nicht Hartmann.

17

DIESE ARD MACHT UNS KEINER NACH

*Das Geschachere um Quote und Geld beim
gebührenfinanzierten Rundfunk*

Wenn man von der ARD als Sender redet, stimmt das eigentlich gar nicht. Denn die ARD ist kein Sender und keine Anstalt, auch wenn man es manchmal meinen möchte. Sie ist, der volle Name verrät es bereits, eine Arbeitsgemeinschaft verschiedener Sender. Im Originalton: Arbeitsgemeinschaft der Rundfunkanstalten Deutschlands. Spötter meinen, es hieße besser: Alle reden durcheinander.

In dieser »Arbeitsgemeinschaft«, die statt ARD genauso gut VMT heißen könnte (Vereinigung zum Mauscheln und Tricksen) sind neun Landessender scheinbar friedlich vereint, wobei es mit dem Frieden meist nicht allzu weit her ist. Man könnte auch schreiben: Die neun Sender vom Bayerischen Rundfunk (BR) bis zum Westdeutschen Rundfunk (WDR) sind ebenso zwangsweise wie unfriedlich in der ARD vereint. Aber was will man auch an Liebe und Harmonie erwarten nach dreiundsechzig Jahren Ehe?

Und wie funktioniert die ARD? Zu den gemeinsamen Sitzungen schicken die Anstalten jeweils ihre Intendanten, Direktoren, Chefredakteure, Sportchefs und noch vieles andere

Personal. Je mehr Personal quer durch die Republik unterwegs ist, desto besser – denn wer auf Dienstreise ist, kann im heimischen Büro nicht stören. Dies führt zu hohem Spesenaufkommen und zu einer regen Reisetätigkeit, die bei der Auslastung von Flugzeugen, Zügen, Taxis und Hotels in ganz Deutschland eine nicht zu unterschätzende volkswirtschaftliche Rolle spielt.

In diesen Konferenzen geht es mehr oder weniger um Personen (mehr) und um Inhalte (weniger), die das gemeinsame Programm, »Das Erste«, beleben sollen. Dann fühlt man sich an den Basar eines Entwicklungslandes erinnert, denn um alles und jedes (und jeden) wird sorgfältig gefeilscht. Und wer eine Mehrheit zusammenkriegt, gewinnt. In der Runde der Sportchefs, ich war sechs Jahre lang selbst dabei, dreht sich im Prinzip alles darum, wer in der Glotze seine Nase präsentieren darf. Zuerst denkt mal jeder Sportchef an sich selbst.

Wenn er sich aber aus irgendwelchen Gründen dafür nicht geeignet hält (weil er in den Spiegel geschaut und ihn dabei die kluge Selbsterkenntnis überkommen oder weil sein Sender ihn als Schreibtischtäter eingestellt hat), dann bringt er einen Mitarbeiter seines Senders ins Gespräch. Ist dieser Mitarbeiter eine Mitarbeiterin, hat sie eigentlich schon gewonnen. Denn Frauen in der sportlichen Fernsehwelt haben kein Problem mit der Quote. Sie werden händeringend gesucht und bei nächster Gelegenheit sofort auf den Schirm befördert.

Gibt es allerdings mehrere Vorschläge an männlichen Vortragskünstlern, dann treten die Gesetze des Basars in Kraft. Dann wird telefoniert, dann werden im stillen Kämmerlein Verabredungen getroffen und Entscheidungen gefällt, die nicht immer etwas mit der Qualität der Bewerber zu tun haben, sondern mit der Stärke der anwesenden Anstaltsvertreter. Der mächtigste von ihnen ist der des WDR. Der Westdeutsche Rundfunk ist der reichste Sender und der sogenannte Federführer für einige sportliche Großereignisse wie beispielsweise alle Fußballeuropameisterschaften. Zudem ist in Köln die herrliche *ARD-Sportschau* angesiedelt. Der Sportchef des WDR hat zwar nur eine einzige Stimme, ebenso wie der Vertreter von Radio Bremen (Branchenjargon »Kopfhörerstation«, weil die Vertreter der Zwergsender immer nur zuhören, aber selten etwas sagen), aber durch seine schiere Größe verfügt der WDR natürlich über mehr Einfluss. Es ist schwer bis unmöglich für den Vertreter eines kleinen Senders, ein Format oder einen Kollegen ins »Erste« zu befördern, wenn er die »Großen Vier« (WDR, SWR, NDR und BR) nicht überzeugen kann.

Oder er will es auch gar nicht, wie vor gut fünfundzwanzig Jahren, als ein gewisser Johannes B. Kerner noch für den damaligen SFB (Insiderbezeichnung »Videoclub Charlottenburg«) arbeitete, aber in der Sportchefrunde niemand diesen hochtalentierten und pfiffigen jungen Mann kannte. Grund: Sein damaliger Chef Jochen Sprentzel, vor der Kamera weniger talentiert, aber umso pfiffiger, wenn es darum ging, seine eigene Macht zu betonieren, hielt diesen Kerner sorgfältig versteckt – meiner Meinung nach, um seinen eigenen Moderatorenplatz in der *Sportschau* nicht zu gefährden.

Und so funktioniert das ganze System. Von unten nach oben und umgekehrt. Für Bildschirmpräsenz in der einen oder anderen Sportsendung reicht eine anständige Hausmacht in der ARD allemal aus. Wer geschickt manipulieren und intrigieren kann, für den ist es zum Moderieren nicht mehr weit. Das ist auch so, weil der Sport nach wie vor so etwas wie der »Staat im Staate« der ARD ist und weil die Rechte für die Großveranstaltungen wie Olympische Spiele und Welt- und Europameisterschaften im Fußball mittlerweile

Milliarden Euro verschlingen. Sport bringt Quote. Und Quote ist nicht nur bei den privaten Anbietern die allein selig machende Währung. Mit ihr wird auch bei den öffentlich-rechtlichen Anstalten bezahlt, obwohl diese das immer wieder in Abrede stellen.

In der ARD ist die Quote nur dann nicht wichtig, wenn mal wieder ein neues Format total floppt. Dann sind die Macher schnell bei der Hand mit dem Argument, dass die Quote doch nicht alles sei. So wie im Vorabendprogramm der ARD, dem größten Krisengebiet jenseits des Nahen Ostens. Dort basteln die Verantwortlichen seit Jahren an zahllosen und immer wieder neuen Formaten – und landen jedes Mal wieder im gleichen Quotenkeller. Egal, was dort an skurrilen Inhalten versendet wird, vom RTL-Vortänzer Bruce Darnell bis Thomas Gottschalk, der Erfolg ist immer der gleiche. Nämlich keiner.

Konsequenzen aus den jahrelangen Vorabendkatastrophen: null. Weil die Einnahmen ja gesichert sind. Kostet ja nix, zumindest nicht unser eigenes Geld. Denn wenn eines sicher ist bei der ARD, dann sind es die Gebühren. Seit Anfang des Jahres 2013 heißen die ja jetzt »Rundfunkbeitrag«. Und die GEZ, gefürchtete Gebühreneintreiberin und Drückerkolonne, nennt sich jetzt »Beitragsservice«. Bei der ARD ist es wie im richtigen Leben: Aus Hausmeistern wurden Facility Manager, aus Verkäufern Salesmanager, aus freiberuflichen Sklaven Freelancer, aus Personalern Recruiter und aus der GEZ nun eben der Beitragsservice. Doch die Tätigkeit bleibt unverändert. Wobei der Service für die Bezahlenden sich in Grenzen hält. Denn es geht genau um einen einzigen Service – um den Service der immerwährenden Geldversorgung von ARD und ZDF. Aber ich darf mich nicht beschweren, ich habe jahrzehntelang gut davon gelebt. Ich will's ja auch nur erklären.

Unverändertes Geschäft der GEZ, die nicht mehr GEZ heißt: monatlich von jedem Haushalt 17,98 Euro eintreiben, egal ob dort Fernsehen geschaut und Radio gehört wird oder nicht. Basta. Damit sich ARD und ZDF auch weiterhin 122 Tochtergesellschaften, 22 TV-Sender mit Vollprogramm (504 Stunden am Tag!), 64 Radiosender und 55 Internetprogramme leisten können (Stand 2012). Ist das wirklich nicht mehr als die gesetzlich verankerte Grundversorgung? Dabei gaben 2011 laut einer Umfrage 67 Prozent der Deutschen an, dass sie mehr Privatfernsehen schauen als ARD und ZDF. Und 42 Prozent der Bundesbürger würden demnach bereitwillig auf ARD und ZDF verzichten, wenn sie dann keine Gebühren zahlen müssten.

Darauf einen Tusch! Vielleicht sogar von einem der zwanzig »Klangkörper« der ARD, wie die neun Sinfonieorchester, vier Big Bands, zwei Rundfunkorchester und fünf Chöre genannt werden. Die ARD ist damit die größte Musikantentruppe der Welt! Als deren Mitglied man erfreulich gut verdient. Ein einfacher Geiger beim Symphonieorchester des Bayerischen Rundfunks darf sich schon im ersten Berufsjahr über 5500 beitragsservicefinanzierte Euro im Monat freuen. Zum Vergleich: Eine Krankenschwester bekommt laut Statistik 2430 Euro. Und noch ein Vergleich: Musiker in gleichwertigen kommunalen Orchestern verdienen etwa nur die Hälfte.

Die ARD begründet dies damit, dass ihre Musiker in der ersten Liga spielen würden. Deswegen müssten sie auch entsprechend bezahlt werden. Aber warum überträgt die ARD dann beispielsweise ein Silvesterkonzert der Berliner Philharmoniker für rund eine Viertelmillion Euro Gage, anstatt ein eigenes Orchester aufspielen zu lassen? Will man sich bloß mit großen Namen schmücken, oder liegt es an mangelndem Zutrauen an die eigenen Klangkörper? So oder so, welch ein Armutszeugnis!

Die Aufzählung von fragwürdigen Einrichtungen ließe sich locker fortsetzen. Dazu gehören die Digitalkanäle der ARD wie Eins plus, Eins Festival oder ZDFneo. 43 Prozent aller Gebührenzahler wussten vor zwei Jahren laut einer repräsentativen Umfrage nicht einmal, dass es diese Sender überhaupt gibt, die Millionen Gebührengelder kosten.

Da fällt dann eigentlich gar nicht mehr ins Gewicht, dass sich mein alter ehemaliger BR-Kollege Thomas Gottschalk im Spätherbst seines Schaffens bei der ARD noch einmal so richtig die Taschen vollmachen durfte. Für zunächst vereinbarte 144 Sendungen in der Länge zwischen fünfundzwanzig bis dreißig Minuten im zuschauerlosen Vorabendkrisengebiet soll der liebe Thommy über vier Millionen Euro Moderationsgage eingesteckt haben. Dazu kamen angeblich noch über sieben Millionen Euro für die Produktionskosten. Nun ja, ein Weltstar braucht halt artgerechte Haltung.

Dass die ARD von ihrem Ausstiegsrecht nach vierundvierzig Sendungen Gebrauch gemacht hat, war angesichts der debakulösen Quoten nicht zu umgehen. In den Gottschalk-Vertrag hätte man allerdings auch schreiben können, dass mit dem Ausstieg auch die Bezahlung des Moderators eingestellt wird. Hat man aber nicht. Und so wurde Thommy zu einem der teuersten Rentner auf dem Gebührenmarkt.

Wie sagte mein leider viel zu früh verstorbener Freund und BR-Sportchef Eberhard Stanjek einmal zu mir: »Diese ARD macht uns keiner nach.« Dem ist nichts hinzuzufügen.

18

SCHADE, DASS ER GEHT, WURDE ABER AUCH ZEIT

Mein gespaltenes Verhältnis zu Fernsehexperten

Experten bei TV-Sportsendungen sind erfahrungsgemäß die einzige Spezies im deutschen Sportbetrieb, die sich noch schneller vermehrt als Übungsleiter bei der TSG 1899 Hoffenheim. Kein Moderator traut sich heute noch ohne einen Experten vor die Kamera, der angeblich etwas von dem Sport versteht, den der Moderator moderiert. Und weil immer mehr Sport im Fernsehen läuft, giert das Fernsehen geradezu nach immer neuen Experten. Viele Sender beschäftigen bereits Experten für die Suche nach Experten. Ich halte es für durchaus möglich, dass demnächst im Fernsehen die ersten Werbespots laufen: »Ist dein Leben voll die Härte, komm zum Ersten als Experte.« Oder zum Zweiten oder zu n-tv oder zu N24, wo eine Art Expertenprekariat ehemaliger Bundesligaeinwechselspieler existiert, von dem die breite Öffentlichkeit aber kaum etwas mitbekommt.

Wirklich schwer ist der Job nicht, außerordentliche lexikalische Fähigkeiten werden nicht verlangt. Auch der deutschen Sprache muss man nicht dringend mächtig sein (*meine Experten wie der wunderbare Henry Maske sind dabei selbstverständlich ausgenommen). Im Gegenteil. Hört man dem handelsüblichen Experten zu, scheint unfallfreies Deutsch eher ein Einstellungshindernis zu sein.

Demnächst gibt es womöglich Experten auf Ein-Euro-Basis. Die Bundesregierung prüft, ob das Expertentum eine neue Form der Scheinbeschäftigung darstellt. Kinder möchten nicht mehr Astronaut werden, sondern Experte. Junge Fußballer wollen nur noch zwei, drei Jahre kicken und dann direkt die Expertenlaufbahn einschlagen. Es gibt alle möglichen Arten von Experten. Was es aber nicht gibt: Ex-Experten. Wer einmal auf dem Expertenkarussell sitzt, das einen von Sender zu Sender trägt, der springt nicht mehr ab. Man hofft vielmehr auf den Aufstieg zum beckenbauergleichen Oberexperten, der dann gleich bei mehreren Sendern Experte sein darf.

Aber Spaß beiseite. Genau genommen wurde der moderne Fernsehexperte schon im Jahre 1970 erfunden, als Sepp Herberger und Fritz Walter in den Fernsehstudios telefonische Zuschauerfragen beantworteten. Viel Zeit zum Analysieren hatten sie jedoch nicht. Die Zeit war knapp damals, schließlich gab es noch einen Sendeschluss. Auch 1974 wurde noch relativ wenig analysiert. Ich kann mich erinnern, dass die Übertragung des WM-Finales 1974 Deutschland gegen Holland bereits eine Viertelstunde nach Abpfiff endete, weil ein Kochkurs auf dem Programm stand, in dem Steaks mit Soße zubereitet wurden. Erst gegen zehn Uhr abends, über vier Stunden nach Ende des Spiels, wurden Interviews gereicht.

Auch die stets hoch spannende Anfahrt des Mannschaftsbusses wurde noch nicht live im Fernsehen übertragen. Als Deutschland West 1974 gegen Deutschland Ost kickte, begann die ZDF-Übertragung mit Werner Schneyder gerade mal zehn Minuten vor dem Anpfiff. Und als sich Jürgen Grabowski im Finale in der letzten Minute auf dem rechten Flügel vertändelte, zeigte der sonst neunzig Minuten lang seelenruhige Kommentator Rudi Michel einmal kurz Emotionen (»Geh doch nach innen, Junge!«) – wofür er sich sofort beim Publikum entschuldigte, das so etwas nicht gewöhnt war: »Entschuldigen Sie, dass ich einfach zu persönlich geworden bin.« ZDF-Experte war Udo Lattek, in dem Vorabendmagazin *Drehscheibe* der erste permanente WM-Guru in der Geschichte des deutschen Fernsehens. Ansonsten gab es außerhalb der Spiele während der Heim-WM kaum Fußball, kein WM-Magazin, keine Schalte zu Fanmeilen (weil auch die schlichtweg noch nicht existierten), kein Frühstücksfernsehen, kein Usedom und schon gar keinen Waldi, denn der war damals noch Wirt in Augsburg. Weltmeister sind wir trotzdem geworden, und alle waren happy. Außer – auch die gab es damals schon – den Fernsehkritikern, die nach dem Kochkurs auf die ARD schimpften: »Mahlzeit – uns stinkt's gewaltig!«

Zwölf Jahre später, als sich ein gewisser Waldemar Hartmann langsam, aber mit Nachdruck ins Programm drängelte, war alles bereits ganz anders. Bei der WM 1986 in Mexiko wurde das Frühstücks-WM-Fernsehen erfunden. Hans-Joachim Rauschenbach und Uwe Seeler bildeten eine eher schlappe Vor-Vorversion von Delling/Netzer. Und das ZDF trieb in seiner Politikredaktion endlich eine neue Kommentatorenhoffnung namens Marcel Reif auf. Aber ich greife vor. Der erste Großformatexperte, der wirklich ernst genommen wurde, war 1986 Otto Rehhagel im ZDF, der zu dieser Zeit langsam die Hochkultur entdeckte und über den Max Merkel sagte: »Vor zwei Jahren hat er Omelette nicht von Hamlet unterscheiden können, und jetzt zitiert er Goethe.«

Ich mochte Otto immer, weil er eine klare Fußballersprache sprach, aber auch über den Tellerrand hinausschauen konnte. Sein Nachteil: Er liebte alle Fußballer, außer wenn sie bei der SPD waren, und er verteidigte alles und jeden. Kritisch war er nicht, der Otto. Trotzdem fanden ihn alle supertoll, vor allem im Duett mit Silberlocke Dieter Kürten, der damals als eine Art George Clooney des Fußballs galt.

Meine erste WM war »Italia Novanta«. Otto galt damals, 1990, immer noch als der große Expertenguru, und zu uns ins Erste kam Karl-Heinz Rummenigge. In unserem Hotel in Rom und weit darüber hinaus umschwirrte alles Kalle. »Il Biondo« war in Italien nach seiner Zeit bei Inter immer noch der große Fußballgott. Und Otto lief plötzlich mit langem Gesicht rum, sah in seinem Trainingsanzug gegen den eleganten neuen Überexperten Rummenigge reichlich altmodisch aus. Großer Unterschied: Otto stand immer neben Dieter vor der Kamera, Kalle saß als Kokommentator neben Heribert Faßbender und Gerd Rubenbauer hinter dem Mikrofon. Kalle wollte nicht vor die Kamera, Kalle wollte neben dem Reporter sitzen – was bei Fassi und Rubi sehr unterschiedliche Reaktionen hervorrief.

Faßbender fand das toll, weil endlich einer neben ihm gesessen ist, der wirklich etwas von Fußball versteht. Denn der Sport, der da unten ausgeübt wurde, war nicht unbedingt seine Kernkompetenz. Und Rubenbauer fand es grauenvoll, dass neben ihm einer saß, der etwas von Fußball versteht – weil er überzeugt war, dass kein Mensch mehr von Fußball versteht als er selber. Für Kalle war es übrigens ebenfalls furchtbar, neben Rubi zu sitzen. Er meinte zu mir, dass er sich neben Fassi eher wohlfühle, denn dem könne er Fußball erklären. Aber wenn da unten etwas Taktisches passiert, das müsse er dem Rubi nicht erklären, denn das sehe der auch selber.

Bis 1994 war Kalle bei uns der große Mann, Otto hatte irgendwann genug, und das Zweite heuerte Kalli Feldkamp als Gegen-Rummenigge an. Feldkamp, der damals Kaiserslautern trainierte, hatte sich bei der WM in den USA von Anfang an festgelegt: Berti ist eine Lusche, und die Truppe ist keine Mannschaft. Womit er recht hatte – denn vom Potenzial her war dieser Kader, die 90er plus Sammer plus Effenberg, noch einmal eine Klasse besser besetzt als vier Jahr davor in Italien. Aber leider hieß der Trainer nicht mehr Franz Beckenbauer, sondern Berti Vogts, und das machte den Unterschied aus.

Feldkamp hat in den USA von Anfang an gegen Berti genagelt und traf damit natürlich haargenau den Geschmack der Fans und der Presse daheim. Als die *Bild* ein Rücktrittsschreiben für Berti druckte, das der Kleine bloß noch unterschreiben sollte, gab es in Deutschland nur einen Kandidaten für die Nachfolge: King Kalli! 70 Prozent der Bundesbürger wollten Feldkamp als Nachfolger haben, weil er Klartext geredet und sich an seiner Kritik alles bestätigt hatte. Genau wie zuvor bei Otto und Kalle hatte sich mal wieder der öffentliche Wind gedreht. Plötzlich galt Rummenigge als der Mann von gestern und Feldkamp als der hochmoderne Experte. Außerdem war bei uns im Ersten 1994 der Jahrmarkt der Eitelkeiten eröffnet. Gerd Rubenbauer und Heribert Faßbender haben sich gegenseitig im Stadion anmoderiert, weil keiner darauf verzichten wollte, sein Gesicht in die Kamera zu halten. Und sie haben erstmals eine Kamera an den Reporterplatz bekommen, damit alle Eitelkeiten befriedigt werden.

Ich habe damals zu Rummenigge gesagt: »Mensch Kalle, du bist eloquent, du schaust gut aus, bittschön stell dich vor die Kamera und sag dem Berti, wie sie zu spielen haben. Und wenn sie dann hinten liegen, sagst du einfach, sie haben leider nicht das gemacht, was ich gesagt habe. Und wenn sie führen, dann sagst du, die haben genau gemacht, was ich gesagt habe. Und am Schluss klopfen dir alle auf die Schulter, so oder so.« Denn so funktioniert nun einmal der Expertenjob, egal ob 1994 oder 2013. Mein guter Rat für Kalle: »Hör mal, das ist das Beste für dich, als Experte vor der Kamera. Als Kommentator bist du meistens der Depp, mindestens zehn Millionen Bundestrainer sitzen vor dem Fernseher und wissen alles besser als du. Du ziehst alle Pfeile auf dich. Und ganz Deutschland sagt: Der hat keine Ahnung.«

Aber er wollte partout nicht vor die Kamera, das war fast eine Art Phobie bei ihm. Die Gründe verstehe ich bis heute nicht. Und plötzlich stand in den Zeitungen: Kalle redet zu viel. Schlimm genug, wenn einer zu viel quasselt, und im Ersten quasseln auch noch zwei. Kann man nicht mehr hören. Langsam hat sich in der öffentlichen Wahrnehmung eine Negativspirale in Bewegung gesetzt, du konntest den Überdruss richtig spüren. Kalli war in, Kalle war out – und hörte dann nach der WM auch ziemlich bald auf, was bei uns zur Erfindung von Delling und Netzer führte, nach dem 96er Intermezzo mit wechselnden Experten wie Hansi Müller. Rummenigge hätte im Ersten mühelos zum Netzer werden können, aber er wollte nicht.

Das Zweierkommentieren mit Kalle und Rubi, mit Kalle und Fassi, das bis heute zum Beispiel in England brillant gemacht wird, war plötzlich aus der Mode. Vier Jahre später, 1998 bei der WM in Frankreich, drehte sich der Wind erneut. Feldkamps Stern war seit zwei Jahren ohnehin am Sinken, weil er während der EM in England Berti Vogts immer noch die Brause gegeben hatte. Zu seinem Pech wurde Berti Europameister. Oliver Bierhoff hatte im Finale einen Ball getroffen, was bisweilen vorkam, und plötzlich war Feldkamp der Nestbeschmutzer, der dem kleinen großen Bundestrainer am Zeug geflickt hatte. Und 1998 waren Kürten und Feldkamp, der den deutschen Fußball am Ende doch nicht vor Berti Vogts retten durfte, die raunzenden alten Männer in den grauen Trenchcoats. Die Fußballversion von Statler und Waldorf aus der *Muppet Show*, aber leider weniger lustig. Und Deutschland lag Delling und Netzer zu Füßen.

Ich hatte Günter Netzer zum ersten Mal bei der EM 1996 als Experte im Schweizer Fernsehen gesehen. Und ich dachte mir: »Mensch, der Netzer macht das richtig gut.« Wobei sich viele gar nicht mehr erinnert haben, dass Netzer als Experte eigentlich schon verbrannt war, nach einem Desaster Ende der Achtziger neben Ulli Potofski im *Anpfiff* von RTL plus, wie der Sender damals hieß. Damals hatten die Privaten der ARD erstmals die Bundesligarechte abgeknöpft. Der später zu Recht so hochgelobte Netzer galt damals als die Schlaftablette der Fußballanalyse, weil seine stoische Art nicht in die bunten und schrillen Spätachtziger passte und weil er nervös herumzappelte, wie man sich das heute gar nicht mehr vorstellen kann. Vielleicht sah er neben der Pudelfrisur von Potofski und neben der damals extrem angesagten Sexsirene Erika Berger, die ebenfalls durch die Sendung irrte, auch einfach nur zu blass aus. Also nix mit RTL plus – das war ein einziges Minus. Glück für Günter: Kaum jemand schaute zu, und zu Beginn erreichte RTL plus in Deutschland gerade mal knapp zwei Millionen Zuschauer.

1996 im Schweizer Fernsehen hat sich Günter dann aber wohlgefühlt. Dort war er richtig gut, weil er ein Spiel damals schon meisterhaft auf den Punkt bringen konnte. Und die ARD hatte keinen hauptamtlichen Fußballexperten. Also kauften wir Netzer ein. Ich werde nie vergessen, wir sitzen 1998 in Nizza bei der deutschen Mannschaft, ich sehe das erste Spiel von Delling und Netzer und sage zu den Kollegen Jürgen Bergener und Benno Neumüller: »Mensch, der Delle weiß noch gar nicht, auf welcher Wolke der heute nach oben getragen wird.« Denn die beiden haben das richtig gut gemacht. Das war neu, das war frisch, unterhaltsam und informativ. Die beiden passten perfekt zusammen.

Zuvor hatte ich die Spiele noch abwechselnd mit Delling moderiert, und mir war sofort klar: »Scheiße, den Job kriegst du nie mehr.« Natürlich ärgert einen das, ich bin ja nicht die Mutter Teresa der deutschen Sportberichterstattung. Natürlich sieht man das und denkt sich: Da könntest du auch stehen. Netzing klang gut, aber Netzmann hätte noch besser geklungen, zumindest aus meiner Sicht. Doch der Zug war abgefahren. In Deutschland kam es zu einem regelrechten Boom, einer Wahnsinnseuphorie um Netzing. Es wurden Comedy-CDs aufgenommen, die die beiden parodierten. Es regnete Preise für die beiden, alle Kameras, Bambis, Grimme-Preise, Nobelpreise, und was weiß ich noch. Delling und Netzer waren heilig. Und Feldkamp war tot. Klassischer Fall von »Has been«.

Die beiden blieben bis 2006 heilig, bis Jürgen Klopp mit einem sensationellen Knalleffekt einschlug. Bei der Konkurrenz. Ich erinnere mich noch genau: Während Klopp fürs ZDF im Sony-Center am Potsdamer Platz die Hütte rockte und La Ola machte, hockten Delling und Netzer in einem grauen Keller in Bocklemünd in einem unterirdischen Raumschiff und wirkten wie Herta Däubler-Gmelin im Vergleich zu Angelina Jolie. Im Zweiten der pure Fußballsex, der genau die überschäumende Sommermärchenstimmung bei der Heim-WM aufgriff, Fanmeilenfußball vom Allerfeinsten – und bei uns fußballerische Rheumatherapie, live aus der Seniorenresidenz Waldfrieden. Klopp dagegen im Nationaltrikot mit Schwarz-Rot-Gold im Gesicht, der mit völlig neuer 3-D-Technik auch noch brillant analysierte.

Die Brasilianer, die in ihrem Hotel Fernsehen geschaut hatten, waren hin und weg, erzählte mir ein Hoteldirektor. Ronaldinho wollte unbedingt wissen, wer der irre Typ ist, der da im Fernsehen so toll Männchen malen kann. So toll hatte er das noch nie gesehen. Und tatsächlich: Kloppo hat auf seiner Zaubermaschine Spieler verschoben, das ganze Spielfeld einmal um 180 Grad gedreht und gezeigt, was falsch am Laufweg des Verteidigers war, warum das Tor gefallen ist. Das hatte es noch nie gegeben! Im WM-Team der ARD durftest du den Namen Klopp vier Wochen lang nicht einmal erwähnen. Denn bei uns im Studio stand Günter mit der Krawatte des Tages, die ihm seine Elvira rausgelegt hatte, und mit Zetteln vor der Nase. Das war kein 3D, das war kein 2D, das war maximal 1D.

Delling und Netzer konnten nichts dafür, die beiden waren selbst genervt von der Situation in ihrem verdammten Bunker und gingen sich auch noch zunehmend gegenseitig auf die Nerven. Die Katastrophe war – so sah nicht nur ich es – auf dem Mist von Gevatter Faßbender gewachsen, dem Berti Vogts des deutschen Sportfernsehens, der seinen kreuzlangweiligen Möchtegern-Feuilleton-Fußball auch für die Sommermärchen-WM im eigenen Land durchgesetzt hatte. Damit nur ja kein Zuschauer Spaß und gute Laune hat, wäre ja noch schöner! Nie zuvor und nie danach hat ein Sender in Deutschland bei einer Fußball-WM so haushoch verloren. Doch Fassi hielt den Potsdamer Platz und Kloppo für Kindergeburtstag. Und Pech hatte er auch noch, denn das Sommermärchen ging ab wie eine Rakete, was vorher keiner wissen konnte. Wenn es anders gekommen wäre, wäre der schwarz-rot-geile Fußballkarneval am Potsdamer Platz tatsächlich eine Lachnummer gewesen. Ergebnis jedenfalls: ARD – bei uns sitzen Sie in der siebzehnten Reihe und kriegen garantiert nichts mit von der WM-Stimmung. Was habe ich mich geärgert, trotz der tollen Quoten für meinen *Club*.

Nach dem Sommermärchenfiasko war es mit der Netzing-Herrlichkeit erst einmal vorbei, und als Reaktion haben die beiden ihren Showpart ausgebaut. Es war ja so: Jahrelang hat Delling den braven Fragensteller gegeben, den Hacki Wimmer der ARD, und hat Großguru Günter glänzen lassen. Er hat ihm die Bälle flach in den Lauf gespielt und Netzer verwandeln lassen, was ja auch der Sinn dieser Moderatoren-Experten-Nummer ist. Plötzlich hat das nicht mehr funktioniert. Und zudem gab es Szenen einer Ehe, wie sie sich Ingmar Bergman nicht schöner hätte ausdenken können. Unser Wortspielweltmeister Delle wollte sich freischwimmen, vielleicht wollte er endlich nicht mehr Hacki Wimmer sein, sondern selber Pelé. Jedenfalls haben die beiden teilweise wochenlang nicht mehr miteinander gesprochen, so heißt es. Da mussten Mitarbeiter der Programmkoordination therapeutische Arbeit verrichten. In diesen Stummfilmzeiten haben Delling und Netzer wirklich nur mehr bei den Sendungen miteinander geredet – weil es ja doch komisch ausgeschaut hätte, wenn sie sich auch dann noch angeschwiegen hätten.

Also haben sie die Kienzle-Hauser-Nummer weiter ausgebaut, eine Art früher Münsteraner *Tatort*, nur ohne Blut, was sich aus meiner Sicht aber relativ schnell nur noch im Kreis gedreht hat. Zentrale Bestandteile der Show: »*Sie* haben keine Ahnung vom Fußball.« – »*Sie* waren Standfußballer mit langen Haaren, der sich selber eingewechselt hat.« Davon haben sich die beiden einige Jahre lang redlich genährt. Aber irgendwann war der Erkenntnisgewinn überschaubar, während Kloppo im ZDF immer noch der Analysekönig war. Das war übrigens bemerkenswert mutig von ZDF-Sportchef Dieter Gruschwitz, dass er auch nach dem Abstieg von Mainz 05 an Klopp festhielt. Ich habe Gruschwitz damals getroffen, und er meinte zu mir: »Nee, nee, wir ziehen das mit Kloppo durch.« Ich war skeptisch: »Gruschi, das kann dir auf die Füße fallen, wenn dein Großkritiker am Samstag gegen Erzgebirge Aue oder Wehen-Wiesbaden verliert und am Mittwoch der Fußballnation erklären soll, wie die Nationalmannschaft am besten gegen Brasilien spielt.« Denn wenn der ZDF-Experte so irrsinnig viel vom Fußball versteht, warum ist er dann abgestiegen? Aber schlussendlich machte Gruschi alles richtig, und einen besseren Experten hat das Zweite danach nie mehr gefunden.

2002 in Japan war Klinsmann als Experte beim ZDF – aber wegen der Zeitverschiebung hat ihn kaum jemand gesehen. Die Straßenfeste in Deutschland hielten sich doch in sehr engen Grenzen, die WM ging ein wenig unter. Das stinkt im Übrigen einigen Beteiligten in Japan bis heute mordsmäßig. Ex-Bayern-Spieler Jens Jeremies, einer der Vizeweltmeister von Yokohama, meinte 2006 zu mir: »Wenn ich das immer höre, Sommermärchen und der ganze Scheiß. Hey, wir waren im Finale, die nicht! Und wenn der Blonde im Tor die Kugel nicht fallen gelassen hätte, dann wären die Brasilianer weg gewesen. Vier Jahre später fliegen wir im Halbfinale raus, und Deutschland dreht durch. Geht's noch?«

Natürlich hatte er recht, der Jeremies. Und wenn sich der argentinische Trainer Pekerman 2006 nicht verwechselt hätte, wäre Klinsmanns Sommermärchen schon im Viertelfinale vorbei gewesen. Richtig gut ist die Mannschaft eigentlich erst unter Jogi Löw geworden. Zumindest, solange es um nichts ging.

Jens Jeremies mit seinem wunderbaren Hang zur ungeschminkten Wahrheit wäre übrigens ein fantastischer Fernsehexperte gewesen. Obwohl – andererseits auch wieder nicht, denn zu offen und zu ehrlich kommt in dieser Position auch nicht gut an. Jedenfalls ist er ein guter Junge. Einer der Allerbesten und mir einer der Allerliebsten. Jerry schreibt keine Kolumnen, der hält seine Nase in keine Kamera, der setzt sich in kein Studio und macht sich als Experte wichtig. Der kam nicht einmal in meine Sendung, und ich war ihm nie böse deswegen. Er hat mir von Anfang an gesagt, auf seine raunzige sächsische Art: »Komm mir ja nie und mach auf Spezi und sag mir, ich hab keinen anderen, komm in die Sendung! Hör mir auf mit der Scheiße, ich werde nie kommen!« Und er kam nie, und ich mag ihn trotzdem. Oder gerade deswegen, als ehrliche Haut, als Typen, der zwar die Champions League gewonnen hat – der sich aber von dem ganzen Sportzirkus nie verderben ließ.

Heute arbeitet er beim weltweit größten Rechtehändler IMG und zieht hinter den Kulissen ganz unauffällig Strippen. Und er war der Erste, von dem Uli Hoeneß nach dem unseligen »Finale dahoam«, nach der Niederlage des FC Bayern im Champions-League-Finale 2012 gegen Chelsea gesagt hat: »Ich habe keinen Jens Jeremies gesehen, der dem Gegner schon beim Einlaufen in die Waden beißt. Wenn wir einen Jeremies gehabt hätten, hätten wir es nicht vergeigt.« Ein Jeremies hätte das 1:0 kurz vor Schluss als sein persönliches Eigentum gesehen, daheim, im eigenen Laden – und die Führung mit allem verteidigt, was er zu bieten hat. Und die hätte ihm auch keiner mehr weggenommen.

Bei uns kam bei der EM 2008 aus dem Expertenwindschatten Mehmet Scholl ins Spiel, unser Anti-Klopp, der erst einmal bei den Nachmittagsspielen neben Reinhold Beckmann üben durfte. Scholli brachte mit seiner ironischen Art, mit seinem spitzbübischen Humor und seiner Querdenke eine ganz neue Farbe ins Spiel. Er kannte jeden persönlich, der da unten auf dem Spielfeld kickte, während Netzer sein letztes Spiel vor über dreißig Jahren gemacht hatte. Und wenn ihm langweilig wurde, haute er einen klassischen Scholl raus, der für Aufregung sorgte. Das geht bei ihm ganz spontan, das hat er jederzeit drauf. Und auch den wund gelegenen Gomez bei der EM 2012 hat er sich garantiert nicht vorher überlegt. Das schießt ihm spontan in den Kopf, und dann muss es raus, denn einen guten Gag darf man nicht herschenken.

Und er kann es sich leisten, weil die Leute ihn mögen. Mehmet hat nie diesen Bayern-Stempel bekommen. Und selbst Schalker oder Hamburger, die den FC Bayern sonst mit Hingabe hassen, sagen: Scholli, der ist okay. Doch obwohl ich ihm viel zutraue – genau deshalb kann ich mir ihn nicht als Trainer des FC Bayern vorstellen, weil er auf ewig der freche Spitzbub bleiben wird, von dem sich ein Martínez oder ein Robben nicht unbedingt etwas sagen lassen wollen. Das war wohl auch ein Grund für ihn, sich endgültig für den Job bei der ARD zu entscheiden, für den er zu Recht den »Deutschen Fernsehpreis« bekommen hat.

Günter Netzer hat 2010 genau den richtigen Zeitpunkt für den Abgang gefunden. Allgemeiner Tenor: »Schade, dass er geht«, und nicht: »Wurde aber auch Zeit.« Gerd Delling wiederum hat den Fehler gemacht, als NDR-Sportchef aufzuhören. Ich habe ihm gesagt: »Delle, tu das nicht, das ist deine Homebase, deine Machtbasis. Wenn Netzer weg ist, fliegt dir alles um die Ohren.« Ich saß als BR-Sportchef auch sechs Jahre in dieser Runde, und ich weiß genau: Sobald du raus bist, sobald du den Fuß aus der Tür hast, tunneln sie dich, dass du schwindlig wirst. Bis 2010 hatte er den Bodyguard Netzer. Als 50 Prozent von Netzing war Delling unantastbar, denn vor Günter haben alle gekniet. Dann war Netzer weg, und seitdem fahren sie bei der ARD mit Delling Schlitten. Und das richtig eklig: Sie lassen ihn die mediale Resterampe *Wochenspiegel* ansagen, und sie lassen ihn öffentlich als Waldi-Nachfolger üben – und geben den Job Alexander Bommes. So eine Vorführung wäre früher nie passiert. Aber so funktioniert das System ARD. Wer auch nur irgendeine Schwäche zeigt, wird weggebissen.

Und dann haben wir noch Oliver Kahn. O mei. Ein Thema für sich. Der Mann, der irgendwann selber geglaubt hat, dass er von den Göttern auf die Erde geschickt wurde, und der den Namen Titan sogar in seiner E-Mail-Adresse verwendete. Ich habe nachgeschaut bei Wikipedia: Die Titanen sind in der griechischen Mythologie Riesen in Menschengestalt und ein mächtiges Göttergeschlecht, das im legendären Goldenen Zeitalter herrschte. Das passt schon mal, zumindest aus Ollis Sicht. Was er leider nicht nachgelesen hat: Am Ende des großen griechischen Kampfes zwischen den Göttern und den Titanen wurden Letztere schwer besiegt und landeten in einem Teil der griechischen Hölle, dem Tartaros, aus dem sie bis ans Ende aller Tage nie mehr entkommen können. Oliver Kahn landete beim ZDF.

Als Olli 2008 vom Zweiten verpflichtet wurde, kam Paul Breitner von der Bregenzer Seebühne zu mir zum *Club* nach Wien, zum EM-Finale und freute sich diebisch: »Hast gehört, Kahn wird Klopp-Nachfolger? Ich hab den Gruschi schon gefragt, ob er einen anderen Experten gleich mitverpflichtet hat, der Olli das Fußballspielen erklärt.«

Ich habe ja ein spezielles Verhältnis zu Oliver Kahn. Wir haben damals diesen Paulaner-Werbespot gedreht: »Auf der Bank ist es doch am schönsten«, für den wir 2007 die Goldene Kamera gewonnen haben (ich als einziger preiswürdiger ARD-Mitarbeiter an diesem Abend), die er aber nicht selber abholen konnte, weil ihm Ottmar Hitzfeld nicht freigab. Olli schickte seine damalige Lebensabschnittsgefährtin Verena Kerth, was den *Kölner Stadtanzeiger* zu der Bemerkung veranlasste: »Es bleibt einem aber auch nichts erspart.« Jedenfalls bin ich nie wirklich warm geworden mit Kahn. Und, Verzeihung, wenn ich den einst so wilden Kahn heute im ZDF sehe, staatstragend und wohl geföhnt, geschniegelt und gebügelt, in Anzug und Krawatte, mit weitem Blick in die Ferne Richtung Ostseehorizont philosophierend – dann muss ich jedes Mal in mich hineinlachen. Der einst unzähmbare Titan, der alle gesellschaftlichen Regeln umgeschmissen, der seinen Ferrari brettlbreit auf den Behindertenparkplatz gestellt hat – heute inszeniert er sich als Denker, als Fußballphilosoph, als Schopenhauer der Strafräume.

Mittlerweile macht er ja Reklame für Weight Watchers. Sehr glaubwürdig! Ich bin gespannt auf die Werbespots, in denen er sagt: »Früher habe ich Gegenspieler im Ganzen aufgefressen. 14 000 Kalorien. Oder nur das Ohr. 700 Kalorien.« Oder: »Eier, klar brauchen wir Eier! Aber das Cholesterin!« Und am Ende hält er dann die neueste Diätfertigmahlzeit in die Kamera und brüllt: »Da, iss das Ding!« Nach dem Motto: Druck, immer Druck beim Abnehmen – das muss nicht sein!

Der geborene Experte wäre ja Lothar Matthäus. Aber dabei gockelt und posiert und doziert er leider ohne Ende – genau wie früher als Fußballer, als seine Mitspieler von diesem pubertären Gehabe genervt waren. Und wenn du beim Zuschauen nicht an das Fußballspiel denkst, um das es gerade geht, sondern an die neueste abgemagerte Ukrainerin, mit der Lothar gerade in der Zeitung war, hat es halt auch keinen Sinn. Gerade ist er zweiundfünfzig geworden. Als jugendliche Trainerhoffnung, die auf seine erste große Chance wartet, geht er nicht mehr durch.

Das Hauptproblem, mit dem Lothar zu kämpfen hat, ist Folgendes: Die meisten Leute haben sich längst ihr Urteil über den redseligen Franken gebildet. Und dieses Urteil kann er nicht mehr verändern, höchstwahrscheinlich bis zum Ende seines Lebens nicht. Entweder die Menschen sind glühende Anhänger des ehemals begnadeten Weltfußballers und wollen über seine jahrelangen privaten Kapriolen nichts wissen – oder sie gehören zu denen, die alleine bei der Nennung des Namens »Loddar« schmunzeln oder gar laut lachen. Ich stehe so mittendrin. Ich kenne ihn seit Mitte der Achtziger, als er von Mönchengladbach zum FC Bayern München wechselte.

Sein Herz hat er schon immer auf der Zunge getragen, für uns Journalisten also ein gefundenes Fressen. Schon früh erkannte Lothar die Wechselwirkungen des Mediengeschäfts. Steckte er den Schreiberlingen ein paar Dinge, die eigentlich nicht an die Öffentlichkeit gelangen sollten, belohnten sie ihn mit Lobeshymnen auf seine Spielkunst und befriedigten seinen Drang nach Darstellung auch neben dem Fußballplatz. Für ihn wohl eine Art der Aufarbeitung seiner Kindheit. Denn in der Schule nannten sie ihn den »Kleinen«. Da muss man kein ausgebildeter Seelenklempner sein, um schnell zu kapieren, was hinter seinem unermüdlichen Geltungsdrang steckt. Leider hat diese übertriebene Art der Selbstdarstellung auch dann nicht nachgelassen, als großartige sportliche Erfolge ohne zusätzlichen Trommelwirbel und ohne auffälliges Balzverhalten ausgereicht hätten, um Lothar zu einem auch außerhalb des grünen Rasens gesellschaftlich anerkannten Star werden zu lassen.

Doch Geduld und diplomatische Taktik sind nicht Lothars Ding. Da sind wir uns nicht einmal unähnlich. Im Gegensatz zu ihm schaue ich mir aber die Leute genau an, von denen ich einen Rat annehme. Lothar Matthäus hat den überwiegenden Teil seines erheblich lädierten Rufs seinen unsäglichen Beratern zu verdanken.

Da veranstaltet der FC Bayern für ihn ein Abschiedsspiel im großen Rahmen. Diego Maradona reist an, und auf der After-Show-Party singt Zucchero. Deutschlands Fussballprominenz tritt zum Defilee an und huldigt ihrem Rekordnationalspieler. Ein rauschendes Fest. Auf dem Konto von Lothar landen Zeitungsberichten zufolge danach rund drei Millionen Euro, überwiesen von den Münchnern. Wenige Monate später allerdings lässt er sich von seinen damals für ihn tätigen »Beratern« überzeugen, den FC Bayern auf eine weitere Million zu verklagen. Es kommt zum öffentlichen Prozess. Der Richter spricht Matthäus die zusätzliche Zahlung von knapp 10 000 Euro zu. Was für eine lächerliche Summe, für die Lothar ein für alle Mal das Verhältnis zu dem Verein ruiniert hat, der ihn groß gemacht hatte.

Uli Hoeneß reagierte damals mit dem legendären Satz: »Solange Kalle Rummenigge und ich hier etwas zu sagen haben, wird Lothar nicht mal mehr Greenkeeper beim FC Bayern.« Das ist Lothars Problem geblieben. Er hinterlässt zu oft verbrannte Erde. Und das gilt nicht nur für das Leben in seinem absoluten Kompetenzbereich, dem Fußball. Zu seinem Privatleben muss ich nichts hinzufügen – dazu finden Sie täglich genug Informationen in den Klatschspalten.

Lothar Matthäus, einer der besten und erfolgreichsten deutschen Fußballer aller Zeiten, ein einstiger Weltstar, ist leider eine Lachnummer geworden. Und das ist traurig.

19

BLOSS, WEIL DU UNBEDINGT DEINE RÜBE AUS DER GLOTZE HALTEN WILLST

Olympische Spiele im Schnelldurchlauf

Meine ersten Olympischen Spiele als Reporter waren die Winterspiele 1988 in Calgary. Damals bin ich in letzter Minute auf den Zug aufgesprungen – ich war ja erst im Oktober 1987 von TV Weiß-Blau zum BR zurückgekommen. Was einigen Kollegen viel zu schnell ging. Doch BR-Fernsehsportchef Eberhard Stanjek hat das gedeichselt – auf ihn war wie so oft Verlass. Calgary fing gleich klasse an, Abfahrtsgold für Marina Kiehl, Markus »Wasi« Wasmeier am vierten Tor vorbei, Frank Wörndl Slalom-Silber – ein Festessen für einen bayerischen Skireporter. Danach stand ich fast zwanzig Jahre lang im Schnee.

Weil 1988 eigentlich gar kein Platz mehr frei war, hatte ich die ehrenvolle Aufgabe, zwei Springen der nordischen Kombination zu kommentieren, mein absolutes Spezialgebiet. Recht viel mehr hatte ich nicht zu tun, und meine Freizeit habe ich zu umfangreichen Recherchen an der Bar des Deutschen Hauses genutzt. Dort habe ich übrigens auch von der Geburt meiner Tochter Christina erfahren. Ich kam gerade aus Canmore, bin rein ins Deutsche Haus und traf auf die beiden Ski-Ladys Christa Kinshofer und Michaela Gerg: »Wo ist der Waldi? Du bist Vater geworden!«

Die ersten Bilder meiner Tochter habe ich ebenfalls in Calgary gesehen. Franz Georg Strauß, unser Trauzeuge, hat Frau und Kind im Krankenhaus mit einer Super-8-Kamera gefilmt und diesen Film mit der Lufthansa nach Calgary geschickt. Heute würde das mit YouTube deutlich leichter gehen, vor fünfundzwanzig Jahren war der Lufthansa-Transport der Gipfel des Luxus. Für Super 8 waren unsere Schnittplätze aber gar nicht ausgerüstet, nur der Österreichische Rundfunk beherrschte diese Technik. Die ORFler haben natürlich gerne ausgeholfen: »Jo, kloa, mach ma.« Allerdings haben sie den Strauß-Film mit meinen beiden Damen aus Versehen direkt ins Leitungsnetz vom deutschen, vom österreichischen und vom Schweizer Fernsehen eingespeist. Alle deutschsprachigen Kollegen hatten also plötzlich nicht mehr Skirennen auf den Bildschirmen, sondern Christina – was für mich bedeutete, dass ich umfangreiche Runden von Freigetränken ausgeben musste. Ich wurde ausgeplündert bis aufs letzte Hemd.

Damals habe ich zum ersten Mal die mangelnde Loyalität in der ARD kennengelernt. Eberhard Stanjek war Teamchef und hat gleichzeitig moderiert, was allerdings ein Fehler war. So eine Konstellation führt immer zu Konflikten, weil andere Kollegen wie Jörg Wontorra mit den Füßen scharrten und sich zurückgesetzt fühlten. Nur allzu gut kann ich mich an das wohl schlechteste Interview der Fernsehgeschichte erinnern, für das Eberhard allerdings nichts konnte. Endlich, endlich hatten wir Matti Nykänen im ARD-Studio zu Gast, mit drei Goldmedaillen der große Held dieser Spiele. Matti war im Springen ein Riese, als Interviewgast aber ein Zwerg. Jede Fichte aus Lappland ist gesprächiger und wortgewandter. Und einen Simultanübersetzer hatten wir auch nicht. Stattdessen saß neben Nykänen als Dolmetscher ein finnischer Journalist, der sicher über viele Talente verfügte – leider gehörte die Beherrschung der deutschen Sprache nur rudimentär dazu. Also hat er nach bestem Wissen und Gewissen übersetzt, was Matti gesagt hat – beziehungsweise, was Matti nicht gesagt hat. Herrschaftszeiten, war das unsäglich zäh und sterbenslangweilig!

Während der Aufzeichnung stand ich mit einem Kollegen vom BR vor dem Studio. Eberhard hat uns richtig leidgetan, und wir beide waren uns einig: Das können wir nicht senden, so kann man den Alten nicht blamieren. Aber die beiden diensthabenden Redakteure Klaus Schwarze und Volker Kottkamp haben darauf bestanden, das zu senden: »Wir haben Nykänen!« Ich darauf: »Aber der Nykänen sagt nix. Das geht nicht, wir müssen unseren Chef schützen.« Trotzdem haben sie die Aufzeichnung gesendet, und am nächsten Tag wurde Eberhard auf Seite eins der *Bild* ans Kreuz genagelt – was dazu führte, dass er nach Olympia auf eigenen Wunsch nie mehr in der ARD moderierte. So hat die Anstalt schon damals ihre Mitarbeiter geschützt. Die mutige Entscheidung, das nicht zu senden, hätte diesen ganzen Schlamassel verhindern können.

Die Winterspiele 1992 in Albertville waren fad, ich kann mich praktisch an nichts mehr erinnern. Viele sind sich auch gar nicht mehr sicher, ob diese lahme Veranstaltung überhaupt stattgefunden hat – obwohl es die ersten Spiele waren, zu denen wieder eine gesamtdeutsche Mannschaft angetreten ist. Albertville war ein Kaff, die Wettkampforte lagen über die ganze Region verstreut. Lustig war allerdings der Hackl Schorsch, der nach seinem Rodel-Gold bei Jörg Wontorra im Studio zu Gast war. Beim Rausgehen sieht er mich, stutzt und grantelt: »Ja du bist ja doch da! Warum muaß i dann mit dem Preißn reden, der nix vom Rodeln versteht?«

Gerhard Delling ist übrigens in Albertville fast vom Glauben abgefallen, weil ich dort eine aufstrebende Sportart verlassen habe, die ich seit 1986 kommentiert hatte – nämlich Biathlon. Weil ich die Olympiazusammenfassungen moderierte, war keine Zeit mehr für Biathlon, was mir sehr leidtat. Denn Biathlon war immer die mit Abstand lustigste Wintersportart mit den urigsten Typen. In Albertville hatte der bekannte Tölzer Wirt Wolfgang Hösl ein Biathlon-Stüberl aufgemacht, als gemütlichen Rückzugsort für entkräftete und durstige Biathleten.

Dort war ich mit Delling. Und Gerd hat erlebt, wie ein deutscher Biathlet die Geschichte erzählte, dass er in Albertville eine russische Olympiasiegerin (wir wollen sie Olga nennen) vor ihrem Sieg im Wachshäusl »bedient« hat. Und während er das erzählt, kommt diese durchaus attraktive Olga mit ihren russischen Kameraden ins Biathlon-Stüberl! Wodka für alle, Kollege Tschepikow ist betrunken ins Buffet geflogen. In diesem Stüberl hättest du alles vermuten können – nur nicht, dass das alles Hochleistungssportler bei den Olympischen Spielen waren. Wobei, ich habe ja schon immer gesagt: Wodka guttt für Leistungsfähigkeit!

Delle war jedenfalls hellauf begeistert: »Geht das immer so zu beim Biathlon?« Meine Antwort: »Ja, mein Freund. Biathleten sind anders als andere Sportler.« Er konnte nicht glauben, dass ich mich von diesem herrlichen Sport verabschiedet habe, um die Nachrichten zu moderieren: »Bloß weil du unbedingt deine Rübe aus der Glotze halten willst …«

Im gleichen Sommer in Barcelona durfte ich dann auch wieder die Nachrichten vorlesen. Unschön war dort, dass die sparsamen Schwaben vom Süddeutschen Rundfunk die Federführung hatten und damit auch für die Auswahl des Hotels zuständig waren. Die haben ewig lang gezockt vor den Spielen, weil sie geglaubt haben, dass sie immer noch ein billigeres Hotel bekommen. Ergebnis: Am Ende war gar kein Hotel mehr frei. Und der ARD-Sport musste tatsächlich auf einen Puff zurückgreifen, der während der Spiele stillgelegt worden war. Ein Laufhaus, um es vornehmer auszudrücken.

Der SDR überwies den Betreibern dieser amourösen Einrichtung Geld, damit sie es zu einer Art Hotel aufrüsteten. Das Geld versickerte aber in dubiosen Quellen, und nur die unteren beiden Stockwerke waren renoviert. Der Rest bestand aus den guten alten Puffzimmern. Nachdem wir vom BR nicht federführend und damit privilegiert waren, landete ich in einer dieser Liebeslauben. Es war grauenvoll. Nix Edelbordell mit Samt und Seide. Alles vom Billigsten, versiffte rote Vorhänge, außerdem der Geruch von fünfzig Jahren Parteienverkehr.

Wir waren entsetzt, und es gab nur eine Möglichkeit, uns wieder aufzuheitern: Wir wollten das Gesicht von Heribert Faßbender beim Betreten seiner Räumlichkeiten sehen. Denn Fassi war ebenfalls nicht privilegiert. Also haben wir dort eine Kamera reingestellt, die einfach nur Faßbender beim Beziehen seines Zimmers aufnehmen musste. Und das war großer Sport! Gute Nacht allerseits – so angeekelt haben wir Fassi vorher und nachher nie mehr erlebt.

Wenigstens hat der Barkeeper des Hauses vieles wiedergutgemacht. Wir nannten ihn den Vollstrecker – weil er immer bis zum Rand eingeschenkt hat. Bei ihm gab es keine 2 cl oder 4 cl. Er kannte nur eines: randvoll! Volle Kante! Whisky, Wodka, Rum Cola – egal, was du bestellt hast, es gab immer nur Schoppen. Vielleicht hatte er vom Haus den Auftrag, uns versöhnlich zu stimmen. Der Vollstrecker war ein guter Mann, muss man sagen.

Trotz der fragwürdigen Unterbringung war Barcelona eine der schönsten Olympiastädte, die ich kennenlernen durfte.

Schöner, auf ganz andere Art, war nur noch Lillehammer 1994, die Wasmeier-Spiele. Lillehammer war back to the roots, ein Wintermärchen mit großartigen Fans, ein Dorf mit einer weißen Zuckerlandschaft unter blauem Himmel. Schöner kannst du dir keine Kitschpostkarte vorstellen.

Moderiert haben Heribert Faßbender – und erstmals Waldemar Hartmann. Als mir BR-Sportchef Eberhard Stanjek diese Entscheidung verkündete, war ich einerseits begeistert – endlich in der ersten Reihe – und andererseits fassungslos: »Freut mich, Eberhard, aber was bittschön hat Fassi mit Wintersport zu tun?« Heribert Faßbender konnte, mit Verlaub, ein Biathlongewehr von einem Abfahrtsski unterscheiden, aber damit hatte er seine wintersportlichen Grenzen schon erreicht. War ihm ja auch nicht in die Wiege gelegt worden, als Leverkusener. Aber Fassi Winterolympia präsentieren zu lassen, wenn jeder einzelne bayerische Fernsehzuschauer mehr Fachkenntnis besitzt als der Moderator, war eine dieser politischen ARD-Entscheidungen, die ich mein Leben lang nicht kapieren werde. Und zwar eine Entscheidung auf dem Rücken des Gebührenzahlers, der sich diesen Krampf dann zwei Wochen lang anschauen musste, wollte er Olympia sehen.

Es war übrigens nicht anlässlich Winterolympia 1994, als ein Mitarbeiter der ARD-Zuschauerredaktion auf eine Beschwerde über Fassi sinngemäß diese legendäre Antwort lieferte: »Ihre Kritik an Herrn Faßbender ist sicher berechtigt, jedoch gibt es während der WM kaum noch Chancen, ihn auszutauschen, weil er als WDR-Sportleiter ein Moderationsvorrecht genießt. Wir bedauern, Ihnen keine bessere Mitteilung machen zu können.« Der Mann wurde daraufhin meines Wissens gefeuert – nicht Fassi natürlich, sondern die studentische ARD-Hilfskraft.

In Lillehammer wäre so eine offenherzige und ehrliche Antwort ebenfalls angebracht gewesen. Ich weiß noch, Fassi und ich landeten gemeinsam mit dem Flieger in Oslo – und sind dann auch gemeinsam im Taxi nach Lillehammer gefahren. Keine Ahnung, ob es sich dabei um einen Zufall handelte oder ob die ARD an einer gewissen menschlichen Annäherung interessiert war. Fassi und ich, natürlich per Sie, sitzen also im Fond dieses Taxis. Die Fahrt von Oslo nach Lillehammer ist lang, und mit Heribert Faßbender auf dem Nebensitz wird sie nicht wirklich kürzer. Wir betreiben also mühsamen Smalltalk über Wintersport, ich stelle ihm ein paar Testfragen, und irgendwann merke ich: Der hat ja überhaupt keine Ahnung. Kein Wunder, dass Fassi auf der Fahrt nach Lillehammer immer ruhiger wurde. Offensichtlich hat er nachgedacht, was da auf ihn zukam. Und bei der Akkreditierung sagte er plötzlich zu mir: »Ich habe ja gehört, beim Wintersport feiert man miteinander, und da ist alles etwas lockerer. Ich bin Heribert!«

Ja, da schau her, das hätte ich jetzt nicht gedacht, dass Sie der Heribert sind. Gestatten, Waldi!

Im Deutschen Haus hat er auch gefremdelt, während ich im Winter eben daheim war. Und die Schorschis und die Wasis und die Katis, die ich schon seit Jahren aus dem *Blickpunkt Sport* kannte, konnten auch nicht allzu viel mit ihm anfangen. Aber: Fassi war natürlich Profi, und er hat das schon einigermaßen hinbekommen mit dem Wintersportmoderieren.

Bloß bei einer Geschichte hätte es ihn beinahe voll erwischt: Der Amerikaner Tommy Moe wurde völlig überraschend Olympiasieger in der Abfahrt. Außerhalb der echten Alpinexperten kannte ihn kein Mensch. Natürlich waren alle hinter Moe her, um ihn nach seinem Sieg im Studio herzeigen zu können. Und mein BR-Kollege Werner Rabe kam irgendwann triumphierend ins Studio, einen Skifahrer ankündigend, den er bei den Kollegen von CBS aufgegabelt hatte: »Ich hab ihn!«

Heribert moderierte, ich stand mit zwei Kollegen vor dem Studio, als plötzlich ein Mensch mit einer Medaille, ein paar Skiern und einem Rucksack daherkam. Und alle ganz aufgeregt: »Er ist da! Der Olympiasieger ist da!« Bloß meine Kollegen Axel Müller und Lambert Dinzinger, zwei Skiexperten vor dem Herrn, spannten sofort: Das kann er nicht sein. Denn die Skimarke war die falsche. Der gute Mann ist schnell an uns vorbeigelaufen, aber in der Maske haben wir gemerkt: Das um den Hals da, das ist gar nicht die Goldmedaille, das ist nur Bronze. Der Mann war nicht einmal Amerikaner, sondern Kanadier. Und er hieß auch nicht Tommy Moe, sondern Ed Podivinsky. Rabe hatte uns den falschen Skifahrer ins Studio gebracht.

Wir saßen also in der Maske, und vor uns wurde gerade der Bronzemedaillengewinner abgepudert für seinen großen Auftritt in eineinhalb Minuten bei Heribert Faßbender – was deutlich weniger spannend war als ein Gespräch mit dem Goldmedaillengewinner. Aber was machst du da? Man kann ja schlecht zu ihm hingehen und sagen: »Sorry, Mister Podivinsky, aber Sie sind leider nur Dritter geworden. Das ist uns zu wenig für ein Interview.«

Und dann haben wir drei uns angeschaut, Lambert Dinzinger, Axel Müller und ich, und allen stand die gleiche Frage auf den Lippen: »Sagen wir's Heribert, oder sagen wir es ihm nicht?« Ach, Fassi auflaufen lassen, das wäre großes Kino gewesen! Wir hatten alle drei große Lust darauf. Aber schlussendlich hat die Menschlichkeit gesiegt. Brave Soldaten dürfen nicht flüchten, und sie dürfen einander nicht verraten. Also bin ich rein ins Studio: »Heribert, der Typ jetzt gleich: Das ist gar nicht Tommy Moe, das ist nur die Bronzemedaille, und die heißt Ed Podivinsky. Und der ist eigentlich viel interessanter als der andere.« Das war zwar faustdick gelogen, aber Heribert war trotzdem sehr dankbar für diese hilfreiche Information. Wir haben also Teamgeist bewiesen, und Fassi hat das gut gemacht, fünf Minuten lang mit blumigen Worten daran vorbeigeredet, dass der Herr Olympiasieger leider keine Zeit für das Erste Deutsche Fernsehen hatte.

Wobei: Interessant wäre es trotzdem gewesen, wie das Gespräch mit einem Tommy Moe gelaufen wäre, der gar nicht Tommy Moe war. »Mr. Moe, wie fühlen Sie sich nach so einem Triumph?« – »Gut, außer dass ich gar nicht Tommy Moe bin.«

Vier Tage nach Tommy Moe kam Wasi. Bei der Abfahrt war er Sechsunddreißigster geworden, nur wenige Teilnehmer waren noch langsamer als er. Selbst der wunderbare Partyprinz Hubertus von Hohenlohe landete bloß zwölf Plätze hinter Wasi. Die Zeitungen daheim riefen ihn schon, auf gut Deutsch gesagt, zum Deppen der Nation aus. *Bild* echauffierte sich: »Wasi, und du lächelst noch?« Nach diesem Fiasko sind wir zu Wolfi Hösl ins Biathlon-Stüberl, Wasi, eine Handvoll weiterer Seelentröster und ich. Dort haben wir ein bisserl was getrunken und Wunden geleckt bis nachts um zwei oder halb drei. Und beim Rausgehen sagt der Wasi: »Ich sag euch eines: Ich gewinn hier noch ein Gold. Und dann kommen wir noch mal her.« Diese Sätze werde ich nie vergessen.

Wobei der Wasi nicht ganz recht behalten hat mit seiner verwegenen Prognose: Er hat nicht *ein* Gold gewonnen, er hat zwei Gold gewonnen. Nach der ersten Goldenen im Super-G war er der absolute Held. Nach der noch sensationelleren zweiten Goldenen im Riesenslalom war er der Superstar. Rosi reloaded und wiedergeboren, in Gestalt eines blonden Schlierseers. Mein Gott, können die feiern, die Skifahrer! Und Wasi hat danach die beste Entscheidung seines Lebens getroffen und sofort mit dem Skifahren aufgehört. Denn besser konnte es nicht mehr werden. Später, als ARD-Experte, war's dann nicht mehr ganz so lustig mit Wasi. Er ist ja am

Anfang als wandelnde Litfaßsäule vor die Kamera mit tausend Sponsorenlogos auf seinem Anorak. Und war er nicht im Bild zu sehen, war es die Höchststrafe für ihn, denn dann waren seine Sponsoren nicht zufrieden. Und wer war schuld, wenn Markus Wasmeier nicht im Bild war? Im Zweifel immer der Waldi …

Weniger glücklich war in Lillehammer die Bandwurmbiathletin Simone Greiner-Petter-Memm, die als Schlussläuferin einen praktisch uneinholbaren Vorsprung der deutschen Staffel verballerte. Bis heute ein legendäres Rennen. Die arme Frau traf am Ende nichts mehr, musste völlig entnervt sechs Strafrunden laufen, und es reichte nur zu Silber. Ich weiß noch, ich habe das Zimmer in meiner Pension mit einer todsicheren Goldmedaille verlassen, habe mich schon auf die jubelnden vier Mädels in Studio gefreut – und als ich dort angekommen bin, haben alle nur fassungslos auf den Fernseher geschaut. Ja gibt's denn des? In so traurige Gesichter von Silbermedaillengewinnern habe ich nie mehr geblickt.

Atlanta 1996 war nichts Besonders – allein schon weil Coca-Cola-City nicht gerade eine Augenweide ist. Ich habe nie eine Stadt mit so vielen Taxifahrern aus aller Welt erlebt, die nur für die Spiele angereist waren – und dann völlig orientierungslos nach Stadtplan durch die Gegend irrten. Mit Folgen: Ein iranischer Ringer, ein Gold-Favorit, konnte nicht antreten, weil der Fahrer den Weg vom Olympischen Dorf in die Halle nicht gefunden hat. Es waren Spiele zum Vergessen, und wenn als nachdrücklichstes Ereignis aus deutscher Sicht die Silbermedaille von Frank Busemann im Zehnkampf in Erinnerung bleibt, kann es nicht so toll gewesen sein. Busemann, ein absoluter Strahlemann, wurde dann sogar als Zweiter »Sportler des Jahres«. Und Lars Riedel ging als Diskus-Olympiasieger leer aus. Lars war stocksauer, worauf ich mir einen blöden Spruch nicht verkneifen konnte: »Du mit deinem Tellerweitwurf. Hättest dir halt eine anständige Sportart ausgesucht!«

Nagano 1998 soll angeblich auch stattgefunden haben. Recht viel mehr muss man dazu nicht sagen. Das Wetter in Japan war furchtbar, die Rennen sind ständig ausgefallen, und wegen der Zeitverschiebung hat kein Mensch zugeschaut. Wer drei Tage hintereinander um vier Uhr in der Früh aufsteht, um ein Skirennen zu schauen, dass dann jedes Mal abgesagt wird – der bleibt sogar als größter Wintersportfan irgendwann im Bett. Schade drum – denn unsere Skifahrerinnen haben abgeräumt wie nie. Zweimal Gold für Katja Seizinger in der Abfahrt und der Kombination, Gold für Hilde Gerg im Slalom. Bloß mitgekriegt hat es keiner.

Das Aufregendste an Nagano waren für mich die innenpolitischen Begleitumstände beim Bayerischen Rundfunk. Die »Frau-beißt-Mann«-Episode mit meiner damaligen Chefin Marianne Kreuzer.

Was war passiert? Ich habe Marianne in meiner Eigenschaft als Redaktionsleiter 1992 selbst zum BR geholt, als feste freie Mitarbeiterin. Marianne war kompetent, freundlich, aus Bayern, da hat alles zusammengepasst. Sie hatte ihren Platz nicht wegen der Frauenquote. Marianne war teamfähig, hat auch gerne mal einen Schoppen Wein mitgetrunken, sie hat unserem Laden gutgetan. Ein paar Jahre später, 1997, traf ich meine Entscheidung, die Redaktionsleitung aufzugeben und in Zukunft als freier Mitarbeiter für den BR zu arbeiten. Die Nachfolge war eigentlich klar, die Anstaltsleitung hielt Lambert Dinzinger für die perfekte Lösung. Es gab überhaupt keine Diskussionen. Und auf die interne Ausschreibung bewarb sich außer Lambert auch keiner. Zunächst.

Dann passierte Folgendes: Als wir am 1. Februar 1998 am Flughafen in München standen, um zu den Olympischen Winterspielen in Nagano zu fliegen, kam in aller Herrgottsfrüh um sieben ein blasser und aufgelöster Lambert Dinziger auf mich zu: »Stell dir vor, Marianne hat sich gestern Abend mit Einsendeschluss um deine Nachfolge beworben.« Na, pfiat di Gott! Wir konnten es alle überhaupt nicht glauben. Denn darüber geredet hatte sie im Vorfeld mit niemandem.

Sportchef Eberhard Stanjek glaubte zunächst sogar, ich würde mit Marianne unter einer Decke stecken – rein beruflich, versteht sich. Die BR-Fernsehsportredaktion wollte zwar immer noch Lambert – aber nach zwei, drei Tagen in Japan erklärte mir Eberhard: »Beim BR gilt seit Jahresanfang das Gleichstellungsgesetz. Und wenn du gleichwertige Bewerber hast, steht in dieser Vereinbarung, *muss* (und nicht *kann!*) die Frau vorgezogen werden.« Was das mit Gleichstellung zu tun hat, ist mir allerdings bis heute nicht klar.

So kam es, dass meine ehemalige Hospitantin auf einmal meine Chefin war. Womit ich grundsätzlich kein Problem hatte. Aber der Weg dahin, dieses Vorgehen aus dem Hintergrund, hat mich gestört. Und irgendwann hat die neue Chefin vielleicht in einem schlauen Buch gelesen, wie sich neue Chefs am besten profilieren können – indem sie den alten Leithirsch absägen. Wenn der erst erledigt ist, gehen alle anderen eh vor lauter Angst auf Tauchstation. Und öfter vor die Kamera, dorthin, wo ich bislang war, schien sie ohnehin zu wollen – aus ihrer Sicht dürfte also alles gut zusammengepasst haben. Deshalb war ich auf einmal inkompetent und zu alt für den alpinen Skisport. Sie wollte mich anscheinend weghaben vom Bildschirm. Ich habe nur zu ihr gesagt: »Marianne, jetzt geht es um meinen Job. Du hast dir den falschen Gegner ausgesucht.«

In der Folge hat die ganze Auseinandersetzung zu einem aufs Notwendigste reduzierten Sprechverkehr zwischen uns geführt. Funkstille im Fernsehstudio Freimann, aber mit viel medialem Gedöns. Marianne und ich haben uns lange Zeit ausdauernd angeschwiegen. Mittlerweile ist aber alles wieder in Ordnung, heute haben wir ein völlig entspanntes Verhältnis. Es ging mir ja auch nie um ihre Kompetenz, sondern immer nur um die Art und Weise, wie sie zur »TV-Chefin« wurde. Marianne sagt selbst, dass sie rücksichtsvoller hätte vorgehen können. Damit war für mich der »Kas biss'n« und das Thema erledigt. Frau biss Mann, Mann biss zurück – Ende.

Als ich mich damals öffentlich in einem *Spiegel*-Interview über diese merkwürdige Gleichstellungspolitik des BR aufgeregt habe, hat mir die sendereigene Gleichstellungsbeauftragte Maria Kalaç einen freundlichen Brief geschrieben, den ich bis heute aufgehoben habe:

»Lieber Herr Hartmann, Sie beklagen, dass Männer keinen Gleichstellungsbeauftragten haben. Nach meinen Informationen werden zum Beispiel von der nächsten Skiweltmeisterschaft ausschließlich Männer berichten. Dreizehn an der Zahl. Mein Wort: Sollte sich eines Tages beim BR abzeichnen, dass über sportliche Großereignisse ausschließlich Frauen informieren, unterstützt von einem einzigen Mann als Sekretär, wird sich die Gleichstellungsbeauftragte selbstverständlich für kompetente Männer einsetzen.«

Zur Entschädigung für das wenig anregende Nagano fanden zwei Jahre später in Sydney die für mich schönsten Sommerspiele statt. Stadt, Leute, Wetter, alles war dermaßen toll! Neben vielen herrlichen Tagen ist mir aber auch ein Shitstorm in Erinnerung geblieben, den ich erleben durfte beziehungsweise musste. Wir übertrugen einen Judokampf im Superschwergewicht der Frauen zwischen der Deutschen

Sandra Köppen, die mit ihren 135 Kilo keine ausgesprochen zierliche Erscheinung war, und einer noch weniger grazilen Dame.

Dieser Kampf lief live bei uns im Ersten – denn sonst war tote Hose zu diesem Zeitpunkt in Sydney. Das ist Alltag in jedem Olympia-TV-Studio: Mal hast du fünf Sensationsentscheidungen auf einmal – und mal hast du gar nix. So kommt beispielsweise Curling alle vier Jahre bei Winterspielen zu episch langen Sendezeiten, weil halt sonst gerade nix läuft. Und so ist auch Beachvolleyball bei den Sommerspielen 2000 berühmt geworden, das vorher keinen Menschen interessiert hat. Doch in Sydney war Beachvolleyball grandios: Strandkulisse am Bondi Beach, langhaxige blonde Australierinnen im Bikini, Riesenstimmung – ich war sofort Fan dieser herrlichen Sportart!

Aber zurück zum Judo. Frau Köppen durfte auf die Matte, auch wenn das sportliche Wirken der Judoka die Nation im Allgemeinen nur sehr überschaubar in Atem hält. Und nach dem Kampf habe ich gesagt: »Wenn die beiden gemeinsam in einer Küche zum Kochen stehen, wird's aber eng mit dem Platz.« Damit habe ich eine Bemerkung zur Körperfülle der beiden Judokas leichtfüßig-elegant mit einem Schuss Frauenfeindlichkeit verbunden – was gar nicht meine Absicht gewesen war. Wütende Protestbriefe an die ARD-Zuschauerredaktion waren mir trotzdem sicher, genau wie eigentlich die »Saure Gurke« 2000 – aber irgendwer muss im Laufe des Jahres einen Spruch rausgehauen haben, der Alice Schwarzer noch saurer aufgestoßen ist. Und ich bleibe trotzdem dabei: Schön ist das nicht, wenn Frauen Schwergewichtsjudo oder Gewichtheben betreiben, und diese Meinung lasse ich mir auch nicht nehmen. Dafür hat der Herrgott das schönere Geschlecht nicht geschaffen. Zum Beachvolleyball schon eher.

Shitstorm Nummer zwei, falls es so etwas im Vor-Facebook-Zeitalter schon gab, brach über mich herein, nachdem ich über unsere in Sydney beeindruckend erfolglosen deutschen Schwimmer gesagt habe: »An den dunkelblau eingefärbten Bahnen erkennen Sie, wo die Badegäste die Füße ins Wasser halten.« Ui, da war aber was geboten! Sogar die Frau von Sven Ottke, eine ehemalige Schwimmerin, hat einen bitterbösen Brief ans Erste geschrieben, wie sie mir später erzählte.

Seit Sydney schaue ich mir übrigens kein Feuerwerk mehr an. Während der Schlussfeier stand ich nämlich im Hafen von Sydney auf dem Oberdeck der *MS Deutschland*, auf persönliche Einladung des Kapitäns, mit einem Glas Champagner in der Hand und einem Glas Wodka in unmittelbarer Reichweite. Ein traumhaft warmer Abend, vor uns die Harbour Bridge und die Oper, um uns herum millionenteure Yachten mit Hubschrauberlandeplätzen und schönen Frauen auf den Decks. Dazu dieses überwältigende Feuerwerk, perfekt choreografiert, exakt parallel auf beiden Seiten der Brücke. Da wusste ich: Waldi, recht viel besser kann es nicht mehr werden. Obwohl, das Feuerwerk in Peking 2008 war ebenfalls nicht übel. Aber die Chinesen haben das ja auch erfunden.

Winter 2002 in Salt Lake City – das waren tolle Spiele in einer wunderbaren Winterlandschaft, super organisiert. Und mit den besten Steaks meines Lebens im Utah Steakhouse, in das uns der Kollege Ben Wett entführt hatte. Keine Ahnung, ob das am Salz von den Salzseen liegt, an dem es in Utah ja nicht mangelt – aber solche Steaks habe ich vorher und nachher nicht mehr gegessen. An was ich mich auch noch erinnere: Alle hatten Angst vor diesen Spielen, wegen 9/11, das sich nur wenige Monate davor ereignet hatte. »Hochsicherheitstrakt Olympia« stand vorher in den Zeitungen, mit

Kontrollen, Polizeipräsenz und Terroralarm wie nie. Und die Wahrheit war: Die Amerikaner haben das perfekt gelöst, ohne jede Hysterie, völlig entspannt und freundlich. Auch das lernt man nach einigen Jahren als Berichterstatter bei Olympia oder bei Fußballgroßereignissen: Glaub nie daran, was im Vorfeld in den Zeitungen oder im Internet steht – alles Käse, alles maßlos übertrieben und vor allem alles reichlich unfair gegenüber den Gastgebern. Wenn ich nur an die »Todesfalle Stadion« denke, vor der uns emsige Warentester im Vorfeld der WM 2006 in Deutschland mit viel Getöse gewarnt hatten, oder an den Killersmog von Peking 2008, den mutmaßlich nur wenige Olympiateilnehmer überleben würden – was für ein Unfug!

20

SIE SIND SUSPENDIERT!

Meine Verbannung aus der ARD

An die Sommerspiele 2004 in Athen kann ich mich nicht mehr erinnern. Denn ich war nicht dabei.

Das war eine klassische ARD-Nummer. Ich arbeitete ja seit 1992 als Olympiamoderator im Ersten, ich war immer gesetzt, und ich hatte mir meines Wissens beim Moderieren nichts Wesentliches zuschulden kommen lassen. Ich hatte allerdings den Makel, keine Frau zu sein. Denn mittlerweile war die junge und schöne Monica Lierhaus aufgetaucht, die auf Druck des WDR in Athen auf jeden Fall moderieren musste. Zudem hatte sie gerade mit ihrem Lebensgefährten in Berlin eine eigene Produktionsfirma gegründet, über die weitere Lierhaus-Sendungen ins Erste gebracht werden sollten.

Michael Antwerpes musste als Sportchef des federführenden SWR ebenfalls auf jeden Fall moderieren – fand er zumindest. Wenn es nach der Senderpolitik ginge, müssten bei solchen Großveranstaltungen in der ARD ja immer mindestens acht, neun Leute moderieren, vielleicht in Halbstundenschichten, damit alle glücklich sind. Geht aber nicht.

Reinhold Beckmann, der natürlich auch auf jeden Fall moderieren musste, wurde mit einer spätabendlichen Talkrunde auf einem Traumschiff im Hafen von Athen beglückt, dem unmittelbaren Vorgänger von *Waldi und Harry*, also quasi *Reinhold und Beckmann*. Dadurch, dass ich nicht mehr BR-Sportchef war, war meine Machtbasis dahin, so ist das in der ARD. Ich habe nie von irgendjemandem aus der Anstalt einen Brief oder einen Anruf erhalten, von einem persönlichen Gespräch ganz zu schweigen, warum ich für Athen von heute auf morgen ohne Angabe von Grün-den aus der Mannschaft genommen wurde. Dabei haben sie mich ein Jahr davor, nach der Rudi-Völler-Geschichte, noch gepampert und gepudert. Man hätte mir ja sagen können: »Hömma, Waldi, die Zeiten ändern sich. Monica muss, Michael will, das verstehst du doch.« Das hätte mich zwar nicht erfreut, aber es wäre korrekt gewesen. Man hätte mich auch fragen können, ob ich gern irgendeine andere Rolle in Athen übernehmen würde. Hat man aber nicht. Ist nicht ARD-like.

Sicherheitshalber haben sie mich dann im Vorfeld der Spiele gleich noch suspendiert. In diesen Jahren hatte ich in der samstäglichen *Sportschau* immer zwei Auftritte, zu Beginn eine Anmoderation zum Topspiel der Woche, am Ende ein Trainerinterview. Dann entschied ARD-Sportkoordinator Hagen Boßdorf, dieses Topspiel nicht mehr als solches zu bezeichnen und mir ohne Rücksprache die Moderation am Anfang zu streichen, also die Hälfte meiner ohnehin schon kargen Auftritte in der *Sportschau* – was ich durch einen Anruf von *Bild* erfahren habe. Auch hier wieder: alles eine Frage des Stils. Aber mit Boßdorf, den man laut Entscheidung des Landgerichts Berlin aus dem Jahr 2006 ungestraft als »Stasi-IM Florian Werfer« bezeichnen darf, konnte ich nicht. Oder besser gesagt: Ich konnte nicht mehr.

Als er in kurzen Hosen erstmals als ORB-Sportchef zu einer Sportchefsitzung auflief, ahnte ich schon: Ui, das könnte schwierig werden. Wobei: Am Anfang, bis 2003, funktionierte es noch ganz ordentlich mit uns. Dann kam die Völler-Geschichte, Käse und Scheißdreck, als er meinte, ich hätte die Krone des Journalismus für einen schäbigen Weißbiervertrag zu Markte getragen. Das hat er offenbar nicht gepackt. Von da an hat Boßdorf, so mein Eindruck, gestichelt und Spielchen gespielt, wo er nur konnte.

Jedenfalls habe ich mich 2004 gegen diese *Sportschau*-Degradierung gewehrt. Das Ganze schaukelte sich hoch zu einer öffentlichen Diskussion – Boßdorf in der einen Zeitung, ich in der anderen Zeitung. O-Ton in allen Gazetten: »Weißbier-Waldi: Krach bei der *Sportschau!*« – »BILD-TED – 90,7 Prozent fordern: Wir wollen Waldi wieder.« – »Rettet Waldi!« Ich wurde zur aussterbenden Art, der Waldi quasi auf der Roten Liste aller Tierschutzorganisationen dieser Welt! Sogar der damalige CSU-Generalsekretär Markus Söder, immer schon findig, wenn es darum geht, in der Zeitung zu stehen, ganz wurscht mit was, sprang mir zur Seite: »Wir wollen unseren Waldi wiederhaben. Als ausgewiesener Bayern-Experte und leidenschaftlicher Clubfan gehört er in die *Sportschau*-Stammelf.«

Bloß mein eigener BR-Indentant Thomas Gruber sprang mir kraftvoll ins Kreuz, Motto: Was im aktiven Sportbetrieb ein bewährtes Verfahren ist, wenden wir bei Waldemar Hartmann an. Er hat überzogen und deswegen jetzt die Chance, auf der Ersatzbank nachzudenken. *Bild*-Wagner hat mir natürlich auch einen Brief geschrieben: »Es ist eine Ehre, von diesem hilflosen Haufen ARD suspendiert zu werden. Geliebter Waldi – Sie sind der Stadionduft der Bratwurst, Sie sind die Montagsdemonstration der Südkurve, Sie sind das dritte i des Fußballs – Rudi, Klinsi, Waldi. Ohne Sie ist jedes Spiel wie

Stromausfall. Lassen Sie uns beide hoch erhobenen Hauptes ein Weißbier trinken!« Danke, geliebter Franz Josef – aber seit wann siezen wir uns?

Zum gleichen Zeitpunkt kochte auch noch die Korruptionsgeschichte um HR-Sportchef Jürgen Emig hoch. Was für ein Getöse! Die Anstalt hatte schon ruhigere Zeiten gesehen. Und dann ging beim Bundesligaauftakt in Bremen, den die ARD live übertrug, auch noch das Licht aus – was für ein schönes Bild für den damaligen Zustand des ARD-Sports!

Dass das Flutlicht ausfiel, weil irgendein Bodo mit dem Bagger ein Stromkabel aus der Erde gerissen hatte, dafür konnte nicht einmal die Anstalt was. Dafür, dass sie kein vernünftiges Ersatzprogramm zur Hand hatte, dagegen schon. Statt die Panne souverän zu überbrücken (es muss ja nicht so brillant sein wie Marcel Reif und Günther Jauch 1998 beim Torfall von Madrid), lief ein dilettantisch zusammengestückeltes Notprogramm mit Schlagern von Bernd Clüver und Vicky Leandros. Sogar ein Spielfilm wurde gezeigt – und gleich wieder ausgeblendet. Es dauerte geschlagene fünfzig Minuten, bis sich mit Thomas Roth ein Journalist des Ersten Deutschen Fernsehens auf dem Bildschirm blicken ließ, um den Zuschauern zu erklären, was Sache war. Als das Spiel begann, übertrugen wir per Handkamera, und Gerhard Delling kommentierte vom Handy aus. »ARD torkelt durch Panne«, »Dilettanten-Stadl im Ersten«, spotteten die Zeitungen. Immerhin, die Quote war gut. 22,1 Prozent Marktanteil haben gezeigt, dass es nicht immer auf die Qualität einer Übertragung ankommt.

Fazit: Nach Hartmann vs. Boßdorf, nach Emig und nach Stromausfall war die Stimmung in der Anstalt überschaubar gut. Und dann erschien am Montag darauf auch noch der *Focus* mit der Geschichte »Die Chaos-Tage der ARD«. Unterzeile: »Intrigen, Korruptionsvorwürfe, Durcheinander: Der

Sport im Ersten steckt trotz Olympia-Euphorie in seiner größten Krise«. Das war die Krönung. Ein Menschenopfer musste her. Und das war ich.

Der Große Vorsitzende Dr. Günter Struve war in Urlaub gewesen, den ersten Tag zurück, genau an diesem Montag, und er ruft mich an. Der Mann war so geladen, es rauchte regelrecht durchs Telefon: »Ich komme gerade aus dem Urlaub zurück! Auf meinem Schreibtisch liegen viele Zeitungsausschnitte! Und aus allen Artikeln schauen Sie mir entgegen! Und ich sage Ihnen jetzt eines: Sie sind suspendiert! Und ich sage Ihnen noch eines: Klagen Sie ja nicht dagegen, es gibt Musterprozesse zu so etwas.« Man müsste das eigentlich in Großbuchstaben drucken, um es authentisch wiederzugeben. Der Doktor hat getobt und mich mit einem Wortschwall enthauptet, wie ich ihn noch nie erlebt habe.

Als ich zwischenzeitlich kurz zu Wort kam, habe ich gesagt: »Doktor, Sie werden mir jetzt erklären, warum ich suspendiert bin. Meinen Sie, ich habe den Stecker in Bremen rausgezogen? Und ich habe Emig geschmiert?« Struves Antwort, neuer Rauch aus dem Telefonhörer: »Das ist mir scheißegal! Sie ziehen öffentlich her! Und heute steht dann auch noch im *Focus*, dass wir Chaos-Tage haben! Ich suspendiere Sie JETZT! Und dann höre ich sechs Wochen nichts von Ihnen und sehe nichts von Ihnen! Ich nehme Sie öffentlich nicht wahr! Danach können wir darüber reden, dass Sie in alte Rechte zurückkehren.« Das war ja immerhin schon mal was. Ein Funken Hoffnung. Sechs Wochen im Fernsehexil wie Napoleon auf Elba und dann vielleicht die triumphale Rückkehr in die Glotze. Wobei: Das musst du erst mal einem Mann glauben, von dem die Hälfte der ARD behauptet, er sei ein gnadenloser Killer.

Und was hatte ich angestellt? *Bild* hatte mich angerufen und gefragt, was ich davon halte, dass sie mir von meinen mageren drei Minuten in der *Sportschau* auch noch eineinhalb wegnehmen. Was soll ich denn da antworten? Soll ich sagen: »Finde ich gut, klasse Entscheidung, aber noch nicht konsequent genug. Wenn ich etwas zu sagen hätte bei der ARD, würde ich mich ganz abschaffen.«

Später hat man mich eh nur noch zu den Spielen geschickt, bei denen der Trainer wackelte. Ich war der Seuchenvogel der Liga. Der Totengräber. Aasgeier-Waldi. Hiob Hartmann. Auch kein schöner Job. Die Trainer haben den Kopf schon eingezogen, wenn sie mich nur von Weitem erblickt haben. Bei einem Spiel in Wolfsburg sieht mich Klaus Augenthaler und zuckt sofort kurz zusammen, bis ich ihm zu seiner großen Erleichterung erkläre: »Ich bin nicht wegen dir da, ich bin wegen Jürgen Kohler da.« Es ging um Kohlers Kopf als Duisburg-Trainer. Später war ich dann wieder in Wolfsburg und habe dem Auge sagen müssen: »Heute bin ich wegen dir da.«

Hintergrund der Suspendierung 2004, das erklärte mir Struve vier Jahre später auf einer Geburtstagsfeier von Veronica Ferres: Wegen der *Focus*-Schlagzeile mit den Chaostagen hatte es eine Schaltkonferenz der ARD-Intendanten gegeben. Und, so Struve: »Wenn ich Sie am Mittag nicht suspendiert hätte, wäre nachmittags um vier Ihr Kopf gerollt, weil Sie das Bauernopfer gewesen wären. Sie hätten diese Abstimmung 9 : 0 verloren, mit Ihrem eigenen Intendanten an der Spitze. Mit der Suspendierung waren Sie aus der Schusslinie, und alle haben sich nur noch über Emig und den Stromausfall aufgeregt.« Insofern: Danke, Doktor.

Mein sechswöchiger Aufenthalt auf Fernseh-Elba lief während der Sommerspiele aus. Boßdorf musste extra deswegen von Athen nach Deutschland fliegen, was ihn auch nicht übermäßig euphorisch gestimmt hat. Es gibt Menschen, die sich zu erinnern glauben, Boßdorf habe sich mit den Worten

»Ich fliege zur Enthauptung von Waldi nach München« aus Griechenland verabschiedet. Ich würde das natürlich nie behaupten, denn ich war ja nicht dabei in Athen. Ich war ja auf Elba.

Jedenfalls ist der Koordinator in München eingeschwebt. Ich saß bereits eineinhalb Stunden bei Struve im Büro und kämpfte um meine berufliche Existenz. Unser zentrales Thema war: Wie geht es jetzt weiter? Wie könnten wir der Weltbevölkerung ein eventuelles Comeback von Waldi erklären? Und vor allem: Wie könnten wir es Boßdorf erklären? Der Koordinator musste zweieinhalb Stunden draußen vor der Tür warten, während Struve mit mir über Gott und die Welt plauderte. Es ging um Politik und alle anderen denkbaren und undenkbaren Themen. Der wollte wissen: Wie tickt dieser Hartmann eigentlich? Ist das tatsächlich so ein Sturkopf, wie manche in der ARD behaupten? Und zwischendurch sinnierte er immer wieder: »Eigentlich muss ich Sie rausschmeißen, eigentlich muss ich Sie rausschmeißen.« Und ich antwortete jedes Mal rituell: »Aber warum?« Struve darauf: »Weil es ein paar Leute in der ARD gibt, die Sorge haben, wann Sie die nächste Bombe platzen lassen.«

Meine Antwort: »Doktor, jetzt mal abseits des Protokolls: Etwas Besseres kann mir ja gar nicht passieren.« Darauf er: »Ich wusste, Sie sind ein Schwein! Aber Sie sind ein Kampfschwein! Und ich mag Kampfschweine!«

Irgendwann durfte Boßdorf, der Hüter der reinen Lehre, eintreten – der mit allem gerechnet hatte, nur nicht damit, dass wir gerade nach einer für alle tragbaren Formulierung für die Waldi-Rückkehr suchten. Die Presseabteilung durfte eine erste Presseerklärung formulieren, die aber dermaßen nach einer offiziellen Verlautbarung des Waldemar-Hartmann-Fanclubs e.V. klang, dass Boßdorf sagen musste, das unterschreibe ich niemals!

Wortwörtlich hatte der Doktor schreiben lassen: »Insbesondere ARD-Sportkoordinator Hagen Boßdorf, der in die Gespräche einbezogen war, kann sich eine Sportberichterstattung ohne Waldemar Hartmann nur schwer vorstellen.« Das war dann doch eine sehr freie Interpretation der realen Verhältnisse. Der Sportkoordinator wird sich gedacht haben: Also ich kann mir durchaus ein Leben ohne Waldi vorstellen, und das probieren wir am besten gleich mal aus. Deshalb gab es eine zweite Presseerklärung, die ich nicht unterschreiben konnte. Die dritte hat dann gepasst. Und ich war wieder da. Waldi aus der Asche.

Und damit lag ich in meinem ARD-Leben schon zum dritten Mal in der Aussegnungshalle. Dreimal wollten Sie mich killen, ganz am Anfang der Sprachpfleger Dr. Schmidt, dann die Kreuzerin und jetzt Struve. Und jedes Mal haben sie vergessen, den Sargdeckel zuzumachen.

21

SIND SIE DENN AUCH AUF ALLES VORBEREITET?

Rudis Rücktrittsroulette

Was für turbulente Wochen das waren 2004 – und das alles kurz nach der Fußballeuropameisterschaft in Portugal, die für die deutsche Mannschaft katastrophal verlaufen war, für mich aber mehr als erfreulich. Das ARD-Schulterklopfer-Kommando hatte Großeinsatz – nachdem mir Theo Zwanziger exklusiv den Rücktritt von Rudi Völler gesteckt hatte.

Und das kam so: Wir sind nach dem peinlichen 1:2 gegen die tschechische 1b, und damit nach dem Vorrundenaus, mit der Mannschaft von Lissabon aus nachts ins Mannschaftsquartier zurückgeflogen. Für den nächsten Vormittag war eine Pressekonferenz angesetzt, Bilanz der EM und Blick in die Zukunft. Wie geht's weiter mit der Nationalmannschaft? Wegen der brisanten Lage galt bei ARD und ZDF die Königshochzeitslösung: Beide übertragen gleichzeitig. Also nehme ich gegen halb neun den Aufzug runter zum Arbeiten. Und wer fährt mit mir im Aufzug? DFB-Schatzmeister Dr. Theo Zwanziger, der unverhohlene Ambitionen aufs Präsidentenamt hat und mit dem ich bis dahin über ein »Guten Abend« an der Bar nicht hinausgekommen war.

Wir fahren also gemeinsam runter, und Zwanziger fragt mich: »Sind Sie denn gut vorbereitet?« Ich zurück: »Wie immer, Herr Dr. Zwanziger.« Dann wieder er, ziemlich rätselhaft: »Sind Sie denn auch auf *alles* vorbereitet?« Ich, immer neugieriger, was mir der gute Mann damit sagen will: »Muss ich denn auf *alles* gut vorbereitet sein?« Denn *alles*, so schlau war ich auch, konnte nur den Rücktritt des Bundestrainers bedeuten. Zwanziger: »Ja, Sie sollten auf *alles* gut vorbereitet sein.«

Der Aufzug hält, er schlüpft raus, aber ich zupfe ihn an seinem Ärmel und frage ganz konkret: »Doktor, tritt er zurück?« Seine Antwort: »Ja.«

Ich mache ihm klar: »Ich gehe jetzt da raus vor die Kamera. Und ich muss das sagen. Ist das wirklich so?« – »Ja, hundert Prozent«, antwortet er, ist gar nicht mehr zu bremsen und raunt mir verschwörerisch zu, der Mayer-Vorfelder habe schon mit dem Daum telefoniert. Ich, fassungslos staunend: »Nein, wirklich?«

Hintergrund: Theo Zwanziger war, soweit ich das beurteilen kann, während der EM weniger mit Fußball beschäftigt als vielmehr mit dem gekonnten Absägen von DFB-Präsident Gerhard Mayer-Vorfelder. Ich hatte sowohl mit Christoph Daum als auch mit Mayer-Vorfelder immer ein super Verhältnis, und beide haben mir unabhängig voneinander weit nach der EM Stein und Bein geschworen: Dieses Telefongespräch nach dem EM-Aus, das mir Zwanziger da unterjubeln wollte, hat es nie gegeben. Daum meinte zu mir: »Für wie doof hältst du MV denn? Der ruft doch nicht mich an. Ich war ja verbrannt damals nach allem, was passiert war.«

Aber so war Theo Zwanziger. Einerseits steckt er mir eine exklusive Information zu, den Rudi-Rücktritt. Und andererseits bindet er mir einen Bären auf, um Mayer-Vorfelder zu beschädigen. Denn das war ihm auch klar: Christoph Daum war nach seiner Kokainaffäre dermaßen *persona non grata* zu dieser Zeit – jede öffentliche Erwähnung in Zusammenhang mit MV konnte nur negativ auf den angeschlagenen Präsidenten und Rivalen zurückfallen. Und wie lässt sich so ein Ränkespiel besser spielen als vor ein paar Millionen Zuschauer beim Hartmann, live im Ersten?

Aber zurück zum Völler-Rücktritt: Ich also raus aus der Hotellobby direkt zu meinem Redakteur Christoph Netzel: »Wir müssen sofort auf Sendung gehen, Völler tritt zurück.« – »Woher weißt du das?« – »Ich habe eine Quelle.« – »Und wenn's nicht stimmt?« – »Dann müssen wir uns warm anziehen. Und du weißt ja: Am Ende kriegst nicht du die Prügel, sondern ich, weil ich die Nase aus dem Fernseher rausgehalten habe.«

Christoph hat gleich den Völler-Nachruf rausgesucht, den hat man ja immer parat. Und ich wusste: Wenn ich Rudi jetzt zurücktreten lasse, Rudi aber in Wahrheit gar nicht daran denkt, zurückzutreten – dann setze ich meinen Job aufs Spiel. Es war wie beim Roulette. Alles auf eine Farbe!

Trotzdem bin ich draußen im schönen Garten vor die Kamera, morgens um neun, exklusiv: »Liebe Zuschauer, wie mir die Vögel von diesen Bäumen gezwitschert haben, wird Rudi Völler in der Pressekonferenz um halb zehn seinen Rücktritt erklären.« Dann lief der Nachruf. Es dauerte fünfzehn Minuten, bis das ZDF aufgewacht war und ebenfalls den mutmaßlichen Rücktritt meldete – mit einer Internetseite als Quelle, die von uns abgeschrieben hatte, und nicht mit der ARD als Quelle.

Der Arsch ging mir auf Grundeis. Hatte mich der Doktor gelinkt? Hatte ich jetzt den größten Mist meiner TV-Karriere gebaut? Dann war endlich Pressekonferenz – und Rudi Völler, mein Freund Rudi, sprach die erlösenden Worte: »Ich trete zurück.«

So leid es mir für ihn tat – aber wenn Rudi Völler doch noch auf die Idee gekommen wäre weiterzumachen, tja, dann wäre nicht seine Bundestrainerkarriere vorbei gewesen, sondern meine Laufbahn als Fernsehmoderator. Es konnte nur einer von uns beiden überleben an diesem Donnerstagmorgen in Portugal: Rudi oder ich.

Für den Rest des Tages war ich der ARD-Held. Sogar Fassi hat telefonisch gratuliert. Wir haben den ganzen Tag durchgesendet bis hin zum *ARD-Brennpunkt*, live, gleich nach der *Tagesschau*. Wobei ich vier Wochen später bei meiner Suspendierung feststellen durfte: Heldentum ist im Ersten Deutschen Fernsehen immer nur ein sehr kurzfristiges Vergnügen. From Hero to Zero in Nullkommanix. Achterbahnfahren ist eine entspannte Angelegenheit im Vergleich. Trotzdem standen meine beiden ganz persönlichen Olympiasiege noch vor der Tür – 2006 in Turin und 2008 in Peking mit *Waldi und Harry*. Aber diese Geschichten erzähle ich noch, nur etwas Geduld.

22

ITALIA NOVANTA

Rom, Reif, Rummenigge – meine WM *'90*

Die WM 1990 in Italien, als die deutsche Mannschaft unter Franz Beckenbauer kaiserlich spielte und den Titel holte, war die erste Fußballweltmeisterschaft, bei der ich fürs Fernsehen vor Ort dabei war – und für mich bis heute die schönste Sportveranstaltung meines Lebens. Italia Novanta war ein Traum.

In Italien stimmte alles: sportlich, das Ambiente in diesem herrlichen, fußballverrückten Land sowieso und für mich beruflich. Mein Vorteil war: Der Bayerische Rundfunk war der federführende Sender für die Weltmeisterschaft. Vor so einem Turnier ist bei den Sendern ja immer das Gedränge groß, wer in die Mannschaft kommt. Aber ich war beim Federführer, und das war gut so. Damals gab es ja noch das sogenannte Sportcheffernsehen: Alle Sportchefs der ARD-Sender durften die *Sportschau* moderieren – egal ob sie es konnten oder nicht.

Die Plätze waren rar. Aber Eberhard Stanjek hat das geotaktisch perfekt gemacht. Als Programmchef hat er Michael Lion vom SFB genommen – damit waren die Berliner ruhiggestellt. Im deutschen Quartier war Jörg Wontorra. Und die Storymacher hießen Reinhold Beckmann, vor seinem Wechsel zu Premiere, und Uli Köhler. Moderiert haben Wontorra und Werner Zimmer. Und ich hatte die Mittagssendung – mit Wiederholungen, aber auch mit Schalten ins deutsche Quartier, mit Studiogästen, Rückblick, Vorschau und allen Schikanen. Unser neuer Experte war Karl-Heinz Rummenigge. Kalle war damals gerade mal vierunddreißig, frisch vom Fußballweltruhm zurückgetreten, ein Weltstar auf dem Weg zum Weltmann, und alle fanden ihn großartig, sogar die Kritiker. Er hat uns jeden Studiogast der Welt angeschleppt, er hat uns jede Tür geöffnet, er war Gold wert für unser Team. Im Vergleich zu ihm hat Otto plötzlich damals schon so alt ausgeschaut, wie er heute ist.

Wir Fernsehmenschen wohnten alle im Hotel Leonardo da Vinci in Rom. Als kabarettistisches Element war Dieter Hildebrandt bei uns – als Konkurrenz zu Werner Schneyder beim ZDF. Auch eine sehr interessante Konstellation, vor allem abends in der Hotelbar. Schon damals gab es den fast zwanghaft neurotisch zu nennenden Versuch, Kabarett und Unterhaltung bei einem solchen Großereignis mit ins Programm zu nehmen. Gut gegangen ist es selten. Denn immer stand ein Warnschild daneben: Vorsicht, Satire!

Die beiden waren natürlich gut. Und an der Bar ein Gewinn – weil vor allem Werner gerne mal einen Rotwein getrunken hat und ziemlich ärgerlich werden konnte, wenn er keinen anständigen Rosso bekam. Und das passierte tatsächlich. Denn eines Tages kam eine Zeitung mit einer fast unglaublichen Meldung raus: Die italienische Regierung hat beschlossen, dass an den Tagen, an denen Italien spielt, landesweit kein Alkohol ausgeschenkt werden darf.

Skandal! Kein Dopingfall, kein Bundestrainerrücktritt hätte uns so nachhaltig erschüttern können wie diese Schreckensmeldung vom landesweiten Alkoholverbot. Die Rückkehr der Prohibition! Vor allem Werner Schneyder war entsetzt. Wir hielten das für eine Ente. Denn das kann ja gar nicht sein. Kein Rotwein in Italien, das ist noch schlimmer als kein Bier in Bayern. Und wenn die Italiener in Neapel spielen – warum sollen dann wir in Rom nichts trinken dürfen? Das muss falsch übersetzt worden sein.

Das Problem war: Es stimmte. Die spinnen, die Römer!

Wir waren also in Rom bei einem Spiel im Olympiastadion. Bereits unterwegs haben wir gemerkt, in den Restaurants gibt es keinen Alkohol, für niemanden. Da ging es deutlich ruhiger zu als sonst. Aber echte Sorgen gemacht haben wir uns immer noch keine. In unserem Hotel kriegen wir schon was zu trinken, die kennen uns, die mögen uns. Unser Freund, Barkeeper Benito aus Venedig, lässt uns bestimmt nicht im Stich.

Doch da hatten wir uns geschnitten, er ließ uns tatsächlich im Stich. Ich wie gewohnt zu Benito: »Einen Roten bitte.« Er zu mir, in erstaunlich ordentlichem Deutsch: »Kann nicht geben. Ist Gesetz.« Er erklärte uns, dass es bei Zuwiderhandlung drakonische Strafen für den Wirt und den Gast gibt, fast wie heute beim Rauchverbot. Deshalb: kein Roter. Kein Wein für niemanden und das nach einem anstrengenden Tag. Wasser und Spezi an der Hotelbar. Arrivederci Italia, wo ist deine alte Pracht und Herrlichkeit nur geblieben? Und das weit vor Berlusconi, der damals nur das Fernsehen verschandelte und noch nicht das ganze Land.

Irgendwann kam dann Werner Schneyder, der Liberale, der Gutmensch, der Schöngeist, der Gütige, der Alle-Menschen-Liebende – aber durstig. Und fing an zu toben mit allen Schimpfwörtern, mit denen du Italiener überziehen kannst, von Katzlmacher bis Spaghettifresser. Mir wurde schlagartig klar: Wenn der Körper Bedürfnisse signalisiert, findet jede Liberalität ihre Grenzen. Ich also noch mal zu Benito: »Benito, das kann nicht sein, wir müssen doch eine Lösung finden.«

Und wir fanden eine Lösung. Benito holte sein schönstes Kaffeegeschirr aus dem Schrank, stellte uns die Kaffeetassen auf den Tresen und schenkte ein. Rotwein aus der Kaffeekanne in die Kaffeetasse. Er meinte: Wenn die Polizei kommt, werden Sie euch schon nicht die Kaffeetassen wegnehmen und probieren. Das war eine wunderbare italienische Lösung. Wir waren glücklich, sehr glücklich sogar. Und Werner Schneyder war mit sich, der Welt und mit Italien wieder im Reinen.

Beinahe genauso wunderbar war das Centro Sportivo des italienischen Staatsfernsehens RAI direkt am Tiber. Am Schwarzen Brett hatte ich gelesen, dass alle WM-Journalisten mit einer Akkreditierung dort umsonst reindurften. Das Centro Sportivo umfasste ein luxuriöses Bad, Tennisplätze, eine Caféteria vom Feinsten und vieles mehr. Ich behielt dieses Wissen zunächst sorgfältig für mich – man will ja nicht, dass plötzlich Heribert Faßbender den benachbarten Liegestuhl besetzt. Wenn ich nach meiner Mittagssendung nichts mehr zu tun hatte, bin ich in dieses Wohlfühlparadies am Tiber und habe mich dort in die Sonne gelegt.

Irgendwann war es mir aber zu einsam, und ich habe in Kollegenkreisen durchsickern lassen, dass es da was ganz Tolles gibt unten am Tiber. Der Erste, der es überrissen hat, war Marcello. Also Marcel Reif, damals aufgehender Kommentatorenstern beim ZDF. Mit ihm hatte ich viel Spaß. Ich lag dort auf der Sonnenliege, plötzlich sagte Herr Reif zu mir: »Gehst mit mir auf einen Cappu?« Ich kannte ihn bisher kaum und war ganz verwundert: »Oh, mit dir, Herr Reif?« Er meinte: »Ich finde, wir sollten uns kennenlernen.« Ich zu ihm: »Das habe ich bisher nicht gefunden, weil ich dich für ein gewaltig arrogantes Arschloch gehalten habe.« Er zu mir, sehr entspannt und kein bisschen böse: »Ja, aber da bist du nicht der Einzige.«

Also sind wir losgezogen und haben drei Stunden gequatscht, der schwarze Hartmann und der intellektuelle Feingeist Reif. Und seitdem haben wir ein wunderbares Verhältnis. Wir freuen uns, wenn wir uns sehen. Ich mag ihn als Menschen, als Kollegen und als Reporter – er ist und bleibt für mich bis heute der mit Abstand beste deutsche Fußballkommentator.

Später haben sich unsere Wege noch einige Male gekreuzt – unter anderem als ich 1997 doch nicht zu RTL gegangen bin, obwohl ich mir mit RTL-Informationsdirektor Hans Mahr schon einig war, die Nachfolge von Marcel als Sportchef anzutreten. Ich wollte meinem Spezi Marcello nichts wegnehmen, aber der Mahr Hansi versicherte mir glaubhaft, die ganze Verwaltungsarbeit sei eh nichts für Reif, der will ohnehin aufhören als Sportchef. Mahr mit seinem typischen Wiener Schmäh: »Waaßt eh, I wü an Marcello ja behalten, oba des wer ma miassn dann irgendwie kombinieren.« Kombinieren war sein Lieblingswort, der Hans musste immer irgendwas kombinieren. Also treffen wir uns in München im Vier Jahreszeiten, Helmut Thoma kommt später noch dazu, und wir werden uns relativ schnell einig. Dass ich dann nach Köln hätte umziehen müssen, ist mir erst später aufgefallen, aber da war's eh schon egal.

Gegen ein Uhr nachts sind wir erfolgreich mit dem Verhandeln und mit dem Kombinieren fertig – Mahr, mein getreuer Freund und Berater Roland und ich. Als wir das Hotel verlassen, wienert der Mahr Hansi: »Heast, gemma no auf an Absacker ins Schumann's.« Ich habe grundsätzlich nie etwas gegen einen Absacker im Schumann's, nichts liegt mir ferner – aber wenn wir unseren Deal geheim halten wollten, sollten wir vielleicht nicht unbedingt gemeinsam im Schumann's aufschlagen, in dem nachts die halbe Münchner Medienszene ihren Absacker zu sich nimmt. Dann steht es nämlich am übernächsten Tag in allen Zeitungen.

Der Informationsdirektor war nicht zu überzeugen: »Mir geh'n ins Schumann's, aber höchste Geheimhaltungsstufe!« Schumann's und Geheimhaltung – das sind zwei Begriffe, die sich gegenseitig ausschließen. Also ich zu ihm: »Dann kannst du genauso gut gleich morgen früh eine Presseerklärung rausgeben, dass ich RTL-Sportchef werde.« Aber der Mahr Hansi wollte partout ins Schumann's, bei so was ist er eigen. Wir also zu Fuß rüber, und weil Geheimniskrämerei angesagt ist, bin ich nicht an meinen Stammplatz rechts an der Bar, sondern auf die linke Seite an einen Tisch. James Bond wäre stolz auf unsere Geheimhaltungsmaßnahmen gewesen. Jedenfalls kommt ein Kellner zu uns an den Tisch, bedient uns – und fragt mich später beim Rausgehen: »Waldi, gehst du zu RTL?« Der Weg zu James Bond war also doch weiter, als wir gedacht hatten. Ich zu ihm: »Halt bloß die Klappe!« Sonst: Trinkgeldentzug, lebenslang! Und ich pflege immer gutes Trinkgeld zu geben.

Doch es kommt, wie es kommen muss. Irgendwann quatscht mich der selige Hans Lehrberger von der *Abendzeitung* an: »Ich hab da was gehört. Gehst du zu RTL?« In solchen Situationen macht man mit dem Journalisten einen Deal: Jetzt bitte nix rauslassen, du machst mir damit etwas kaputt – aber wenn die Sache spruchreif ist, darfst du es als Erster schreiben. So sind wir verblieben.

Etwas später, der letzte Kampf von Henry Maske in der Münchner Olympiahalle gegen Virgil Hill. Vor dem Kampf treffen sich der künftige RTL-Sportchef, also ich, Mahr, Thoma, Fäßler und Bertelsmann-Vorstand Rolf Schmidt-Holtz im Vier Jahreszeiten. Danach fahren wir gemeinsam beim VIP-

und Presseeingang der Olympiahalle vor – und laufen an der Tür ausgerechnet dem Lehrberger Hans in die Arme. Und da ist der *AZ*-Journalist mit seiner Geduld am Ende. »Nix für ungut, Waldi, aber jetzt muss ich es schreiben.« Verständlich – warum soll er Rücksicht nehmen, wenn wir unsere junge Liebe so öffentlich zelebrieren?

In der zweiten und dritten Reihe der Olympiahalle waren Plätze für Mahr, Thoma, Schmidt-Holtz, Roland und mich reserviert. Auffälliger kannst du es wirklich nicht mehr machen. Beim Geheimdienst Ihrer Majestät müssen wir uns nicht mehr bewerben. Am Sonntag ist es in der *BamS* gestanden, am Montag in der *Abendzeitung*, und dann hat mich der Mahr Hansi angerufen: »Heast, des is blöd gelaufen, da Marcello fühlt sich veroascht.« Das hätte ich an Marcels Stelle ganz ähnlich gesehen. Vorschlag vom Hans: »Heast, jetzt muaß ma erst amoi a bissl Gras wachsen lassen über die Angelegenheit, und mia miassn des mit'm Marcello neu kombinieren. Aba wannst a Zahl zum Zocken brauchst beim BR – i steh dazu.«

Die Zahl zum Zocken konnte ich gut brauchen. Im Zuge dieses Zockens habe ich beim BR die Sendung *Ohne Gewähr* bekommen, a bisserl außenrum kombiniert und finanziert, wie der Mahr Hansi sagen würde. Der ehemalige Informationsdirektor kombiniert sich bis heute unermüdlich durch die deutsche Medienlandschaft, und das Gras wächst bis heute über die Angelegenheit. Was mir auch gar nicht unrecht war. Köln war eh nicht mein großer Sehnsuchtsort. Mir sind die Berge lieber.

Und das Ende vom Lied: Irgendwann traf ich Marcel Reif wieder und erklärte ihm die ganze Geschichte. Er war völlig entspannt, alles kein Problem – und er lachte: »Waldi, wenn die nicht so blöd gewesen wären, hätten wir eine Menge Spaß zusammen haben können.«

Zurück zur WM '90, die für mich vor allem eines war: Rummeniggemania! Kalle wurde wie ein Götze verehrt in Italien. Unvorstellbar! Die Italiener liebten ihn, was ich zuerst nicht verstanden habe, weil er ja in Mailand gespielt hat, bei Inter – und die Römer hassen bekanntlich die Mailänder, und die Mailänder verachten die Römer, die für sie praktisch schon Afrikaner sind.

Benito, unser Freund mit der alkoholhaltigen Kaffeekanne, hat mir das erklärt: Der blonde Kalle mit seiner schönen Frau und seinen süßen Kindern, der gleich angefangen hat, Italienisch zu lernen, Famiglia, Bambini – Italien liebte Kalle. Ganz Italien. Und wenn Kalle mal wieder verletzt war, litt ganz Italien mit ihm. Und sie lieben »Il Biondo« bis heute. Rummenigges exzellente Drähte nach Italien für den FC Bayern rühren aus dieser Zeit. Es herrschte eine unglaubliche Verehrung rund um Kalle. Wir haben am Stadion jeden Fahrdienst verpasst, weil er so lange die Menschen segnen und Autogramme schreiben musste. Das mit dem Fahrdienst war dann aber kein Problem – denn als die Carabinieri seiner ansichtig wurden, haben sie uns mit Blaulicht ins Hotel gefahren.

Wenn du mit Kalle vor der verschlossenen Tür eines rappelvollen Klubs oder Restaurants standest und der Mann an der Tür hat Rummenigge gesehen, gab es nur noch ein großes »KALLLLLLLEEEEE« und den tiefsten Buckel der Welt. Bitte eintreten! Der Herrgott war erschienen, der beste Tisch des Hauses wurde neu gedeckt. Und der Koch kam mit vier verschiedenen Tomatensoßen an den Tisch und fragte, welche Tomatensoße Signore Kalle denn gerne hätte.

Irgendwann haben wir italienische Mädels an der Bar getroffen, die uns den schönsten Superklub von Rom zeigen wollten. Also sind wir hin zu diesem Klub, haben an der Tür geklingelt, nix rührte sich, alles war voll, morgens um halb vier. Doch dann ging das Guckloch in der Tür auf, der Mann schaute und fiel in Ohnmacht: »KALLLLLLLEEEEE!« Mamma mia! Und dann kommen wir in einen Laden, wie ich ihn davor und danach nie mehr gesehen habe, Marmor, Gold, Mahagoni. Mittendrin: Pelé. Pelé umarmt Kalle, man sieht, er ist auch in der großen Fußballwelt ein ganz Großer. In dieser Nacht habe ich mit Pelé Lambada getanzt. Das war damals, dank Roger Milla, die ganz große Nummer. Wer kann das schon von sich behaupten?

Kalle war Türöffner für uns und für mich, in der Disco und im Stadion, für internationale Interviewpartner, für alles. Und Kalle wusste genau, wie das geht: »Du musst vor allem top gekleidet sein. Der Italiener geht mit dem besten Zwirn ins Stadion.« Irgendwo haben wir eine Sonnenbrille von Gianfranco Ferré gesehen, für 600 Mark. Völlig pervers, keine Sonnenbrille der Welt kann 600 Mark wert sein. Mein Vater war Straßenbahnfahrer in Nürnberg. Sonnenbrillen für 600 Mark waren nicht meine Welt.

Aber die von Kalle. Er zu mir: »Die musst du dir kaufen.«

Ich zu Kalle: »Bist du bescheuert? Ich kauf doch keine Sonnenbrille für 600 Mark.«

Er zu mir: »Mit der Brille kommst du in jedes Stadion, ohne eine Karte vorzuzeigen. Mit einer anderen nicht.«

Ich habe also diese Sonnenbrille gekauft, vielleicht war sie ja aus Platin, und ich hatte ein gutes Geschäft gemacht. Kalle kaufte die gleiche Sonnenbrille. 1200 Mark für zwei lumpige Sonnenbrillen. Auch wenn sie von Herrn Ferré waren: Ich fand das völlig deppert.

Also sind wir im Edelzwirn und mit unseren Edelsonnenbrillen rumgelaufen wie zwei italienische Gockel. Die Kollegen haben sich gedacht, jetzt dreht er völlig durch, der Hartmann. Aber Kalle hatte recht, es hat funktioniert. Keiner hat mehr nach einer Akkreditierung gefragt. Ich bin mit Kalle eineinhalb Stunden vor dem Finale im Olympiastadion in Rom über den Rasen gegangen, was uns der Franz später nachgemacht hat – und, ich schwöre, ohne irgendwo eine Akkreditierung vorzeigen zu müssen! Die magische Brille hat gereicht. Kalle hatte diese Lebensart absolut drauf. Er wurde in Italien vom rotbackigen Lippstädter zum Weltmann – mit allen Vor- und Nachteilen.

Natürlich hat man gemerkt, dass die Kollegen langsam neidisch und misstrauisch wurden. Kalle und ich haben uns immer abgesondert, es gab kaum gemeinsame Veranstaltungen mit dem Rest der Truppe. Und wenn, haben wir uns gleich wieder abgesetzt. Kalle voraus, ich hinterher. Allgemeiner Eindruck: Die zwei glauben, sie sind was Besseres.

Es gab einen Kollegen vom WDR, den alle nur »Das Ohr« nannten. Genauer gesagt, das Ohr von Faßbender. Der schlich überall rum, auch um Kalle und mich, wahrscheinlich um uns auszuhorchen und alles seinem Chef zu melden. Einmal wollte er partout mit Rummenigge und mir essen gehen. Wir mussten über die Feuerleiter aus dem Hotel flüchten, um ihm zu entkommen.

Damals haben wir uns sensationell verstanden, Kalle und ich. Später dann leider nicht mehr so. Das Problem war: Alle in der ARD kannten Kalle und mich. Und die Sportchefrunde wählte immer die feigste und für sie günstigste Lösung, wenn es schlechte Nachrichten für Kalle gab. Also zum Beispiel unerfreuliche Umfragewerte zum Ende seiner ARD-Karriere, als Kalle zunehmend in die Kritik geriet. Und die einfachste Lösung lautete immer: Das muss ihm der Waldi beibringen. So wurde ich zur personifizierten schlechten Nachricht für Kalle, zum Hiob mit Schnauzbart. Der große Rummenigge war in seiner Ehre gekränkt, und wer war schuld? Der Hartmann. Was auf Dauer zu einer erheblichen Abkühlung unseres Verhältnisses führte.

23

BERTI KOMMT, DER SPASS GEHT

Von Chicago nach Mottram Hall

Bei der WM 1994 in den USA war ich zum ersten Mal bei der deutschen Mannschaft stationiert. Mein Vorgänger Jörg Wontorra war 1992 zu Sat.1 gegangen, zu Reinhold Beckmanns nagelneuer Sendung *ran*. Also wurde Waldi der neue Wonti – als *Embedded Reporter* beim DFB-Team, im deutschen Quartier in der Nähe von Chicago.

So schön wie 1990 war es nicht mehr. Damals in Italien hatten wir ein bayerisches Heimspiel mit Franz, mit Sepp Maier, mit Lothar, mit Auge, mit Kohler, Reuter und Aumann, mit der medizinischen Fraktion, Klaus Eder, Hans Montag und Hans-Wilhelm Müller-Wohlfahrt – die ganze WM war vom FC Bayern geprägt. Lothar Matthäus war zwar in Italien bei Inter, aber immer noch gefühlter Bayern-Spieler.

Eine WM später, 1994 in den USA, war die Rhein-Ruhr-Mafia am Zug. Berti. Und Boni Bonhof, mein Halbzeitinterviewpartner. Es war alles eindeutig zäher als in den herrlichen Wochen von Rom.

Schön war, dass irgendwann die Schneeforscher ankamen, die legendäre Clique um Franz Beckenbauer, Uwe Seeler, Max

Lorenz, Luggi Müller, unter der Führung von Rudi Houdek, dem großen bayerischen Wurstfabrikanten und Strippenzieher hinter den Kulissen des FC Bayern. Rudi war damals in den USA schon achtzig, aber voll im Saft. Er war topfit und gab Vollgas ohne Rücksicht auf Verluste. Und noch schöner war: Wir waren im selben Hotel. Die Wege waren also kurz und die Reibungsverluste minimal. Franz war damals im Rahmen seiner Expertentournee durch alle Fernsehsender der Republik beim noch ziemlich neuen Premiere gelandet, mit der Sendung *Schau ma mal*, eine ganz Viertelstunde am Tag. Sprich: Dem Franz war ziemlich fad. Er hat dann für uns im Ersten auch ein bisserl was gemacht, aber danach war ihm immer noch fad.

Wir hatten sensationellen Spaß, besonders mit Houdek, der mich richtig ins Herz geschlossen hatte. »Du Sauhund«, hat er immer zu mir gesagt, »erzähl noch einen Witz …« Eine Woche lang war ich jeden Abend essen mit der Bande – als Aushilfs-Schneeforscher, beim Franzosen, beim Italiener, bis die lustige Sippe zu meinem tiefsten Bedauern wieder heimgeflogen ist. Wenigstens der Franz blieb. Und wenn ihm schon wieder fad war, hat abends bei mir das Telefon geklingelt: »Wir sind beim Franzosen, kommst mit?«

An einem Abend mit den Schneeforschern haben wir Uwe Seeler als HSV-Präsidenten erfunden. Und den Bayern-Präsidenten Beckenbauer gleich noch dazu. Damals hat es mal wieder lichterloh gebrannt beim HSV, und der Franz hat zum Uwe gesagt: »Du musst Präsident machen.« Der Uwe wollte aber nicht: »Wir haben keine Sponsoren, alles so schwierich, Franz, weißte …« Der Franz: »Wenn du das machst, dann kriegst schon Sponsoren.« Nach mehreren schweren französischen Rotweinen war die Lage wie folgt: Handschlag zwischen Uwe und Franz und die Zusicherung vom Uwe: »Franz, wenn du Bayern-Präsident machst, dann mach ich

HSV-Präsident.« Und so geschah es. Beide sind Präsident geworden.

Eigentlich war die WM doch nicht so schlimm, zumindest beim Abendessen. Bloß blöd, dass Fußball gespielt wurde. Und schlecht noch dazu.

Der Fußballaufreger 1994 im deutschen Team war das Trio infernale Angela Häßler, Bianca Illgner und Martina Effenberg. Die Spice Girls unter den Spielerfrauen. Drei Schnepfen auf dem Egotrip, die allen das Leben zur Hölle machten. Die drei führten ein richtiges Theater auf, weil sie nicht im Mannschaftshotel wohnen durften, sondern etwas abseits in einem Resort untergebracht waren. Ich habe damals Thomas Berthold gefragt: »Was ist los bei euch?« Was eigentlich als Frage zum Sport gedacht war. Und Berthold antwortete: »Wir haben jetzt abgestimmt. Zweidrittelmehrheit, dass die Frauen zu uns ins Hotel sollen. Aber nicht die eigenen ...«

Das Tragische war: Das war die beste deutsche Fußballmannschaft seit 1972, eine Megatruppe, viel besser als 1990. Zumindest theoretisch. Da waren die 90er-Weltmeister, in der Blüte ihrer Jahre, und dazu zum ersten Mal bei einer WM auch noch die Ostler. Der Franz hat schon nicht verkehrt gelegen mit seiner Prognose nach der WM '90, dass wir auf Jahre unschlagbar sein würden.

Diese Mannschaft hatte alles: Künstler wie Basler und Häßler, Marschierer wie Matthäus und Brehme, Stürmer wie Völler und Klinsmann, Antreiber wie Effenberg und Sammer. Das war eine Megatruppe! Nur eines hatten sie nicht: Lust aufs Arbeiten. Die waren satt, disziplinlos, es gab Eitelkeiten ohne Ende. Eigentlich war die WM für uns schon vor dem Abflug nach Amerika gelaufen. Der Einzige, der richtig Gas gegeben hat, war Jürgen Klinsmann. Der hat in dieser brutalen Hitze, da waren teilweise über 60 Grad im Stadion, gerackert ohne Ende. Man kann über Klinsmann denken, was man will, aber das war sensationell.

Nie mehr, weder vorher noch nachher, habe ich eine Fußballmannschaft erlebt, die so wenig aus ihren Möglichkeiten gemacht hat. Und der Franz hatte in seiner kühnen Prognose nicht mit Berti gerechnet. Mit dem Franz wären die Weltmeister geworden und hätten eine überragende WM gespielt. Das Finale zwischen Brasilien und Italien mit dem Elfmeterschießen war grauenvoll, das hätte unsere Truppe gewinnen können. Oder müssen.

Man muss das so hart sagen: Wenn Berti kam, dann ging der Spaß. Mit einem freudlosen Trainer spielst du halt auch freudlosen Fußball. Berti ist so, er kann nicht raus aus seiner Haut. Der damalige Pressesprecher und heutige DFB-Präsident Wolfgang Niersbach hat jahrelang versucht, Berti zu bekehren und ihn zugänglicher zu machen, offener, weniger misstrauisch – erfolglos. 1996 hat es auch Niersbach aufgegeben.

In England ist Berti dann Europameister geworden – die Truppe war einfach gut, doch im Endeffekt hat dieser Erfolg dem deutschen Fußball nur geschadet, weil die notwendigen Reformen wieder auf die lange Bank geschoben wurden. Erst nach dem Scheitern von Erich Ribbeck bei der EM 2000 hat Gerhard Mayer-Vorfelder die Umkehr eingeleitet, von der heute Löw und die ganze Bundesliga profitieren. Es entstanden beispielsweise die Internate der Bundesligisten, die Voraussetzung der Bundesligalizenzierung waren. Was damals gesät wurde, ernten, meiner Meinung nach, heute die Liga und Löw. Götze, Reus, Schürrle und so weiter.

Mit Berti konnte man 1994 in den USA also wenig Spaß haben – mit Reiner Calmund dafür umso mehr. Ich weiß noch, irgendwann sollte mich ein gemietetes US-Kamerateam vom Hotel abholen, um zu einem Interviewtermin mit Berti zu fahren. Die wussten aber nur meinen Namen: »Hardmaaaan«, with a moustache, mit einem Schnurrbart, und nicht ganz dünn ...

Ich fahre also mit dem Aufzug runter in die Lobby, doch da ist kein Kamerateam. Irgendwann gehe ich an die Rezeption, frage nach meinem Team, und die gute Frau meint: »Ja, da war vorhin ein Kamerateam da. Die sind in einem Van weggefahren.« Es war eine Riesenhektik, damit ich noch rechtzeitig zum Termin mit dem Bundestrainer komme.

Abends sitze ich mit Udo Lattek an der Bar zum gemeinsamen OJ-Simpson-Schauen. Damals lief der Prozess gegen den Footballsuperstar, der als angeblicher Mörder seiner Frau angeklagt war. Das war während der WM das einzige große Thema in den USA. Für Soccer hat sich nicht wirklich jemand interessiert. Da höre ich hinter mir jemanden fragen, mit schwerem rheinländischem Zungenschlag: »Hör ma, haste heute nisch 'n Kamerateam jesucht?«

Reiner Calmund. Ich zu ihm: »Woher weißt jetzt du das?«

Er zu mir, meine Ohren immer größer: »Isch will dir nur sagen, die haben misch zum Flughafen jefahren. Isch sag dir, dat is so schwierig hier mit dem Taxi, und als isch aus dem Aufzug komm und die misch fragen, are you Mr. Hardmaaaan, sag isch erstma vorsischthalber Yes, und dann nehmen die misch einfach mit ... Und am Airport haben sie misch jefragt, wen wir interviewen sollen, da sach isch, niemand ...«

Calli hatte mir mein Kamerateam geklaut, der alte Halunke.

Und dann war da noch der Typ vom Hotel, der die Stretchlimousinen verteilte. Er konnte ganz gut Deutsch, weil er als GI in Rammstein stationiert war. Dem habe ich einen ARD-Ball geschenkt, und wir durften dann auch mal Stretchlimo fahren. Wir, ein paar Zeitungsleute und ich, sind mit dem siebzehn Meter langen Gefährt in einen Klub gerauscht. Disco, Saturday Night Fever in Chicago! Als wir an der Disco ankamen, war davor eine schier unüberschaubare Schlange, locker fünfzig Meter lang. Wir fragen den Fahrer: »Sir, gibt es nicht die Möglichkeit, uns direkt zur Tür zu fahren?« – »Okay«, sagt der Sir, für zwanzig Dollar kein Problem. Und vor der Tür steigt der Fahrer aus und erklärt dem Gorilla an der Pforte: Das ist das German Soccer Team! Die Fußballsuperstars aus Germany! Die musst du unbedingt reinlassen!

Also ließ er uns rein. Das war ein Riesenladen. Und den Frauen da drin machten wir klar: Einer von uns war Riedle, ein anderer war Basler, einer Möller. Und ich war Assistant Coach – denn den Fußballstar hätte mir nicht einmal ein Amerikaner abgenommen, der überhaupt keine Ahnung vom Kicken hatte. Wir hatten Spaß ohne Ende, wir Nationalspieler, das haben wir drei Abende lang so gemacht. Wir waren als spendables und trinkfestes German Soccer Team mittlerweile dort bekannt und sehr begehrt, vor allem bei den Damen.

Beim dritten Mal gab es dann allerdings das Problem, dass auch das echte German Soccer Team in den Laden kam. Kommt also Basler zu mir, der echte Basler, und fragt: »Hömma, was läuft hier eigentlich?« Da erklärt ihm mein Berliner Kollege Frommi: »Hör mal, Mario – ich bin Basler!« Aber die Jungs haben mitgespielt und uns nicht auffliegen lassen, weil niemand diese Weltmeisterschaft ernst genommen hat – außer Jürgen Klinsmann und Berti Vogts.

Wir hatten Spaß, doch dann kamen Stoitschkow, Letschkow und mit ihnen das Aus gegen Bulgarien im Viertelfinale. Gegen Bulgarien! Mit dieser Truppe! Es war eine Schande! Ein verschenkter WM-Titel!

Herr und Frau Effe waren da schon zu Hause – was ich weltexklusiv vermelden durfte. Und das kam so: Morgens um halb sieben läutete das Telefon. Nicht meine Zeit. Am Telefon: Kalle Rummenigge. Ich war aber am Abend davor brav ins Bett gegangen, weil ich morgens um neun mit Berti einen Termin ausgemacht hatte, Aufzeichnung, Interview. Am Abend davor hatten sie in Dallas gegen Südkorea gespielt, zum Abschluss der Vorrunde. Auf der Agenda: die Vorrundenbilanz mit Berti.

Vom mühsamen 3:2 gegen die Koreaner redete am nächsten Morgen aber niemand mehr. Denn: Südkorea – das war der Stinkefinger von Stefan Effenberg. Ich hatte das Spiel im Fernsehen verfolgt, da war nichts von einem ausgestreckten Mittelfinger zu sehen, ich ging völlig ahnungslos ins Bett. Das kam erst danach raus, als deutsche Zuschauer in Dallas die Geschichte DFB-Präsident Egidius Braun und seiner Delegation steckten. Damals standen noch nicht fünfzig Fernsehkameras in jedem Winkel des Stadions, nicht einmal bei einer Weltmeisterschaft.

Also: Kalle am Telefon. Morgens um halb sieben war die Welt nicht mehr in Ordnung. Kalle hatte die Exklusivmeldung für mich: »Bist du wach? Gut, hör zu: Die schmeißen den Effenberg raus. Der fliegt heim.«

Hammer! Ich war nicht wach, ich war hellwach.

Egidius Braun hatte bei Rummenigge angerufen, wollte seine Meinung hören. Braun durfte sich nicht beschweren – wenn er beim offiziellen ARD-Experten den Effe-Rauswurf ausplauderte, musste er damit rechnen, dass Kalle seinen Expertenpflichten nachkommt und die Geschichte die Runde macht.

Jetzt wusste ich es auch. Und um Viertel vor neun kamen Berti und Pressechef Wolfgang Niersbach ins Internationale Fernsehzentrum zum Interview.

Allerdings hatte ich ein taktisches Problem:

Effe wusste noch gar nicht, dass er den Urlaub mit seiner Holden früher als geplant antreten konnte. Und dass er es aus dem Fernsehen erfuhr, war auch keine gute Idee. Berti war im Übrigen dagegen gewesen. Er wollte Effenberg nicht heimschicken. Stefan war ihm zu wichtig. Er wusste, dann würde er nur noch mehr Theater haben – womit er nicht ganz verkehrt lag.

Ich überlege mir also eine Taktik und erkundige mich im Vorgespräch, noch ohne Kamera, bei Berti: »Und, fangen wir das Interview damit an, dass ihr Effe heimschickt?«

Berti wird totenbleich: »Woher weißt du das?«

»Mei, weiß ich halt. Muss ich nicht sagen.«

Berti patzig: »Dann sagen wir auch nichts. Dann gehen wir gleich wieder.«

Er und Niersbach beratschlagen ein paar Meter entfernt. Und dann haben wir ausgemacht: Wir zeichnen jetzt das Interview auf, ich spreche den Stinkefinger an – und Berti weicht aus. Motto: »Wir müssen mit Stefan darüber reden, wir müssen Konsequenzen ziehen. Aber wir wissen noch nicht, welche.« Holla, konnte der Berti überzeugend schwindeln, dem hast du nichts angemerkt. Bei so viel schauspielerischem Talent war es richtig erstaunlich, dass es für ihn nur zu einer Gastrolle fünf Jahre später im *Tatort* reichte, als er den legendären Satz aufsagen durfte: »Gib dem Kaninchen eine Möhre extra, es hat uns das Leben gerettet.«

Mein Deal mit Niersbach und Vogts lief so: Zum Ausgleich für mein Dummstellen im Interview durfte ich meine Weltneuheit eine Stunde später als »Breaking News« exklusiv über den Sender jagen. Weil noch niemand ein Bild von Effes Stinkefinger hatte, hielt ich meinen eigenen Finger in die Kamera und führte plastisch vor, wie die Geste geht. Und nachdem mein BR-Schlauberger-Kollege Markus Othmer meinen Finger anstelle von Effes Finger in die »Bilder des Tages« schnitt, wurde die Nation an diesem Tag in der ARD gleich fünfmal mit Waldis Stinkefinger beglückt. Später hatten wir auch noch die Exklusivbilder, wie Effe im Resort ankam, in dem das unselige Trio Effenberg-Illgner-Häßler residierte –

denn wir wussten ja als Einzige, dass Stefan seine Martina vorzeitig für den Heimflug abholen musste.

Das war ein weniger guter Tag für Berti, doch ein sehr guter für uns. Danke, Kalle! Danke, Effe!

Aber egal, ob mit oder ohne Stefan Effenberg – im Viertelfinale gegen Bulgarien war Schluss. Man wirft uns Journalisten ja gerne vor, dass wir alles schlechtschreiben und schlechtreden und immer nur auf den nächsten allertiefsten Tiefstpunkt warten (Hallo, Rudi, ich hoffe, du liest mit!) – doch am Ende des Tages, wie Karl-Heinz Rummenigge immer sagt, wollen wir ja auch über Erfolge berichten. Einerseits, weil wir schlussendlich den Fan in uns nicht verleugnen können. Und andererseits, weil ein Halbfinale Deutschland gegen Italien allemal bessere Verkaufszahlen und Einschaltquoten bringt als Bulgarien gegen Sowjetkirgisistan oder die nördliche Südmongolei. Aber, wie gesagt, es hat nicht sollen sein. Die Vorlage kam quasi von Berti. Der Letschkow Jordan hat zum 2:1 verwandelt – und Fußball-Deutschland war über denselben.

Danach kam der Auftrag von der obersten ARD-Heeresleitung: Einer muss mit der deutschen Mannschaft nach Hause fliegen. Plötzlich richteten sich alle Augen auf den Hartmann, der sich gerne noch das WM-Finale in Pasadena angeschaut hätte. Wieso ich? »Weil du bei der deutschen Mannschaft bist.« Und zwar als *Embedded Reporter*, bis zum bitteren Ende.

Immerhin spendierte mir die ARD einen First-Class-Flug – aber auch nur, weil kein anderer Platz mehr frei war. Man muss sagen: Jeder Gefangenentransport muss lustiger gewesen sein als dieser Flug. Jedes Begräbnis ist von besserer Laune geprägt. Einige Spieler blieben vorsichtshalber gleich drüben in Amerika, unter anderem Lothar – bloß keine unnötige Konfrontation mit der deutschen Presse riskieren.

Der Rest, darunter der Ersatztorwart Oliver Kahn, damals noch in der Vor-Titan-Phase und Nummer drei hinter Bodo Illgner und Andreas Köpke, flog nach Frankfurt. Mit mir. Und ich hatte die Aufgabe, nach der Landung am Flughafen in Frankfurt in der Früh um halb acht den dort wartenden Kollegen des Hessischen Rundfunks den einen oder anderen auskunftsfreudigen Fußballer zuzuführen. Was für ein großartiger Job – nach einem WM-Aus und einem Langstreckenflug sehen sich Fußballspieler ja geradezu danach, endlich dem prachtvollen Ersten Deutschen Fernsehen ein Interview geben zu dürfen! Gibt ja überhaupt gar nix Schöneres, als dem Hessischen Rundfunk in so einer Situation sein Herz auszuschütten!

Ich saß also in der ersten Klasse, von Chicago nach Frankfurt, neben DFB-Chef Egidius Braun. Einmal bin ich nach hinten geschlappt, in die Business Class – ich sehe heute noch Matthias Sammer vor mir, wie begeistert er geschaut hat. Motto: Lieber Gott, erst Berti, dann die Bulgaren und jetzt auch noch der Hartmann – vielleicht wäre ein Flugzeugabsturz doch die bessere Alternative!

Die anderen sind sofort in Tiefschlaf verfallen, als sich mein First-Class-Vorhang bewegt hat – die hatten wohl alle eine heilige Angst, dass ich mit dem Mikro bewaffnet irgendwas von ihnen will. Dabei hatte ich überhaupt nicht die Absicht, irgendjemanden mit Fragen zu belästigen. Vorne, neben dem Präsidenten, ging es mir nämlich, unter den gegebenen Umständen, relativ gut. Die Versorgungslage war sogar ganz wunderbar, ich habe alles in mich reingeschaufelt, was die Bordküche an Essen und Schampus zu bieten hatte. Die Lage war ruhig und relativ stabil – bis irgendwann die Oberstewardess zu mir kam und mir ins Ohr flüsterte: »Herr Hartmann, dort hinten sitzt ein Herr Sepp Maier, und er meinte, er hätte auch noch Durst. Aber ich darf dem nicht von mir aus sagen, dass er in die Erste vorkommen darf. Nur wenn Sie mich darum bitten, dass ich ihm ausrichte, dass er vorkommen soll, dann darf ich das.«

Also kam er, der Herr Sepp Maier. Die Katze von Anzing, auch schon leicht angegriffen, meldete sich bei mir in der First Class, als »Ehrensteward von der Condor«. Von da an stand ich mit dem Sepp hinter dem Cockpit, direkt an der Getränkequelle, und wir haben diese saudumme Weltmeisterschaft noch einmal nachgespielt. Und nachgespült. Am Ende war die Getränkequelle versiegt, und der Sepp und ich hatten eine Vollrakete.

In Frankfurt dann Umsteigen nach München, mit Bayern-Präse Fritz Scherer, mit dem Sepp und seinem Titanenfrischling, der im August beim FC Bayern anfangen sollte. Das Problem war bloß: Wie kommen der schwer angegriffene Anzinger und ich beim Aussteigen in Frankfurt diese elend steile Gangway runter? Draußen auf dem Rollfeld lauerten schon die Kameras, die Jäger und die Schützen – und vor allem meine reizenden Kollegen von der Arbeitsgemeinschaft der öffentlich-rechtlichen Rundfunkanstalten der Bundesrepublik Deutschland. Als wir an der Reihe waren, raunte mir der Ehrensteward von der Condor zu: »Waldi, ich glaub, jetzt musst mich halten. Leck mich am Arsch.«

Ich habe deutlich gespürt, der Sepp braucht jetzt meine Unterstützung, sonst kommt der diese Gangway niemals runter, die vor uns abgrundtief klaffte wie der Grand Canyon. Dabei war ich doch selber schwer anlehnungsbedürftig. Jedenfalls schafften es der Bundestorwarttrainer und der Bundestrainerinterviewer irgendwie gemeinsam diese furchterregende Treppe runter, zwei schwankende Gestalten auf vier wackligen Beinen, zwei gute Freunde, die in diesem Moment niemand trennen konnte. Außer dem Erreichen des seligen deutschen Erdbodens hat mich in diesem Moment überhaupt nichts mehr interessiert, keine Interviews, der Hessische Rundfunk konnte mich gernhaben.

Welchem Spieler sollte ich denn jetzt sagen, geh da mal hin bittschön, da wartet ein Kollege vom HR, und der hat sich ein paar irrsinnig spannende Fragen für dich ausgedacht? Das ist toll, darfst du dir auf gar keinen Fall entgehen lassen! Keinem der WM-Viertelfinalausscheider konnte ich das antun. Jeder Spieler hätte zu mir gesagt: »Waldi, hast du einen an der Waffel?«

Wir also sofort rein in den Bus. Aber die Geschichte war noch längst nicht zu Ende. Es folgten ein Beinaheflugzeugabsturz, der fast die Karriere von Oliver Kahn beim FC Bayern beendet hätte, bevor sie begann, und eine durchaus ungehaltene ARD. In der Schaltkonferenz der Sportchefs beschwerten sich danach alle über die mangelnde Unterstützung des Kollegen Hartmann, der – Skandal! – auch noch in der Ersten Klasse geflogen war. Ich zu den Kollegen: »Aber ich habe alles versucht.« Die Kollegen zu mir: »Waldi, wir haben filmisches Beweismaterial, aus dem klar hervorgeht, dass du alles versucht hast – um unfallfrei mit Sepp Maier die Gangway runterzukommen.« Dass ich Erste Klasse geflogen bin, war bei der üblichen ARD-Missgunst fast noch schlimmer als die entfallenen Interviews. Aber ich war ja froh, dass ich überhaupt noch lebte nach unserem Beinaheflugzeugabsturz.

Denn, zurück zum Thema, statt nach Pasadena zum WM-Finale hatten wir es bisher ja erst nach Frankfurt geschafft. Also rein in den Münchner Flieger – und wie es der liebe Gott so will, wer sitzt neben mir? Der junge Herr Kahn, der designierte Titan. Sepp landete zwei Reihen hinter mir – aber der weiß bis heute nichts mehr von diesem Flug, der hat geschlafen. Ich weiß das, denn sein Schnarchen war durch die ganze Maschine zu hören. Neben Kahn war's nicht ganz so lustig wie im Flieger davor neben dem Tennisgott aus Anzing. Denn der baldige Bayern-Torwart, Sepps künftiger Schutzbefohlener, schwieg wie ein Mönch nach einem Gelübde. Wir flogen also vor uns hin, stumm, fertig mit der Welt, schwer angegriffen in jeder Beziehung.

Irgendwann sind wir ungefähr eineinhalb Stunden vor uns hingeflogen, das habe ich schon noch gemerkt, und mir gedacht: Herrschaft, komisch – das war doch früher nicht so weit von Frankfurt nach München. Irgendwann dann the Voice of Germany from the Cockpit: »Wir sollten uns eigentlich schon länger mal bei Ihnen melden, aber wir haben hier vorne einiges zu tun. Wir erklären Ihnen das jetzt mal.« In Amerika hatten wir schon in der Zeitung gelesen, dass zwei, drei Tage vorher eine Boeing vom gleichen Typ in Warschau über die Landebahn rausgeschossen war, große Katastrophe, achtzehn Tote, weil sich die Landeklappen beim Bremsen nicht ausfahren ließen. Das Problem war: Wir saßen im gleichen Typ von Maschine. Und bei uns spielten die Landeklappen auch verrückt.

Der Pilot erklärte uns, dass er jetzt noch ein Stündchen fliegt, um die Tanks möglichst leer zu kriegen, weil er die Maschine in München über die Reifen abbremsen müsse. Aber er hätte das tausendmal im Simulator geübt, alles kein Problem, machen Sie sich überhaupt keine Sorgen, bleiben Sie völlig entspannt. Und die Landebahn in München ist außerdem länger als die in Warschau ...

Na super! Erst Berti und dann auch noch ein Flugzeugabsturz. Eine Katastrophe kommt selten allein. Olli neben mir war nicht völlig entspannt, im Gegenteil. Der Jungtitan war plötzlich hellwach, sah sich dem Tod nahe und meinte zu mir: »Wenigstens einmal hätte ich gerne für Bayern gespielt ...« Zwanzig Minuten später hast du nichts mehr gehört außer dem Schnarchen von Sepp Maier. Alle waren still. Dann wieder unser allerbester Freund, der Kapitän: »Wir wären jetzt langsam so weit, wir setzen zur Landung an. Bitte geraten Sie nicht in Panik, wenn Sie an der Rollbahn Feuerwehr und Rettungswagen sehen, das sind reine Vorsichtsmaßnahmen.« Vielen Dank auch …

Und außerdem, wie gesagt: Alles tausendmal im Simulator geübt. Und die mutmaßlich längste Landebahn westlich von Warschau. Das schafft Vertrauen! Als der Seuchenvogel zur Landung ansetzte, sahen wir unten nur noch Blaulichter wie im Horrorfilm, die hatten unendliche Angst, dass es die Reifen beim Landen wegen der Überhitzung zerreißt. Einen Meter über dem bayerischen Heimatboden hielt ich die Luft an, Kahn ganz offensichtlich auch, kurze Gedanken an die, die mir lieb sind – und wir setzten auf. Und landeten und blieben irgendwann stehen. Wieder atmen. Alles gut gegangen. Amen.

Sepp schnarchte immer noch. Oliver Kahn durfte doch noch Titan werden. Im Flughafengebäude sagte Fritz Scherer zu mir: »Eigentlich müssten wir uns jetzt jedes Jahr an diesem Tag treffen und unseren Geburtstag feiern.« Darauf der Sepp neben uns: »Warum? Was habt's denn? War was?« Alkohol kann ein wunderbarer Freund sein.

Am nächsten Tag lernte der Sepp den Kater von Anzing kennen. Ich hab dann gleich den viel zu früh verstorbenen Kollegen Hans Lehrberger von der *Abendzeitung* angerufen: »Hansi, pass auf, ich habe eine Geschichte für dich: Wie Olli Kahn fast mit dem Flugzeug abgestürzt wäre.«

Angemessener Abschluss einer Dienstreise.

Das war das Ende von 1994. Eigentlich doch eine schöne WM. Bis auf den Fußball, wie gesagt. Der hat ein bisserl gestört.

Es gab allerdings auch eine, eine einzige erfolgreiche Dienstreise mit Bundestrainer Berti Vogts – zur Europameisterschaft

1996 in Good Old England. Dort mutierte ich zum Schlossherrn, zum Lord von Mottram Hall. Über dieses altehrwürdige Gemäuer steht im Internet zu lesen: »Mottram Hall ist eine Ikone des 18. Jahrhunderts, ein prachtvolles georgianisches Landhaus und Hotel in einer 270 Hektar großen Parklandschaft in der unvergleichlichen Grafschaft Cheshire, mit einem luxuriösen Spa und Golfplatz.« So kann man das sehen. Man kann es aber auch so sehen: Mottram Hall ist tatsächlich unvergleichlich – in seiner Einsamkeit, Langeweile und in seiner Lage am hintersten Ende der Welt.

Das ZDF ging damals mit seinem EM-Studio an die Themse. Poschmann stand auf der üblichen ZDF-Terrasse, im Hintergrund die Tower Bridge. Das sah fantastisch aus, vor allem die Tower Bridge. Das war eine tolle Location, da hat jeder beim Zuschauen gewusst, du bist mitten in London. Im Zentrum des Geschehens, mittendrin statt nur dabei.

Wir vom Ersten waren auch dabei – aber nicht ganz so mittendrin. Denn die Kollegen vom federführenden NDR hatten sich etwas Phänomenales ausgedacht: Wir sind viel schlauer als das ZDF, wir gehen ganz nah ran an die Mannschaft. Wir bauen unser Studio direkt beim Mannschaftshotel auf! Es gab nur ein Problem an diesem gewitzten Plan: Berti, Freund alles prallen Lebens, aller Vergnügungen und Ausschweifungen, hatte sich nicht das Ende der Welt als Mannschaftsquartier ausgesucht. Weit gefehlt – er war noch einige Kilometer weiter gezogen. Und wir landeten hinter dem Ende der Welt. Angeblich lag das Mannschaftshotel ja in der Nähe von Manchester – aber das mit der Nähe war ein sehr relativer Begriff. Es lag eher in der näheren Ferne von Manchester.

An die erste Fahrt nach Mottram Hall kann ich mich erinnern, als wäre es gestern gewesen: Wir fahren raus aus Manchester und fahren und fahren und fahren. Irgendwann sehen wir nur noch Schafe und Wiesen, gefolgt von Wiesen und

Schafen. Und als es auch den Schafen zu einsam wird und außer Wiesen gar nichts mehr zu sehen ist, erreichen wir das Mannschaftshotel, ein uraltes Castle, weitläufig abgesperrt. Man muss sagen: Berti Vogts hatte in Sachen Einsamkeit und innerer Einkehr ganze Arbeit geleistet. Jedes Kloster war eine Partymeile im Vergleich.

Geregnet hat es auch noch, die Sonne ist ja auch keine englische Erfindung. Es wurde nie richtig trocken, es wurde nie richtig hell. Grauenvoll. Und um mal etwas anderes zu sehen als die Gesichter der Kollegen, gab es exakt zwei Möglichkeiten: Links waren die Schafe, rechts waren die Kühe. Wir hatten die freie Auswahl. Ansonsten gab es weit und breit kein Leben, nur Wiesen.

Das war mein legendäres Mottram Hall, über das sich Harald Schmidt jeden Tag in seiner Sendung auf Sat.1 kaputtlachte. Waldi bei der EM 1996 vor dem altenglischen Kamin, der näselnd »Mottram Hall« sagt – das wurde bei Harald zum Running Gag. Einmal wurde ich sogar telefonisch zugeschaltet. Immerhin: Harald war eine nette Abwechslung im Vergleich zu den Schafen und den Kühen und den Wiesen.

Direkt neben dem herrlichen Herrschaftssitz war unser Studio aufgebaut, damit man mit dem Golfwagerl rüberfahren konnte. Mitten auf der Wiese. Es gab einen Toilettenwagen für uns, mit zwei Sitzklos und einer Pissrinne. Und wenn mittags die 250 Schreiberlinge in das aufgebaute Pressezelt des DFB kamen und sich danach bei uns auf dem Häusl erleichterten – oh yeah! Es lebe der glamouröse Journalistenberuf!

Zusammengefasst: Es war beschissen.

Wenn ich nachmittags aufs Klo wollte, gab es kein Papier mehr. Dann bin ich mit dem Auto in den nächsten Ort Macclesfield gefahren und habe mir dort einen Donut gekauft, obwohl ich gar keinen essen wollte, um mir im Restaurant den Eintritt ins Klo zu erschleichen.

Kaum zu glauben, doch es kam noch besser: Jede zweite Nacht war Feueralarm im Hotel, weil immer irgendwas geraucht hat. Nach fünf Tagen kannte ich den Flugplan aller Maschinen der British Airways und aller anderen Linien, die Manchester anflogen, auswendig, weil die Einflugschneise dreihundert Meter über meinem Bett verlief. Auto gefahren bin ich nur, wenn ich aufs Klo musste, weil ich eine Heidenangst vor dem Linksverkehr habe – und genau weiß, am nächsten Kreisverkehr könnte bei der ARD eine Planstelle frei werden, nämlich meine, wenn ich falschrum ums Eck fahre.

Die Stimmung bei allen ARD-Kollegen war durchwachsen. Wir waren quasi gefangen in diesem elenden Mottram Hall. Die vom Zweiten sind in London und wir hier am Ende der Welt. Genauer gesagt: In einem Flüchtlingslager hinter dem Ende der Welt.

Beim Italiener in Macclesfield, dem einzigen Restaurant weit und breit, versammelte sich alles, was Rang und Namen hatte. Da saßen der Franz, Eusébio und Konsorten. Kein Wunder, dass sich Eusébio so wohlfühlte. Denn beim dritten Besuch haben wir rausgekriegt, dass der Italiener gar kein Italiener war, sondern ein Portugiese, der aber aus Marketinggründen seine Nationalität gewechselt hatte.

Und die Krönung des Ganzen: Irgendwann wollten wir zu einem Ausflug nach Manchester entfliehen. Doch dann ging dort eine IRA-Bombe hoch, da hat es eine ganze Fassade zerrissen. Also sind wir doch nicht nach Manchester gefahren. Immer noch lieber Bertis Ende der Welt als die Begegnung mit einer Bombe.

In den USA, zwei Jahre vorher, war der Fußball schlecht und das Umfeld gut.

Hier war der Fußball gut, aber sonst nichts.

Ich biete ein Vereinigtes Königreich für Italia '90, wo alles gut war.

24

ICH GRÄTSCHE REIN, WENN ES SICH ERGIBT

Waldi und Harry

Auch wenn ich die England-EM irgendwo hinter dem Ende der Welt verbrachte, etwas Gutes hatte sogar mein Aufenthalt in dem altehrwürdigen Fernsehdomizil: Es brachte mich Harald Schmidt näher. Denn während der EM war ich ja Running Gag bei ihm, als herumspukender Lord Waldi of Mottram Hall.

Harald hatte ich im Jahr zuvor, 1995, kennengelernt, als er mit seiner Sat.1-Show an. Bis dahin hatte ich ihn im Fernsehen nur am Rande wahrgenommen, als er bei uns im Ersten mit großer Liebe und Hingabe den alten Unterhaltungsdampfer *Verstehen Sie Spaß?* versenkt hatte. Außerdem erinnere ich mich an eine ARD-Sportlerehrung namens *Victoria*, die, soweit ich mich erinnern kann, von Gerd Rubenbauer und Carmen Nebel moderiert wurde, was dramatisch klingt – und wohl auch dramatisch war. Jedenfalls hatte dieser Preis nicht lange Bestand. Und dort hat Harald eine Kabaretteinlage geliefert und über die *Sportschau* und die Typen, die dort arbeiten, einen sensationellen Stand-up geliefert. Ich kam auch vor, als Mitglied des Invalidensturms der Freitagabendsportschau, und dachte mir: So ein frecher Hund, aber leider gut.

Ab Ende 1995 war Harald die große neue Nummer bei Sat.1, der deutsche Letterman. Jeder hat von »Dirty Harry« geschwärmt, und ganz Deutschland war heiß wie Frittenfett auf die Sendung. Bloß als Gast wollte niemand hin – vor lauter Angst, von Dirty Harry gegrillt zu werden.

Irgendwann kam dann tatsächlich der Anruf aus Köln, Harald am Telefon. Ich war trotzdem skeptisch, ob ich mich dort dem Meister zum Fraß vorwerfen will. Schmidt beruhigte mich: »Sehen Sie, Herr Hartmann, dann haben Sie bei uns nicht richtig zugeschaut. Bei uns kriegen nicht die was um die Ohren, die in der Sendung sind, sondern nur die, die nicht in der Sendung sind. Die die kommen, werden pfleglich behandelt.«

Also habe ich gesagt: »Okay, ich verlasse mich auf Sie, ich komme.« Und war zum ersten Mal bei ihm in der *Harald Schmidt Show*. Das war spaßig und okay, aber auch nicht mehr. Trinken waren wir nach der Sendung keinen. Harald machte die Show damals viermal die Woche und meinte, wenn er nach jeder Sendung mit dem Gast einen heben geht, ist er in zwei Jahren tot.

Lord Waldi, der inmitten von Schafen und Wiesen auf Mottram Hall hauste, war nicht der einzige Schnittpunkt zwischen uns: 1997 habe ich Reklame für einen Handytarif gemacht, bei dem die IRA-Karte zusammen mit einem Packerl Gummibärchen verkauft wurde, eine Art Haribofone. Das war ein Riesenflop, wir waren unserer Zeit handymäßig weit voraus. Und es hätte auch keiner bemerkt, wenn Harald diese Werbung nicht genüsslich in seiner Sendung durchgehechelt hätte.

Danach große Empörung und Krisensitzung in der ARD. Mit Heribert Faßbender, mit Wilfried Mohren (2009 vom Landgericht Leipzig wegen Vorteilsannahme, Steuerhinterziehung und Betruges zu einem Jahr und elf Monaten Haft auf Bewährung verurteilt) und mit Jürgen Emig (2008 vom Landgericht Frankfurt am Main wegen Bestechlichkeit und Untreue zu zwei Jahren und acht Monaten Haft verurteilt). Forderung der versammelten Pharisäer: Waldi muss eine Zeit lang runter vom Bildschirm, denn er hat Werbung für Telefongummibärchen gemacht. Harald und die Folgen. Und wie sie schnurrte, die Empörungsmaschinerie meiner herrlichen Anstalt! Emig, ausgerechnet Dr. Jürgen Emig, der stets geschmackssichere Tango-Korrupti-Tänzer aus Frankfurt, erklärte: »Es geht darum, dass wir uns vor uns selbst schützen. Das hat nichts mehr mit Geschmack zu tun. Das hat mit Stil, Glaubwürdigkeit und Repräsentanz zu tun.« Damit kannte er sich aus, der Doktor. Und Heribert Faßbender ließ mir ausrichten: »Waldi, ich habe mich geschämt. Das war ein Niveau, das ich für *Sportschau*-Moderatoren nicht akzeptieren kann ... Zumindest sollten wir darüber nachdenken, ob er (Waldi) in diesen nächsten sechs Wochen sich eben in der ARD nicht programmprägend zeigt.«

Zu der Zeit der Haribo-Nummer kannte ich Harald Schmidt schon besser. Denn 1996 versackten wir nach der Radiosendung *Jahrhundertshow* in Stuttgart, bei der der Lange und ich wunderbar Doppelpass gespielt hatten – zusammen mit Elke Heidenreich an einer Hotelbar. Harald wollte nach der Sendung um halb elf ins Bett, seine liebe Freundin Elke scheißt ihn nach Strich und Faden zusammen. Also geht er mit an die Bar, die wir dann um halb drei zugesperrt haben. Es war ein wunderbarer Abend, Elke hat herrliche Schnurren aus ihrem Leben erzählt und uns ihr Herz geöffnet, Harald hat ausführlich von seinen Pickeln berichtet, die ihn plagen.

Gut zehn Jahre später sprach mich ein Mann im Flugzeug an und fragte, ob er mir was sagen darf. Ich, ja klar, also berichtete er mir: »Meine Frau erzählt mir bis heute, mit dem Hartmann hab ich auch schon mal richtig gesoffen. Und das ist ihr bis heute in Erinnerung geblieben.« So lernte ich Herrn Heidenreich kennen, Elkes Mann.

Als es um die Erfindung von *Waldi und Harry* ging, neun Jahre später, hat mir Harald erzählt, dass dieser Abend für ihn entscheidend war, dass er damals gesehen hat, dass er mit dem Dicken gut konnte. Die Idee äußerte zum ersten Mal Christoph Netzel, unser Programmchef für die Winterspiele 2006 in Turin, und nicht der BR-Sportchef Werner Rabe, der sich diese Trophäe, in meinen Augen, nachträglich angeheftet und sich auch sonst einige Ausrutscher in unserer Zusammenarbeit geleistet hat. Netzel fragte mich: »Kannst du dir vorstellen, in Turin zusammen mit Harald eine Sendung zu machen?«

So ganz konnte ich mir aber noch nicht vorstellen, was sich die ARD ausgerechnet dabei dachte. Drei Gedanken schwirrten sofort in meinem Kopf herum:

a) Entweder sie wollen mich jetzt endgültig plattmachen, weil sie mich Schmidt zum Fraß vorwerfen.
b) Gehe ich neben dem Guru nicht vielleicht komplett unter?
c) Das ist geil!!!!!!

Ich habe mich für Lösung c entschieden.

Ein paar Tage später sind Harald und sein Geschäftspartner Fred Kogel in München eingeflogen. Und beim Essen beim Italiener meinte Schmidt nach einer halben Stunde: »Weißt du was, wir werden viel Spaß haben. Wenn mir das Erste einen Jungen geschickt hätte, der meint, Mensch, Harald, lass uns doch ein wenig über das Konzept spinnen, hätte ich keinen Bock gehabt. Aber mit dir abgefucktem altem Sack mach ich das.«

Und was ihm von Anfang an wichtig war: Die ganze Chose sollte *Waldi und Harry* heißen, und nicht *Harry und Waldi*, analog zu *Harry und Sally*. Weil er meinte: »Es geht um Sport. Du bist der Chef, und ich mach dir den Andrack. Ich grätsche rein, wenn es sich ergibt.« Typisch Schmidt. Wer ihn auf dem Bildschirm sieht, denkt sich vielleicht: Was für ein arrogantes, zynisches Arschloch! Von wegen. Ich habe selten einen so pflegeleichten Kollegen erlebt, der ohne Murren jeden Pressetermin durchzieht, der nie über schwierige Arbeitsbedingungen jammert. Der Superstar war ein Riesen-Teamplayer. Es war eine Wohltat, mit ihm zusammenzuarbeiten, gerade im Vergleich mit Kollegen, die nicht mal über ein Prozent der Klasse eines Harald Schmidt verfügen. Und ein Riesenspaß war es sowieso. Nicht zuletzt, weil er sich jedes Mal geradezu mütterlich darum kümmerte, dass mein Leib- und-Magengetränk (neben Weißbier) an der Bar verfügbar war. »Waldi, es gibt Wodka und auch noch die absolut richtige Marke«, hieß es dann.

Wobei ich sagen muss: Ich war nie auch nur ansatzweise gefährdet, dem Alkohol zu verfallen. Die gefährlichste Zeit wäre dabei sicher meine Kneipenzeit gewesen, denn als Wirt musst du ja nur nach oben ins Regal langen, und schon bist du dein bester Gast. Aber genau da lernst du Disziplin. Denn es ist nun mal sinnvoll, wenn der Wirt die Kneipe selbst zusperrt und seine Kasse mit nach Hause nimmt. Was man immer nüchtern machen sollte. Ungelogen: Mich hat nie ein Gast schwankend aus meinen Kneipen gehen sehen, mich hat nie jemand volltrunken und lallend die Hotelbar verlassen sehen. Die Hotelbars der Welt, ich kenne sie alle – und ich habe sie ausnahmslos kerzengerade verlassen. Und egal ob man mich mochte oder nicht: Kein Fernsehzuschauer hat mich je angeschlagen in einem Studio, auf einem Fußballplatz oder an einem Boxring erlebt – nicht mit einem, nicht mit zwei und schon gar nicht mit drei Weizenbier im Kopf. Und wenn dann doch mal der Führerschein weg war, war ich zu schnell unterwegs – aber immer nüchtern. Gut: Ganz früher habe ich die eine oder andere *Rundschau* mit 0,8 Promille moderiert, der Abend war lang bis zur Spätausgabe, wir haben geschafkopft, der Lambrusco war günstig. Doch gemerkt hat garantiert kein Zuschauer etwas.

Aber zurück zu Harald: Vor Turin machte er sich Sorgen, ob die Sportler überhaupt Lust hätten, zu uns in die Sendung zu kommen, und ob sie etwas mit ihm anfangen könnten. Doch ich habe ihm von Anfang an gesagt: »Vergiss es, Harald, die sind alle geil darauf, dich kennenzulernen.« Und so war es dann auch. Ein Konzept in dem Sinne gab es nicht für die Sendungen, wir haben alles auf uns zukommen lassen. Was mutiger – oder leichtsinniger – klingt, als es tatsächlich war, denn mit so viel aktuellem Sport und mit Schmidt an deiner Seite brauchst du kein großes Konzept. Und wenn die unseren nichts gerissen haben, kam halt die rot-weiß-rote Deko zum Einsatz, und es wurde kurzerhand der Österreicher-Tag ausgerufen. Wenn wir Musik gebraucht haben, hat Wasi Zither gespielt, Kati Witt Triangel, der Hackl Schorsch Blockflöte und Harald Orgel. Und egal, was passiert ist, Harald ist immer locker geblieben.

Die erste Sendung war, sagen wir, suboptimal. Schmidt hat konsequent nichts gesagt, wie nach einem Schweigegelübde. *Bild* hat geschimpft, Kogel war unzufrieden. Doch von da an ging's bergauf. Nach der dritten Ausgabe meinte Harald: »Jetzt fliegt das Ding.« Und das Ding flog. Die Sportler haben uns überrannt, um wenigstens im Publikum sitzen zu dürfen, da herrschte Schwarzmarkt!

Das waren wunderbare zwei Wochen mit Harald abends vor der Kamera und danach im Kufenstüberl. Für ihn war das eine Mischung aus Kindergeburtstag und Skilager. Er konnte ins Olympische Dorf, er war an der Bobbahn und hat gezeigt, was man als Zuschauer beim Bobfahren sieht, nämlich gar nix, fffffft. Der ORF hat an unserem Ösi-Tag mit einem eigenen Kamerateam berichtet, wie die österreichischen Olympiasieger Michaela »Dorfi« Dorfmeister, Thomas »Morgi« Morgenstern und Benjamin »Benni« Raich Audienz bei Harald »Harry« Schmidt hatten und dabei fast aufgeregter waren als bei ihren eigenen Wettbewerben.

Bei allem Spaß gab es für mich einen Wermutstropfen, einen ganz großen sogar. Harald verkündete nämlich schon in Turin: »Waldi, ich sag's dir gleich, Fußball mache ich nicht mit.« Tiefschlag. Mist. Natürlich wollte die ARD auch für die Fußball-WM im Sommer 2006 in Deutschland *Waldi und Harry*. Und natürlich wollte auch ich *Waldi und Harry*. Aber Harald hatte recht: »Wenn bei Winterolympia ein Deutscher Gold gewinnt, haben wir ihn abends im Studio, gar kein Problem. Aber wenn bei der WM Ronaldinho oder Miro Klose ein Traumtor schießen, kommen die trotzdem nicht zu uns ins Studio. Stattdessen haben wir Ente Lippens und Bert van Marwijk als Experten für Holland zu Gast. Das will nachts um halb zwölf keine Sau sehen.« So eine Fußball-WM ist im Vergleich zum kuscheligen Winterolympia eine ganz andere Welt. Und nur über die Sportler zu reden, aber nicht mit ihnen, fand Harald langweilig. Das wollte er kategorisch nicht. Habe ich verstanden, hat aber trotzdem dazu geführt, dass ich für die WM ohne Sendung dastand.

Trotzdem: Herrlich war's in Turin. Aber danach kam ich heim und dachte mir: Waldi, jetzt spielst du nicht mehr mit. Du bist draußen. Die WM im eigenen Land findet ohne dich statt. Die regierungsamtlichen Bundestrainerinterviews mit Jürgen Klinsmann machte ja mittlerweile Monica Lierhaus. Also habe ich überlegt: Wie komm ich trotzdem zur WM? Und dann hatte ich die Idee, den *Doppelpass* zu ärgern und

Waldis WM-Club zu erfinden. Also habe ich Faßbender angerufen und ihm gesagt: »Heribert, das kann doch nicht sein, dass ein Sender wie das DSF, das keine WM-Rechte hat, so einen WM-Talk macht. Und wir als WM-Sender schenken das her.« Meine Idee war: Lass uns doch nach der DFB-Pressekonferenz am Mittag, die damals zum ersten Mal live übertragen wurde, noch eine halbe Stunde über die WM quasseln.

Von dem Vorschlag habe ich Harald erzählt, und er meinte: »Okay, dann schau ich ein paarmal vorbei und mach dir den Lattek.« Udo war damals noch der Haus-und-Hof-Experte beim DSF-*Doppelpass*. Und als ich Faßbender erzählt habe, dass unser anstaltseigener Hausheiliger mitmachen würde, gingen plötzlich alle Türen auf, denn den Schmidt-Lattek wollten sie sich natürlich nicht entgehen lassen. So wurde *Waldis Club* geboren – mit kräftigem Anschub von Dr. Günter Struve.

Und so hat sich mit Harald, wie ich immer sage, eine »gefühlte Freundschaft« entwickelt. Auf diesen Begriff haben wir uns geeinigt, denn ich bin mit dem Begriff »Freund« sehr vorsichtig. Auch Schmidt lässt ja niemanden wirklich an sich ran. Meine Frau hat mal zu mir gesagt: »Wenn du mit mir telefonierst, ist in eineinhalb Minuten alles erledigt. Alles klar, zack, bumm, aufgelegt. Aber wenn du mit dem Langen telefonierst und es dir auf der Couch gemütlich machst, sind zwanzig Minuten das Minimum. Wenn er eine Frau wäre, wäre ich eifersüchtig.« Und über was haben wir am Telefon oder an der Hotelbar gesprochen? Auch über Privates – aber meistens haben wir über unsere Branche hergezogen, und darin ist Harald nicht zu übertreffen.

Trotzdem muss ich sagen: Den anderen Harald Schmidt, den traurigen Clown, der möglicherweise hinter dieser Maske des Zynikers steckt, habe ich nie kennengelernt. Ich glaube, es gibt ihn gar nicht gibt. Harald ist eins zu eins so, wie er im Fernsehen oder in seinen Interviews auftritt. Er ist ein leidenschaftlicher Zyniker, der unheimlich gern über andere Menschen herzieht, die es verdient haben. Er seziert sie und filetiert sie nach allen Regeln der Kunst, das ist sein Lebenselixier. Und wenn ihm dabei zwei Millionen zuschauen, ist es schön. Aber wenn es nur 150 000 auf Sky sind, oder die zweihundert im Studio, dann ist es auch recht.

Nach der WM 2006 ist der *Club* dann trotz prächtiger Quoten postwendend gleich wieder aus dem Programm geflogen – den hohen Herren bei der ARD-Hauptversammlung in Schwerin, darunter CSU-Landtagspräsident Alois Glück als BR-Verwaltungsratsvorsitzender, war das Format zu bierselig. Nicht einmal Programmdirektor Günter Struve, der für mich kämpfen wollte, hatte eine Chance gegen diese Entscheidung. Ich war fix und foxi, und das habe ich Struve auch deutlich gemacht: »Herr Doktor, Sie haben mir gesagt, machen Sie erst mal ordentlich Quote, und dann wissen Sie ja, wie es bei der ARD läuft. Was soll ich denn mehr machen als 24 Prozent Marktanteil?«

Der *Club* war also mausetot und fand auch im Herbst 2006 nach der WM nicht mehr statt. Und weil ich mir auch nicht alles gefallen lasse, habe ich gesagt: »Okay, ihr mögt's mich nicht, also mag ich auch nimmer. Ohne *Club* gibt es auch kein *Waldi und Harry* bei den Sommerspielen 2008 in Peking.« Hui, da war aber was los bei den hohen Herren! Struve hat es erst mal nicht geglaubt: Mit dem Guru Schmidt zusammen auf Sendung, das lässt sich Waldi nicht entgehen, da lach ich mich ja kaputt!

Kaputtgelacht hat er sich aber nur so lange, bis mein Freund Roland, der ab und zu Hintergrundgespräche mit den ARD-Granden führte, Struve noch einmal ausrichten ließ: »Waldi ist finster entschlossen, nicht nach Peking zu fahren.« Und ich war tatsächlich finster entschlossen, finster wie ein Radlfahrer ohne Licht nachts im Tunnel. Ab da hat auch Struve offenbar daran geglaubt. Und als NDR-Intendant Jobst Plog kurz darauf auf einer Intendantensitzung einen Überblick zur Olympiaplanung 2008 präsentierte, selbstverständlich inklusive *Waldi und Harry*, hat sich der Doktor erlaubt einzuwerfen, dass *Waldi und Harry* nicht kommen würde, weil die Sportchefs und Programmdirektoren den *Club* gekippt haben. Und dann kam die Frage, ob man da noch etwas ändern könne. Struve bejahte – wenn der *Club* weitergeht. So wird Fernsehprogramm gemacht bei der ARD.

Ergebnis: Allgemeine Zustimmung. Der *Club* ging 2007 weiter, und 2008 in Peking gab es *Waldi und Harry*, Volume 2. Und es war Sommer, und es war wieder ein Riesenspaß. Harald und ich hatten in Peking das Paradies auf Erden, der Gebührenzahler bekam richtig was geboten für sein Geld. Wir wohnten im Hotel Kempinski, in dem auch das Deutsche Haus war, die offizielle deutsche Olympiavertretung. Unten war unser Fernsehstudio. Ich weiß noch, wie ein sehr entspannter und zufriedener Harald einmal beim Runterfahren im Aufzug zu mir meinte: »Waldi, stell dir mal vor, wir fahren jetzt im Aufzug zur Arbeit und kriegen auch noch Geld dafür.«

Das Studio war herrlich. Kogel wollte den totalen China-Kitsch wie beim Chinesen daheim in Deutschland, mit Drachen und allen Schikanen. Mia san mia, mia san Mao! Harald und ich saßen als Kaiser und Kaiserin von China in der Pagode. Sensationell! Und im Gegensatz zu allem, was du davor in Deutschland in der Zeitung gelesen hast, waren es wunderbare Spiele. Harald ist auf der Chinesischen Mauer rumgekraxelt und konnte filmen, soviel er wollte. Von wegen: nur Smog und nur Chinesen-Stasi, die du aber vor lauter Smog gar nicht siehst! Es war toll, wenn auch recht heiß, weshalb wir unseren Hotelarbeitsplatz nur ungern verlassen haben.

Besonders gern erinnere ich mich an drei ganz spezielle Pekinger Momente. Zum Auftakt hatten wir Schumi zu Gast – aber nicht den Rennfahrer, sondern den Radfahrer Stefan Schumacher aus Haralds Heimatstadt Nürtingen, der in den Monaten zuvor so schnell unterwegs war wie sonst nur der echte Schumi im Auto. In Peking legte Nürtingen-Schumi aber ein wundersames Bremsmanöver hin, was sich im Nachhinein, sagen wir mal, mit Schwierigkeiten nach der Zuführung gewisser Substanzen erklären lässt.

Lustig war's trotzdem mit ihm, wir haben in die Heimat nach Nürtingen zu Mama Schumacher geschaltet und darüber geratscht, dass Mutter Schmidt ja die Kindergärtnerin des kleinen Stefan war. Und Schumi hat uns wunderbar schwäbelnd und restlos überzeugend erklärt: »Doping isch was, des kenn i gar näd. I woisch gar ned, was des isch.« Selten bin ich vor einem Millionenpublikum so sympathisch angelogen worden. Und für den Rest der Spiele blies Schumi, der arme Kerl, im Deutschen Haus immer mehr Trübsal und spülte seinen Fruscht tüchtig runter. Dabei weiß doch jeder, dass sich Alkohol und Medikamente ganz schlecht vertragen.

Erst vor Kurzem habe ich ihn in Leipzig getroffen: als Nervenbündel, als ganz armen, bemitleidenswerten Menschen. Furchtbar, was dieser verseuchte Sport mit einem Menschen anstellt. Und was sollte er machen, der kleine Nürtinger Fahrradfahrer? Entweder er bleibt ehrlich, lässt den Armstrong-Express vorn wegdonnern und landet bestenfalls auf Platz 134 bei der Tour. Oder er spielt das unsägliche Spiel mit. Egal was er macht: Er kann nur verlieren. Zum Kotzen.

Großartig war aber die Abschlusssendung mit unseren Hockey-Jungs, die damals nach ihrem Olympiasieg noch kein Traumschiff zerlegt haben wie 2012 in London, sondern nur unsere Sendung. Die haben vor ihrem Auftritt schon von draußen an die Wände gebumpert, dass die Papperdeckeldrachen gewackelt haben. Und dann ist diese Truppe einmarschiert. Einige waren vorher schon mal bei uns im Studio, darunter die Zeller-Buben, und dabei habe ich sie schon eingeschworen: »Wenn ihr Gold holt, geht ihr nicht zu Beckmann ins Studio, sondern nur zu uns!«

Ehrensache, dass sie kamen – und gesungen haben sie wie die Fischerchöre im Advent. Wir haben es mit zwei, drei Fragen probiert, aber ich habe gleich gemerkt: Hey, das hat hier überhaupt keinen Sinn. Also habe ich sie singen lassen. Und das sind ja schlaue Jungs, diese Hockeyspieler. Alles Studenten, ein ganz anderer Menschenschlag als Fußballer. Die wissen, wie man mit einem herrlichen Humor, aber nicht dumpf, die Sau rauslässt. Also hat Harald sich an die Orgel gesetzt, die haben zwanzig Minuten lang durchgesungen, und ich habe mitgesungen, der *Musikantenstadl* ist nix dagegen.

Und dann war da noch der Altkanzler. Dazu muss man wissen: Harald hat zu dieser Zeit in seiner ARD-Sendung immer wieder beim Edeka-Händler in Hannover angerufen, in dessen Nähe sich Gerhard Schröder gerade ein Haus gekauft hatte. Und er hat sich erkundigt, was so los ist bei Kanzlers, was die Nachbarschaft spricht und was Doris so einkauft. Das gab Riesenärger mit Anwalt und allem Pipapo – alles genau das, was sich Harald natürlich erhofft hatte. Und dann geht eines Tages im Deutschen Haus in unserem Hotel in Peking die Tür auf. Und wen sehen wir eintreten? Maschmeyer mit Schröder im Schlepptau. Harald und ich sitzen da. Schmidt sieht Schröder, Schröder sieht Schmidt, Schmidt ruft: »Mein Kanzler!« Und Gas-Gerd ruft durch den ganzen Raum: »Aaaaaah, der Kollege Schmidt!« Der alte Profi hat sich zu uns an den Tisch gesetzt, eine positive PR-Nummer draus gemacht und den ganzen Rechtsanwaltsärger einfach weggelächelt. So funktioniert Politik!

Das war Harald. Und nach dem Singen mit den Hockey-Jungs haben wir schon in Peking von London 2012 geschwärmt. Dort wollten wir unbedingt hin, »Waldi and Harry live from the United Kingdom, God save the Schmidt!« Hat leider nicht funktioniert, weil etwas später auch Harald die Arbeitsgemeinschaft der öffentlich-rechtlichen Rundfunkanstalten der Bundesrepublik Deutschland näher kennenlernen durfte, als ihm lieb war. Als Kärtchenableser Jauch einmarschierte, galt: König Harald ist tot, es lebe König Günther! Harald, dessen Frühwarnsystem namens Fred Kogel immer bestens funktionierte, sagte mir damals: »Der Jauch kassiert so viel Geld, da bleibt für mich nichts mehr übrig.« Ganz wunderbar hat er das einmal so formuliert: »Waldi, merk dir: Wenn die Weihnachtskarten förmlicher werden und das Hüsteln lauter, dann weißt du, es geht dem Ende entgegen.«

So war's denn auch – Bye bye, London, schade drum.

25

DER IST DOCH MIT DEM BECKENBAUER VERHEIRATET!

Meine beste Freundin und meine große Liebe

Jetzt bin ich fast am Ende dieses Buches angekommen, und nach all den Geschichten über Sportler, Politiker und Rundfunkfeinde und -freunde ist es höchste Zeit für eine Verbeugung vor den Frauen, die mich am meisten beeindruckt haben in meinem Leben. Und nein, ich meine nicht die Mama ...

Offenbar habe ich eine Schwäche für Frauen namens Petra, nicht nur wegen meiner gleichnamigen Ehefrau. Meine BR-Kollegin Petra Schürmann, 1956 die erste deutsche Miss World, damals, als dieser Titel noch etwas zählte, war eine Königin für mich – aber so geerdet, so normal, mit so viel Herzensbildung. Diese Frau habe ich verehrt. Als junger Spund durfte ich mit ihr ein Magazin von der Funkausstellung in Berlin moderieren, und wir hatten unglaublich viel Spaß dort. Ich erinnere mich an eine Feier, auf die wir zusammen gegangen sind und auf die sie mich schonend vorbereitete: »Ich nehme eine Freundin mit. Die ist aber ein bisschen speziell, die muss man mögen.« Die Freundin, die sie anschleppte, war Elisabeth Volkmann, und ich mochte sie. Und wie! Auf die bin ich voll abgefahren. Ich war sonst eher Richtung

Blond orientiert. Aber schon bei *Klimbim* war Elisabeth das heißeste Eisen der ganzen Sendung. Viele standen damals auf die Steeger, aber ich war ganz klar Volkmann.

Wir hatten einen wunderbaren Abend. Die beiden Damen in der Blüte ihrer Jahre, Elisabeth alles andere als die Ulknudel aus dem Fernsehen, sondern ein Prachtweib, unglaublich gescheit, noch dazu Fußballfachfrau mit einem Wahnsinnswissen. Kurzum: Ich war verloren. Wir drei schritten eingehakt über den roten Teppich, Petra auf der einen Seite, Elisabeth auf der anderen, Fotos ohne Ende. Und all die Fotografen fragten sich: »Wer bitte ist der Typ in der Mitte mit dem Schnauzer, den keine Sau kennt und der da mit diesen beiden Granaten anmarschiert kommt?« Auch drinnen wollten alle nur von den Ladys wissen: »Wer ist der denn?«

Nach zwei Stunden hatte ich von dem Zirkus genug. Wir hatten zuvor schon ausgemacht, dass ich nur mitgehe, wenn ich der Chef bin, wenn ich sage, wann wir wieder gehen – und vor allem wohin. Als Hahn im Korb sagte ich also: »Hühner, putt putt putt, wir gehen!« Auf an die Hotelbar mit dem Geflügel! Dort wurde der Abend dann noch schöner, und es war der Beginn einer wunderbaren Freundschaft mit Elsbeth, wie ich sie nennen durfte. Wenn Elsbeth im Alten Simpl nachts ihre Arien gesungen hat, war ich der Einzige, der sagen durfte: »Jetzt halt endlich die Gosch!« Meine heutige Frau Petra hat sowohl die Schürmännin als auch die Volkmännin noch kennengelernt, und alle drei haben sich wunderbar verstanden. Petra Schürmann hat meiner Frau sogar den Segen erteilt: »Erstens hast du den richtigen Vornamen, und zweitens bist du die Richtige für ihn.«

Petra Schürmann war für mich wie ein Porzellanengel. Ich erinnere mich an die Funkausstellungszeit in Berlin, als Petra jeden Abend um neun zu Hause bei ihrem Mann Gerhard Freund telefonisch Meldung erstatten musste. Wie geht's dir, was machst du, wo bist du, mit wem und warum? Und das in der Vor-Handy-Zeit. Um neun war Petra immer auf der Suche nach einem Telefon. Eines Abends hatten wir den heftig berlinernden Kameramann Horst dabei, und Petra wollte telefonieren, als gerade das Essen auf den Tisch kam. Horst sagte zu Petra: »Eens sach ick dir, Mädel. Det is nich normal, wat du da machst.« Und ihre Tochter Alexandra, damals vierzehn, pflichtete bei: »Mama, der hat recht. Heute rufst du nicht an!« Gemeinsamer Entschluss am Tisch: Wir ziehen das mutig und unerschrocken durch! Heute wird nicht telefoniert!

Am nächsten Morgen um sieben im Hotel holt mich der Redakteur vom SFB telefonisch aus dem Bett: »Waldi, ich muss dich leider wecken. Herr Freund sitzt uns auf der Pelle. Der telefoniert seit gestern Abend mit Gott und der Welt, wo seine Frau steckt.« Ich zurück: »Woher soll ich das wissen?« Darauf der Mann vom SFB, der sich windet und nicht recht mit der Sprache raus will: »Waldi, wie soll ich das sagen, ähm, unsere erste Idee war, uns bei dir zu erkundigen ...« Damit war der Sender Freies Berlin aber auf der falschen Spur. Leider. Denn wollen hätte ich schon. Aber dürfen habe ich mich nicht getraut.

Was mit Petra in ihren letzten Lebensjahren passiert ist, als ihre über alles geliebte Tochter, die ihre innigste Freundin war, von einem wahnsinnigen Geisterfahrer getötet wurde, als sie danach völlig verstummte – das war so unsagbar traurig und tragisch. Mir fehlen bis heute die Worte, wenn ich bloß daran denke. Als der Unfall passierte, war ich im Urlaub auf Sardinien, die ersten Ferien mit meiner Frau, und habe Petra einen Brief geschrieben. Eine Antwort habe ich gar nicht erwartet. Aber als ich sie lange Zeit danach bei der Hochzeit von Natascha Gottlieb mit dem Filmregisseur Peter Schamoni zum ersten Mal wieder gesehen habe, nahm sie mich in den Arm und flüsterte ganz leise: »Danke für deinen Brief.« Ich kriege heute noch einen trockenen Hals, wenn ich nur daran denke. Ich hoffe, Petra hat ihren Frieden gefunden. Und vielleicht schaut sie uns ja von irgendwo zu, am besten zusammen mit Alexandra.

Petra Schürmann war einer der wunderbarsten Menschen, die ich in diesem seltsamen Gauklergeschäft kennenlernen durfte, mit einer Überportion an Menschlichkeit. Und käme ich aus Neukölln, würde ich sagen: Die war 'ne Hammerbraut. Auch noch mit sechzig.

Mittlerweile sind Petra und Elsbeth tot. In meinem Alter hat man leider viel zu viele Gelegenheiten, auf Begräbnisse zu gehen. Wenn ich mir allein 2012 anschaue: Handballlegende Sepp Wunderlich, mit dem ich in Augsburg noch ein halbes Jahr zusammengespielt habe, ist mit Mitte fünfzig gestorben. Augsburgs Überfußballer Helmut Haller ist gestorben, ein Stammgast in meiner Kneipe. Tennisreporter Gerd Szepanski, der die großen Siege von Boris Becker kommentierte, wurde nur vierundsechzig. Harry Valérien ist tot. Am meisten erschreckt es mich naturgemäß, wenn Leute in meinem Alter sterben. Und auch daran habe ich natürlich bei meiner Entscheidung gedacht, den ARD-Vertrag nicht noch einmal zu verlängern. Nur noch fünf Jahre bis zum Siebzigsten – ich weiß doch selbst, wie schnell das geht. Beim Boxen habe ich fünf Jahre mit Henry Maske moderiert, und am Ende hatte ich das Gefühl, das waren gerade mal fünf Monate. So schnell war die Zeit vorbei. Und je älter du wirst, desto schneller vergehen die Jahre. Meine Frau Petra kenne ich jetzt fünfzehn Jahre. Und mir kommt es vor, als wären wir uns gestern über den Weg gelaufen.

Ach, meine Frau! Wir turteln auch nach fünfzehn Jahren noch wie im ersten Liebesschwang ganz zu Beginn. Kennengelernt habe ich Petra Anfang 1998 im Schumann's, der legendären Münchner Bar. Und das war so: Ich stand rechts in meiner Stammecke, die mir nach zwanzig Jahren eigentlich längst als Zweitimmobilie gehören müsste, so viel Geld habe ich dortgelassen. Und ich war ausnahmsweise am Montag da, denn am Montag musste ich normalerweise immer arbeiten, entweder stand *Blickpunkt Sport* oder irgendein anderer Job in der Redaktion an. Aber mein Stammkellner Edmond, ein Albaner, fuhr am nächsten Tag Richtung Heimat, und ich hatte ihm bei Adidas zwei Trikotsätze für seine Fußballmannschaft zu Hause besorgt. Also war ich ausnahmsweise Montag da, und das war gut so. Sogar sehr gut. Danke nochmals im Nachhinein, Edmond!

Also: Ich in der Ecke, da kommen diese beiden schönen Pfälzer Frauen daher. Großer Auftritt von Petra und ihrer Frau Mama Ingrid, meiner heutigen Schwiegermutter, die ein Jahr jünger ist als ich – bis heute eine sehr, sehr attraktive Frau. Petra war damals sechsundzwanzig und studierte in München. Ein Schneewittchen, schön wie die Sünde. Ich war neunundvierzig – Sünde hatte ich allerdings auch zu bieten. Ich gebe gern zu, am Anfang hatte ich ein Entscheidungsproblem (und darüber lachen Petra, Ingrid und ich noch heute): Auf welche der beiden Damen hast du's denn jetzt eigentlich abgesehen, Waldi? Anfangs waren beide im Wettbewerb. Also: Die beiden standen in ihrer Ecke, ich stand in meiner Ecke. Geschaut habe ich ausführlich, aber angesprochen habe ich die beiden nicht, weil ich zeitlebens nie Frauen von mir aus angesprochen habe. Eine Riesengosche hatte ich immer, aber ich war nie ein Anmacher. Beim Fortführen, wenn der erste Kontakt da war, entweder über einen Dritten oder wenn »sie« mich angesprochen hatte – da war ich immer gut. Aber den ersten Satz zu sagen: »Wie gefällt es Ihnen hier?«, das war nie Waldi-Style. Völlige Blockade.

Aber die beiden bekamen das auch ohne meine aktive Mithilfe gut hin. Mama bestellte ein Käsbrot, und weil ich auch Hunger hatte, dachte ich mir: Jetzt warte ich mal ab, was da kommt, was für einen Käs der Schumann heute im Angebot hat. Das Käsbrot kommt, ich schau so rüber und Ingrid zu mir: »Wollen's auch ein Stück?« Ja klar! Wollte ich! Und nicht nur vom Käsbrot!

Damit war alles gut, der erste Kontakt war da, ich hatte mich doch eher Richtung Petra orientiert, und Waldi konnte seine Stärken ausspielen. Mit Petra war es sofort ein herrliches Schnattern, wir sind beide nicht auf den Mund gefallen – und weil sie fußballnarrisch ist, wenngleich leider Lautern, war der Gesprächsstoff auch kein Problem. Sie wusste, wer ich bin, was mir nicht nur Vorteile einbrachte. Später hat mir ihr Vater verraten, dass Petra fest überzeugt war: »Der ist doch mit dem Beckenbauer verheiratet!« Und das als gläubige Betzenberg-Wallfahrerin!

Wir also kräftig am Babbeln, später rüber ins Nachtcafé, eine Freundin von Petra war auch noch dazugestoßen. Und der Türsteher vom Nachtcafé, den ich kannte (wen kannte ich nicht damals in der Münchner Barszene?) staunte über meine drei Grazien: »Hey, Waldi, heute hast du aber große Frauen dabei!« Denn der Kleinste von uns vieren war ich, Waldi, mittendrin zwischen den High-Heel-Geschossen. Petra ist zwei Zentimeter größer als ich, 1,78, aber mit entsprechender Nahkampfausrüstung einen ganzen Kopf. Und da drin im Nachtcafé dachte ich mir: »Hartmann, jetzt gibst du alles!« Und ich gab alles. Her mit dem Dom Perignon! Irgendwann sind wir dann doch heim, und noch von zu Hause aus dem Bett habe ich sie angerufen. Wir haben uns für den nächsten Tag verabredet im Bayerischen Hof, wo die Ladys gewohnt haben (Papa ist Zahnarzt). Petra und ich tranken Kaffee, alles war so locker, als ob wir uns schon Jahre gekannt hätten.

Noch einen Tag später, dann wieder mit Petra und Ingrid, beim Stammitaliener La Locanda, sagte Wirt Paolo zu mir: »Ist das die Neue?« Ich: »Kann sie werden.« Und er mit großen Fragezeichen in den Augen: »Welche?« – »Paolo! Natürlich die auf der rechten Seite.« Paolos Antwort: »Ich würde beide nehmen.« Typisch Italiener! Aber das war selbst rein theoretisch nicht machbar, weil Ingrid mittlerweile seit fünfundvierzig Jahren glücklich mit ihrem Max verheiratet ist.

Am (vorerst) letzten Tag in München sprach Petras Mutter zu mir die entscheidenden Sätze: »Ich übergebe dir ein wohlerzogenes Kind. Und ich sage dir jetzt schon eines: Falls du sie heiratest, heiratest du mich mit.« Normalerweise ist das für einen Mann das Signal zur sofortigen Flucht. Aber bei meiner Schwiegermutter in spe habe ich das nicht als Bedrohung empfunden. Betroffen war eher Petra, die sich dachte: Um Himmels willen, was redet die Frau denn da? Ich würde am liebsten im Erdboden versinken.

Ein paar Tage später bin ich zu Olympia nach Nagano geflogen. Doch eigentlich hätte ich für die Reise nach Japan gar keinen Flieger gebraucht. Ich schwebte auch so über den Wolken. Von Nagano aus habe ich jeden Tag bei Petra angerufen, ich musste wegen der Zeitumstellung also immer bis zwei, drei an der Bar sitzen, um zu einer vernünftigen Zeit am frühen Abend in Deutschland anzurufen. Ich entschuldige mich im Nachhinein nochmals ausdrücklich bei den ARD-Zuschauern, falls die eine oder andere Moderation aus Nagano ein wenig müde ausfiel. Petra war schuld. Wobei: Wegen der Zeitumstellung hat eh kein Mensch zugeschaut. Und ich wollte bei diesen fürchterlichen Winterspielen ohnehin nur heim, zum jungen Glück.

Meine klare Ansage war übrigens: kein Kind! Wenn du einen Vater für deine zukünftigen Kinder suchst, bin ich der Falsche. Ich habe zwei Kinder, ich habe mein Soll erfüllt. Das war für sie in Ordnung, weil auch sie keinen Kinderwunsch hegte. Und nach drei Jahren harmonischen Zusammenlebens meinte Petra irgendwann: »Also, ich habe alles eingehalten, was du gewollt hast. Habe ich jetzt auch mal einen Wunsch frei?« Aber natürlich! Und ihr Wunsch lautete: »Mein Ziel war nicht, eine sogenannte Lebensgefährtin zu sein.« – »War das jetzt ein Heiratsantrag?« – »Das kannst du verstehen, wie du willst. Aber wenn du es anders siehst, dann bin ich weg.« Darauf ich: »Aber ich lasse dich nicht weg.« Und Petra: »Dann weißt du, was zu tun ist.«

Einen letzten Fluchtversuch unternahm ich noch: »Ich heirate aber keine Studentin.« Also machte sie in einer affenartigen Geschwindigkeit ihren Magister in Germanistik, und dann hatte ich endgültig keine Chance mehr. Böse Zungen behaupten ja: Mir sei es eh nur um einen zukünftigen Doktortitel auf dem Klingelschild gegangen. Wobei: Schöne Vorstellung, dass bei uns der Pizzabote klingelt und »Dr. Hartmann« zu mir sagt. Und dann kann ich mit großer Gelassenheit antworten: »Lassen's den Doktor ruhig weg.«

Also wurde geheiratet, standesamtlich in Chur, kirchlich in einem kleinen Barockkircherl oberhalb von Starnberg. Konrad Schreiegg, der Stadtpfarrer von Starnberg, ein wunderbarer, schon ein bisserl betagter Seelsorger der alten Schule, mit viel Liebe zum Fußball übrigens, hat uns getraut. Es war eine Traumhochzeit, Christine Neubauer hat die Fürbitten gelesen – sie war die Frau meines BR-Kollegen Lambert Dinzinger. Bei der Hochzeit von Lambert und Tine nach der WM 1990 hatte sich die Braut mich für die Fürbitten gewünscht, und jetzt gab's die Revanche.

Damals hatte ich ihr gesagt: »O mei, Christine, ausgerechnet ich für die Fürbitten, das passt ja gar nicht. So katholisch bin ich jetzt auch nicht.« Aber sie wollte das unbedingt. Also habe ich mit dem Pfarrer vereinbart: »Herr Pfarrer, ich mache das – aber nur unter der Bedingung, dass ich vorher sagen darf: Es werden sich einige wundern, dass ausgerechnet ich die Fürbitten spreche. Ich habe mich auch gewundert, doch ich bin deswegen prädestiniert, weil ich seit Jahrzehnten pünktlich meine Kirchensteuer bezahle.« Und das war ja auch schon was.

Als ich unserem Pfarrer erzählt habe, dass Christine Neubauer die Fürbitten spricht, ist er extrem nervös geworden und hat gemeint: »Die hat zwei so schöne Argumente für die Fürbitten auf ihrer Seite.« Wobei, wortwörtlich hat er eine andere Formulierung gewählt, die aber für einen Vertreter des Vatikans nicht ganz angemessen ist. Jedenfalls war er durchaus freudig erregt, und schauen wird man ja noch dürfen, auch als Pfarrer. Übrigens konnte man mit ihm wunderbar unkompliziert über so etwas sprechen. Ich erinnere mich an den Brautleuteunterricht, den wir natürlich auch absolvieren mussten und bei dem ich zu ihm sagte: »Konrad, du redest da so gescheit daher über Ehe und alles was dazugehört – das darfst du doch gar nicht wissen.« Antwortet er: »Das eine musst du dir merken: In meinem Alter ist der Zölibat eine Gnade.« Und an meine Zukünftige gewandt: »Petra – den richten wir uns schon.«

Jedenfalls habe ich zu Christine vor der Trauung vorsichtshalber gesagt: »Zieh dir was an, sonst kann sich der Pfarrer nicht konzentrieren und macht noch was verkehrt.«

Damit ich am Abend vor der Hochzeit nicht beim Junggesellenabschied mit meinen Spezln versacke und meine eigene Trauung verpasse, habe ich mich am Vorabend extra zum Arbeiten einteilen lassen. Wer moderiert, ist weg von der Straße. Deshalb: Fußballsupercup Liverpool gegen Bayern in Monaco, live in der ARD, dann gleich in der Früh mit dem Flieger nach München, von dort aus zur Hochzeit, live in Starnberg.

Vom Timing her ging das gerade noch gut, doch Fürbitten-Christine und ihr Lambert hatten sich verspätet. Wir mussten warten, hundertfünfzig Leute. Und das führte dazu, dass unser Pfarrer in der Kirche ein Warm-up veranstaltete, mit Gaudi über Fußball, mit Spötteln über den Bräutigam und allem, was dazugehört. Vor dem Eintreffen von Christine und ihren schönen Argumenten wollte Schreiegg nicht anfangen. Wir hatten quasi einen bunten Abend in der Kirche, es war irrsinnig unterhaltsam, und Reiner Calmund meinte danach: »Sach ma, Waldi, ist dat bei den Katholischen immer so lustig? Weil dann mach ich dat auch.« Es waren Christen in dieser Kirche, Heiden und Ungläubige, die gar nicht wussten, wie eine katholische Kirche von innen aussieht und wie gut manche katholischen Pfarrer drauf sind.

Nach der glücklicherweise unterhaltsam überbrückten Wartezeit traf Frau Neubauer dann doch noch ein und war sensationell bei den Fürbitten, im Wechsel mit ihrem nunmehrigen Exgatten. Alle ihre Fürbitten für Petra und mich sind bis heute in Erfüllung gegangen. Kein Wunder bei solchen Argumenten.

Meine seitherige Gattin Petra schreibt übrigens Kinderbücher. Das erste über *Paula Paletti*, eine moderne Heidi, ist gut gelaufen. An einer Grundschule in Rheinland-Pfalz wird es sogar im Leseunterricht verwendet. Als die ARD-Samstagabendsendung *Straße der Lieder* in Graubünden zu Gast war, haben wir darin vor ein paar Millionen Zuschauern die wunderschöne Geschichte erzählt, dass wir die Idee zu dem Buch bei einem Spaziergang im Heidiland hatten, einer herrlichen Schweizer Ferienregion. Wie Petra und ich dort gewandert sind, vorbei am Alm-Öhi und am Ziegen-Peter und am Heidi-Brunnen, und weil die Natur dermaßen herrlich war, hat uns dieser unvergessliche Tag im Heidiland zu *Paula Paletti* inspiriert. Die Geschichte ist wirklich wunderschön, hat allerdings den Nachteil, dass sie frei erfunden ist. Aber der Chef vom Heidiland war superhappy, weil wir vorher schon mit ihm ausgemacht hatten, dass wir zum Dank das offizielle Gütesiegel »Empfohlen vom Heidiland« auf das Buch bekommen.

Mittlerweile ist eine japanische Übersetzung in Planung, und das zweite Werk hat Petra auch schon fertig. Recht so, denn nach dem Vertragsende bei der ARD habe ich ihr gesagt: »So, Weibi, jetzt bist du mit dem Ernähren dran.«

26

WALDI GEHÖRT ZUM BOXEN

Meine Boxfamilie

Boxen war mein Sport, schon seit frühester Zeit. Obwohl ich erst zwölf war, kann ich mich lebhaft an 1960 erinnern, als Muhammad Ali noch Cassius Clay hieß und in Rom Olympiasieger wurde. Was für ein unglaublicher Boxer! Bei uns in Nürnberg war Boxen nicht die ganz so große Nummer, obwohl der 1. FC Nürnberg eine Boxstaffel hatte. Dafür traten in der Nürnberger Messehalle Catcher auf, und der Laden war bummsvoll. Die große weite Welt zu Gast bei uns in Nürnberg! Die Jungs hatten grandiose Kampfnamen, und ich erinnere mich an einen Catcher namens I. K-Staatenlos, eine gnadenlose Kampfmaschine, ein Bullterrier auf zwei Beinen. Herrschaftszeiten, hat dieser Kerl mich beeindruckt!

Relativ schnell habe ich kapiert, dass die da oben Kasperltheater veranstalten – aber es war toll gemachtes Kasperltheater. Und dann habe ich die ersten Kämpfe beim 1. FC Nürnberg gesehen. Und das war kein Kasperltheater mehr. 1972 habe ich miterlebt, wie Dieter Kottysch in München Olympiasieger im Halbmittelgewicht wurde, das erste deutsche Box-Gold nach dem Krieg, ein fantastischer Boxer. 1976 dann –

ich hab ja schon ausführlich davon erzählt – meine Begegnung mit Muhammad Ali: Gott war mir erschienen, mitten in München beim Training im Circus Krone.

Irgendwann Ende der Neunziger kam die ARD auch auf den Trichter und startete ihre Boxübertragungen. Am Anfang versuchten sie es mit Jan Fedder, der wunderbaren Kodderschnauze aus Hamburg, der als Ringsprecher die bewährten Ami-Sprüche eines Michael Buffer ins Norddeutsche übersetzte: »Heute gibt's anständig auf die Marmelade!« Christine Neubauer und Wolfgang Stumph haben sich ebenfalls als Ringsprecher versucht, was aber nicht recht funktionierte. Und dann haben sie mich angerufen, ob ich Lust hätte mitzumachen: als Ringsprecher mit Smoking und Fliege, als Michael Buffer für Arme. Oder zumindest schlechter gelüftet.

Buffer ist übrigens einer der eitelsten Menschen, denen ich je begegnet bin, aber das nur nebenbei. In Halle/Westfalen ließ er sich mit der Limousine vom Hotel in die fünfzig Meter entfernte Arena fahren. Zu Fuß wäre dieser arrogante Pinsel in einer Minute da gewesen, das Auto musste wegen der Einbahnstraßen zehn Minuten im Kreis rumfahren. Aber er wollte nicht an den normalsterblichen Zuschauern vorbeigehen. Und wahrscheinlich hätte die frische Luft seinem Teint geschadet. Let's get ready for Größenwahn!

Dabei bewegen sich die Verdienste Buffers im überschaubaren Rahmen, im Grunde hat er nur diesen einzigen Satz erfunden, der natürlich großartig ist: »Let's get ready to rumble!« Aber anscheinend fühlt er sich auf einer Stufe mit dem Schöpfer der Relativitätstheorie. Jedenfalls, das muss man ihm zugestehen, ist Buffer auch in den USA bis heute eine Riesennummer. RTL hat ihn damals wahrscheinlich nur nach Deutschland geholt, um die Kämpfe ins US-Fernsehen zu bekommen. Den Amis war wurscht, wer sich da in Deutschland verkloppt – wenn Buffer Ringsprecher ist, kann's nicht ganz schlecht sein. Es gab Zeiten, da bekam er 20 000 Dollar pro Kampf, zuzüglich üppiger Spesen. Mittlerweile ist er wohl eher bei 5000 Dollar angekommen, was vom Stundenlohn her ja auch nicht ganz schlecht ist für ein paar Minuten Arbeit.

Jedenfalls war es für mich das Höchste, in diesem Ring zu stehen, der mich immer so unglaublich fasziniert hatte. Als Steffen Simon 2003 als Boxmoderator im Ersten aufhörte, stellte er mir eine Frage, die ich nie vergessen werde: »Hast du denn Ahnung vom Boxen, welchen Zugang hast du zum Boxen?« Ich habe ihm das Foto von Ali und mir gezeigt, das an diesem Tag zufällig in der Nürnberger *Abendzeitung* war, und gesagt: »Du warst noch nicht einmal ein zappelndes Ultraschallbild, da habe ich schon Boxen geschaut.« So viel zu meinem Zugang zum Boxen. Simon entlarvte sich Ende 2011 selbst, als er äußerte, Boxen sei das quotenträchtigste Unterschichtenprogramm im Osten.

Seitdem habe ich beim Ersten Boxen moderiert, am Anfang zu den Hoch-Zeiten von Sven Ottke. Nach Henry Maske hatten ja alle gedacht, Boxen ist tot in Deutschland. Svenni hat das wunderbar gemacht, er hat die Lücke nach Henry geschlossen. Und acht von zehn Ostdeutschen dachten, er sei einer von ihnen, dabei ist er aus Tempelhof. Irgendwann nach einem Kampf sind Ottke, der Sportmanager Werner Köster und ich mit dem Zug irgendwo im Osten unterwegs und kommen am Sonntagmorgen an einem gottverlassenen Bahnhof an, der ohne jeden Umbau zur Kulisse von *Spiel mir das Lied vom Tod* getaugt hätte. Wir drei rein in die Bahnhofskneipe, drin eine Handvoll Typen, die Leone ohne jedes Vorsprechen gleich mit verpflichtet hätte. Als sie uns sehen, sächselt der eine begeistert: »Mensch, unser Svenni!« Und der andere brummt hinterher, als er mich erkennt: »Und der Rubenbauer is ooch dabei!« Filmreif!

Später hatten wir zwei Jahre die Klitschkos in der ARD. Viva Las Vegas! Wir waren in Vegas, wir waren aber auch in Atlantic City, einer fast morbiden Stadt, vom alten Glamour keine Spur mehr. Und 2012 hat Hurrikan Sandy dem Kaff den letzten Rest gegeben. Mit den beiden Klitschkos habe ich mich richtig gut verstanden, und damals habe ich mitbekommen, wie hochprofessionell diese Truppe arbeitet. Vitali kam ja zu meinem sechzigsten Geburtstag eigens aus Los Angeles angereist, auf der Feier hat er sich wunderbar mit Henry unterhalten. Ich fand es sehr beeindruckend, wie sich Vitali bei Henry bedankte: »Wir wissen genau, wenn es dich nicht gegeben hätte, würde es uns in Deutschland auch nicht geben.« Richtig, Vitali, genauso war es. Erst Henry Maske hat gezeigt, dass im totgesagten Boxsport in Deutschland noch jede Menge Leben steckt.

Den ersten Kampf in Las Vegas werde ich nie vergessen, Ende 2004, Vitali gegen den Briten Danny Williams. Mein Gott, als Bub war Las Vegas das Allergrößte für mich, ein unerreichbarer, von Elvis besungener Traum. Und dann steh ich dort als Moderator im Ring, bei einer Schwergewichtsweltmeisterschaft im Mandala Bay Hotel. Viva Las Vegas! Also habe ich mir ein schickes Kaschmirjackett mit flotter Krawatte und so eine amerikanische Pepitahose gekauft, in diesem piekfeinen Klamottenladen im Mandala Bay. Auf die Rechnung habe ich erst gar nicht geschaut – ey, wir sind in Las Vegas, da muss der Geiz zu Hause bleiben! Und an der Kasse dann der Megaschreck für Las-Vegas-Waldi: 2800 Dollar für die drei Teile! Ich hab mich aber nicht getraut zu sagen: Thank you, aber das nehme ich nicht. Also habe ich die Klamotten gekauft und Vitali eingeschärft: »So teuer war ich noch nie in meinem Leben angezogen, nicht einmal bei meiner Hochzeit. Also streng dich bitte an und mach mir nicht die Feier kaputt!«

Nach dem Kampf musste Vitali mit einer Handverletzung ins Krankenhaus. Wir standen auf unserer Interviewposition, irgendwann nachts um halb zwei, und von den Klitschkos keine Spur. Normalerweise kannst du dann heimgehen als Moderator, denn da kommt keiner mehr. Aber bei den Klitschkos ist das anders. Um halb drei standen sie auf der Matte, weil sie das vereinbarte Interview nicht ausfallen lassen wollten. So ticken die beiden: unheimlich professionell, unheimlich liebenswert, charmant und anständig, zwei absolute Vorbilder.

Wobei Vitali der herzlichere ist und Wladimir der noch professionellere Bruder. Ich kann mich an eine Silvesterfeier beim Stanglwirt in Kitzbühel erinnern, bei der ich Vitali die alte bayerische Politweisheit nahebrachte: »Die Steigerung von Feind ist: Feind, Todfeind, Parteifreund.« Vitali hat sich ausgeschüttet vor Lachen und meinte: »Das werde ich in die Ukraine mitnehmen. Dieser Satz trifft dort mindestens genauso zu wie bei euch in Bayern.« Dass Vitali sich jetzt in der Politik zu Hause in der Ukraine engagiert, ist keine Frage von Macht oder Eitelkeit – er möchte tatsächlich sein Volk, sein Heimatland voranbringen. Politiker wie ihn könnten wir auch in Deutschland gut brauchen. Trotz der mangelnden Souveränität und des übersteigerten Selbstbewusstseins des Klitschko-Managements, über das ich mich zuletzt sehr geärgert habe. Und nicht nur ich allein.

Aber zurück zu meinen Boxjahren. 2004 hörte Sven Ottke als ungeschlagener Weltmeister auf, das muss man erst einmal hinbekommen. Hut ab! Danach kam er als Experte zu mir, aber recht bald musste ich ihn erden: »Svenni, Experte sein bedeutet nicht nur, dass du Samstagnachmittag mit dem Golfsack auf der Matte stehst und mich fragst, wer heute Abend boxt. Da gehört ein bisserl mehr dazu.« Ich kann mich erinnern, als der Sauerland-Stall Alexander Powetkin verpflichtet hat, den Olympiasieger und Weltmeister im Schwergewicht, einen echten Helden in der Szene. Und als ich Sven Ottke frage: »Was sagst zum Powetkin?«, fragt er zurück: »Wer is'n det?« Irgendwann hab ich dann richtig Klartext geredet: »Svenni, du bist ein Großer, ich gönne dir dein Dolce Vita – aber das mit dem Experten ist nichts für dich.« Hat er dann auch eingesehen.

Wobei ich nach drei Jahrzehnten Zusammenarbeit mit ganzen Heerscharen von Experten sagen muss: Es gibt viele Ottkes. Der Wasi hat auch oft genug nicht gewusst, wie der Skifahrer genau heißt, der da gerade den Berg runterfährt und über den er gerade redet. Der Nachname ist ja meistens eingeblendet, wofür der Experte an sich oft dankbar ist, beim Vornamen hat es dann schon öfter mal ausgebissen beim Wasi. Klar: Für das Biografische ist natürlich der Moderator zuständig. Aber es ist schon hilfreich, wenn der Experte eine ungefähre Vita der Sportler im Kopf hat. Nur der Franz muss das nicht, bei dem reicht es, wenn er sagt, »Der Fünfer von den Russen«. Meine Skiexpertin Martina Ertl war dagegen immer perfekt präpariert. Die hatte Ahnung, ist frisch, schaut gut aus, kann sich artikulieren – ich verstehe bis heute nicht, warum die ARD mit ihr nicht weitermachen wollte. Wobei: So unglaublich viel Ahnung von dem Sport, den wir moderieren, haben wir Moderatoren ja auch nicht immer. Als es mich als Kommentator zum Skispringen verschlagen hat, war meine Erfahrung beim Herunterspringen von Skisprungschanzen mehr als überschaubar. Aber in so einer Situation denk ich mir halt: Man muss kein Rindvieh sein, um ein Kalbsschnitzel beurteilen zu können.

Nach Sven Ottke kam jedenfalls Henry Maske als Experte ins Erste. Und wo Sven Ottke untervorbereitet schien, da war Henry übervorbereitet. Der helle Wahnsinn, was er alles weiß. Eine Box-Wikipedia. Da kannst du, auf gut Bayrisch, nur mit den Ohren schnackeln. So wie Henry geboxt hat, so analysiert er. Bloß nichts dem Zufall überlassen. Wir waren uns nicht immer einig, weil Henry das Boxen als Philosophie versteht, als Teil des großen Ganzen, als erhabene geistige Auseinandersetzung. Ich bin dagegen der Meinung, dass Boxen nur insofern mit Schopenhauer zu tun hat, dass auch der ein »Hauer« war, zumindest dem Namen nach.

»Henry, es kommt beim Boxen nur darauf an, dass einer den anderen umhaut«, habe ich ihm gern gesagt. Mein Boxen spielt sich in den Fäusten ab, Henrys Boxen im Kopf, was er in seiner Karriere ja meisterhaft bewiesen hat. Für ihn ist Boxen so etwas wie Fechten mit Handschuhen. Ich kann mich erinnern, ich habe einige seiner Kämpfe gesehen – aber nicht allzu viele, weil mir das einfach zu langweilig war. Ich war eher Rocky: »Jegner am Boden, jutet Jefühl.« Aber in seinen beiden Kämpfen gegen Rocchigiani hast du natürlich gesehen, dass Henry ganz genau weiß, was er tut. Da hat er einen wilden Straßenkämpfer, einen Kläffer, nach allen Regeln der Kunst schachmatt gesetzt – natürlich mit den Fäusten, aber vor allem mit der Birne. Weil er ganz einfach schlauer war. Das hat mich schwer beeindruckt.

Und trotz unterschiedlicher Sicht auf den Boxsport – ich habe mich in diesen fünf Expertenjahren wunderbar mit Henry verstanden, und er hat der ganzen Veranstaltung enorm gutgetan. Denn natürlich wirst du beim Boxen immer angefeindet, auch ARD-intern, viele rümpfen die Nase – für die ist das nicht mehr als eine aufgeblasene Klopperei. Aber mit einem Vorzeigesportler wie Henry, einem weltgewandten absoluten Superstar, bringst du natürlich ein gewaltiges Pfund auf die Waage. Henry hat unsere Boxabende veredelt – als Person wie auch inhaltlich. Und ich bin mir sicher: Als 2011 in der ARD zum großen Halali auf die Boxübertragungen geblasen wurde, als man finster entschlossen war, die Nummer zu killen – da hat Henry, der wie eine Eins hinter diesen Sendungen stand, entscheidend zum Überleben beigetragen.

Bei Henry und mir war von Anfang an klar: Ein Duo funktioniert nur zu zweit. Klingt platt, ist aber wichtigste Voraussetzung bei der Zusammenarbeit von Moderator und Experte. Er versteht was vom Boxen, ich verstehe was vom Moderieren – wenn sich das positiv ergänzt, wird ein Schuh draus. Am Anfang war Henry aus gutem Grund vorsichtig: »Als Experte bei RTL war es oft so, dass ich dem Moderator in den Vorgesprächen alles zum Kampf erzählt habe – und dass ich danach meine Informationen als gesammeltes Wissen des Moderators in den Sendungen wiedergehört habe.« Hier spricht man vom Floriansprinzip oder auch vom Königsweg der Sportberichterstattung, aber das nur nebenbei.

Also habe ich Henry von vornherein versichert: »Keine Sorge. Ich spiele dir die Bälle flach hin, wie es jahrelang bei Delling und Netzer funktioniert hat, und du verwandelst.« Ich habe ihm einfach nur die Fragen gestellt, von denen ich geglaubt habe, dass sie sich die Leute daheim auf der Couch auch stellen – übrigens eine von vielen Kollegen weithin unterschätzte Vorgehensweise bei Sportsendungen, aber dennoch sinnvoll. Wenn der Moderator nämlich so superg'scheit ist (oder tut), dass dem Experte nur »Genau!« und »So ist es« zu sagen bleibt, kann man sich das ganze Analysieren sparen.

Sehr geholfen hat auch, dass ich Henry von Anfang an zur Nachbesprechung an die Bars dieser Welt verpflichtet habe. Zur dreizehnten Runde, wie es beim Boxen heißt, in Entsprechung zur dritten Halbzeit beim Fußball oder dem neunzehnten Loch beim Golf. Das war zuerst nicht ganz einfach, der Mann ist nämlich Asket, am Abend läuft er zehn Kilometer, und am nächsten Tag in der Früh läuft er gleich noch mal. Auch hier hat sich unsere Herangehensweise an so eine Boxübertragung stark unterschieden. Denn da halte ich es mit Mark Twain: »Ich bewege mich nur noch, wenn ich zu den Beerdigungen meiner sporttreibenden Freunde gehe.«

Aber Henry ist immer tapfer mitgegangen. Und nach drei oder vier Boxabenden kamen ganz erstaunte Menschen aus der Boxbranche auf mich zu, von Ulli Wegner bis Wilfried Sauerland, und wollten wissen: »Waldi, was hast du mit Henry gemacht? Der sitzt bis morgens um vier mit dir an der Bar und trinkt sogar Weinschorle oder Gin Tonic. Das ist nicht mehr unser Henry Maske.« Aber es war *mein* Henry Maske. Und als ich ihn bei einem der ersten Kämpfe vor die Wahl gestellt habe: »Entweder du trinkst jetzt einen Wodka mit mir, sonst wird das nichts«, war der Bann endgültig gebrochen. Von da an galt der alte Spruch von Manfred Wolke: »Det läuft, Henry, det läuft.«

In den Jahren danach habe ich einen Menschen kennengelernt, auch privat mit Ela, seiner wunderbaren Frau, der extrem ehrlich ist und der mit seinen Schnellrestaurants auch nach seiner Boxkarriere bewundernswert erfolgreich ist. Ich glaube, Henry hat mittlerweile vierhundert Mitarbeiter, er betreibt diesen Beruf mit der gleichen Hingabe und der gleichen Konsequenz wie früher das Boxen – er ist einer der herausragenden Menschen, die ich in den letzten Jahrzehnten kennenlernen durfte.

Als ich nach dem Aus von *Waldis Club* dem *Spiegel* ein Interview gegeben habe, war mir natürlich klar, dass auch das Boxen damit für mich vorbei ist. Danach hat sich Marco Huck öffentlich für mich aus dem Fenster gelehnt und in einem Interview gesagt: »Ich finde das sehr traurig. Waldi gehört zum Boxen. Man kann sich ARD-Boxen ohne den exzellenten Fachmann nur schwer vorstellen. Außerdem ist er ein sehr lieber Mensch, ich kam immer sehr gut mit Waldemar Hartmann klar und bin sehr traurig.« Und Arthur Abraham meinte: »Waldemar Hartmann hat mir immer Glück gebracht bei meinen Kämpfen. Ich finde es sehr schade, dass er ab Januar nicht mehr beim Boxen dabei ist.« Ich weiß, dass Marco und Arthur dafür intern im Sauerland-Stall mächtig einen auf den Deckel bekommen haben, weil solche offenen Worte für das sensible Verhältnis zur ARD, die den Stall ja praktisch finanziert, nicht unbedingt förderlich sind.

Marco Huck wurde, wie mir zu Ohren kam, sogar mit ernsthaften Konsequenzen gedroht, wenn er sich noch einmal öffentlich pro Hartmann äußert. Trotzdem hat er mir im November 2012 nach seinem Kampf gegen Firat Arslan in Halle noch einmal öffentlich gedankt – nach einem Kampf, in dem er von 5000 Zuschauern ausgepfiffen wurde, nach dem er unter Vollstress stand und mit seiner Leistung mehr als unzufrieden war. Da knie ich nieder. Aber so ist es, dieses oft so verrufene Boxgeschäft. Solche Äußerungen von Lahm oder Schweinsteiger kann ich mir eher nicht vorstellen.

Und Henry ist bei einer internen Sitzung vor einem Kampf aufgestanden und hat gesagt: »Ich finde die Entscheidung gegen Waldi nicht in Ordnung, weil es eine politische Entscheidung ist, die nichts mit seiner Qualität und seinem Können zu tun hat.« Ein weniger aufrechter Kerl als Henry Maske wäre sitzen geblieben und hätte sich gedacht, der Hartmann ist eh bald weg, was soll ich mir Ärger einhandeln? Nicht so Henry. Er hat Klartext gegenüber den Leuten geredet, die ihn bezahlen.

Doch lieber wieder zu den erfreulicheren Boxgeschichten. Eine für mich unvergessene Begebenheit könnte unter diesem nur leicht größenwahnsinnigen Titel laufen: Wie der Ringarzt und ich Markus Beyer 2003 den WM-Titel gerettet haben. Und das war so: Der Kampf gegen den Australier Danny Green fand am Nürburgring statt, als Doppelveranstaltung mit der DTM. Weil der verehrte Kollege Ben Wett wegen eines

Streiks nicht rechtzeitig aus den USA einfliegen konnte, war ich Moderator und Ringsprecher in Personalunion. Leicht geschwächt war ich außerdem, weil am Abend davor Norbert Haug eine Party geschmissen hatte – und wenn der ehemalige Mercedes-Sportchef eine Party schmeißt, dann weißt du, was das Wort Feiern bedeutet. Und wenn du dich am nächsten Morgen noch erinnern kannst, was los war, dann warst du nicht dabei. Seine Autos sind mir wurscht, seine Partys waren die legendärsten.

An diesem Abend war ich also in Personalunion Werfer, Flieger und Fänger im großen Boxzirkus. Markus Beyer hatte nicht mit Norbert Haug gefeiert, war dennoch geschwächt und ließ sich anständig vermöbeln. Der Australier kämpfte mit allen möglichen und unmöglichen schmutzigen Tricks und versuchte in der fünften Runde, eine Kopfwunde von Beyer durch einen Kopfstoß noch zu verschlimmern – ein böses Foul, im Fußball eine dunkelrote Karte. Der Ringarzt, mein alter Spezi Prof. Dr. Walter Wagner, bedeutete dem US-Ringrichter: »Aus, vorbei, Abbruch!«

Der Ringrichter sammelte die Punktzettel der Kampfrichter ein, und keiner wusste, wer gewonnen hatte. Beyer, als Opfer einer schweren Regelverletzung? Oder Green, nachdem sein Gegner nicht mehr weiterkämpfen konnte? Totale Konfusion beim Publikum und bei allen Beteiligten, vor allem wegen der völlig unterschiedlichen Regeln der vier Weltboxverbände. Der Ringsprecher und der Moderator, beides ich, waren sich aber sicher, und das habe ich auch Walter zugerufen: »Der Green hat gewonnen. Das steht auch auf dem Urteil, das ich gerade bekommen habe.« Deshalb war ich überzeugt: WM-Titel perdu. Heute Nacht wieder kein Grund zur Feier für Beyer.

Walter, ein mit allen Wassern und Abwassern gewaschener Regelexperte, ist stocksauer, ruft mir zu: »Dieses Urteil kannst du nicht verkünden, das ist gegen die Regeln! Ich nehm den Beyer doch nur aus dem Kampf, damit er gewinnt, damit er Weltmeister bleibt.« Ich zurück: »Walter, wenn das so ist, dann muss jetzt langsam was passieren. Die Leute daheim und in der Halle warten auf die Urteilsverkündung.« Also stürmt Walter auf den Ringrichter zu, redet auf ihn ein wie auf einen toten Gaul, rennt weiter zur WBC-Vizepräsidentin. Die Dame muss aber erst das Regelbuch aus dem Kofferraum ihres Autos vor der Halle holen – es war ein Riesenchaos. Wir haben das danach noch mal gestoppt: Ich habe elf Minuten lang praktisch kein Wort gesagt, was viele Menschen gefreut haben dürfte, und einfach nur mein Mikrofon in diese Diskussion gehalten. Einer meiner wenigen Sätze war: »Liebe Zuschauer, wir nehmen jetzt gerade live an der Urteilsfindung teil.« Und plötzlich bekomme ich ein neues Urteil in die Hand gedrückt: Markus Beyer bleibt Weltmeister! Na also, geht doch! Wenn ich das erste Urteil verlesen hätte, was mein Job gewesen wäre, hätte der andere gewonnen, dann wären Tatsachen geschaffen worden. Ende, over. Am nächsten Tag kommt Markus Beyer mit dickem blauen Auge zu mir, umarmt mich und sagt: »Waldi, Danke! Walter und du, ihr habt mir den Arsch gerettet.«

Einen Boxer habe ich allerdings auf dem Gewissen: 2007 habe ich den ehemaligen deutschen Schwergewichtsmeister Jürgen Blin unter die Erde gebracht. Anlass war ein WM-Kampf von Nikolai Walujew in Basel gegen den Amerikaner Jameel McCline. Im Vorfeld hatten wir in der Redaktion darüber gesprochen, dass es schon einmal einen ganz großen Schwergewichtskampf in der Schweiz gegeben hat: 1971, Muhammad Ali gegen ebendiesen Blin. Und mein Redakteur steckte mir noch die exklusive Info, dass Blin mittlerweile verstorben sei. Ich fragte sogar nach, und der Redakteur blieb felsenfest dabei: Ja, Blin ist tot. Daran konnte ich mich zwar nicht erinnern, aber ich dachte mir halt: Mein Gott, hast du wohl überlesen – wenn Jürgen Blin stirbt, steht das ja auch nicht unbedingt groß auf zwei Seiten in der *Süddeutschen*. Das mit dem toten Blin stimmte auch, zumindest beinahe: Blin war tatsächlich gestorben, allerdings nicht Vater Jürgen, sondern Sohn Knut Blin, der 2004 Selbstmord begangen hatte. Mein Redakteur ließ allerdings den Vater sterben.

Natürlich hätte ich das noch mal prüfen müssen. Das Internet war schließlich 2007 längst erfunden, ein Klick hätte Vater Blin auferstehen lassen. Aber wie es halt so ist: Hektik vor dem Kampf. Und irgendwo muss ich mich ja auch auf einen leibhaftigen Redakteur verlassen können. Also verkünde ich live vor 7,5 Millionen Menschen an den Geräten daheim, dass Ali 1971 in Zürich gegen den mittlerweile verstorbenen Jürgen Blin gekämpft hat. Nach dem Motto: Da staunt ihr, was der Waldi alles so weiß!

Bloß sitzt der alte Blin in diesem Moment wohl zu Hause vor dem Fernseher, schaut uns beim Boxen zu und wundert sich sehr über seinen unerwarteten Tod. Die Hamburger *Bild* wundert sich ebenso und ruft gleich bei Blin an: »Alter, was sagst du dazu, dass du tot bist?« Am Montag dann riesengroß in der *Bild* (der Kampfausgang hat keinen Menschen mehr interessiert und war nur noch zwanzig Zeilen wert) die balkendicke, blutrote Überschrift: »Box-Held Jürgen Blin: Waldi hat mich für tot erklärt!«

Da wusste ich natürlich schon, was los war. Denn nach dem Kampf, VIP-Party, ich nachts um zwei am Buffet. Der alte Sportjournalisten-Fahrensmann Hartmut Scherzer, dem in Sachen Boxen und Radsport keiner etwas vormachen kann, kommt zu mir und schmunzelt: »Hör ma, die *FAZ* hat mich angerufen. Ich soll einen Nachruf auf den Blin schreiben.« Nach diesem Satz war mir mit einem Schlag alles klar: »Der ist gar nicht tot, oder?« Eigentlich hatte ich es ja geahnt, von Anfang an. Künstlerpech.

Bild rief am Sonntag gegen elf Uhr in der Früh bei mir an – klassische *Bild*-Uhrzeit, wenn etwas schiefgelaufen ist. Ich war sofort umfassend geständig. Der freundliche Boulevardkollege Jörg Lubrich wusste auch schon, dass der tote Blin nicht auf meinem Mist gewachsen, sondern eine Erfindung meines Redakteurs war. Recherchieren können Sie nun mal bei *Bild*. Und er sagte mir auch: »Weißt du Waldi, deinen Redakteur kennt kein Mensch. Aber dich kennen die Leute. Also müssen wir die Geschichte auf dich drehen.« Blin gab dann auch tüchtig Gas in der Zeitung und erklärte: »Frechheit, das hat mich fast aus dem Sessel gehauen. Ich bin fit wie ein Turnschuh und fordere eine Richtigstellung in der *Tagesschau*.« Ich dachte mir beim Lesen: Genau, am besten als erste Meldung – und vorgelesen vom Bundeskanzler persönlich.

Das Ende vom Lied: Dicke Entschuldigung bei Blin, wir haben ihn zum nächsten Kampf nach Rostock eingeladen, wo er einen recht lebendigen Eindruck machte und live vor einem Millionenpublikum Wiederauferstehung feiern durfte. Durch das wunderbare Internet, das nichts vergisst, geistert diese Geschichte bis heute. Und immer, wenn irgendwo eine Rangliste der schönsten Fernsehpleiten und -pannen aufgestellt wird, muss Blin wieder unter die Erde. So oft wie Jürgen Blin ist garantiert kein anderer Mensch je gestorben.

27

... UNTER ANDEREM MIT WALDEMAR HARTMANN

Das Ende von Waldis Club

Und dann war Schluss mit dem *Club*. Und mit dem Boxen. Und überhaupt, mit dem Moderieren im Ersten Deutschen Fernsehen.

Mit mir hat in sechs Jahren *Waldis Club* nie jemand von den Verantwortlichen der ARD über Form und Inhalt der Sendung geredet, weder aus der Programmdirektion noch aus der Sportkoordination. Auch inhaltliche Vorgaben und Wünsche gab es keine. Okay, ich habe 2010, nach der WM in Südafrika, einen wunderbaren Brief von Programmdirektor Volker Herres bekommen, wie klasse die Sendung gewesen sei, wie toll die Quoten waren. Herres mochte das Format, und vor allem mochte er die Quoten, das hat er mir damals sogar schriftlich gegeben. Damals ließ er zudem das erste und einzige Mal die *Lindenstraße* ausfallen, um den *Club* zeigen zu können. Und RTL hat die Vorberichterstattung zu seinen WM-Spielen nach hinten verschoben, um uns auszuweichen – weil die Quoten im Vergleich zu uns alles andere als gigantisch waren, und das trotz der Giganten Jauch und Klopp.

Nach dem Umzug nach Leipzig 2010 hat der MDR richtig Gas gegeben für die Sendung, hat den *Club* mit Verve unterstützt. Die haben getrailert, bei *Brisant* ein »Making of« gezeigt, im MDR-Radio dafür getrommelt, die haben getwittert und gefacebooked und alles, was man heute so braucht. Wo der MDR die Werbetrommel rühren konnte, hat er das auch gemacht. Das war hervorragend. So etwas kannte ich vom Bayerischen Rundfunk nicht, der hat die Sendung ja immer mit engagiertem Desinteresse begleitet. Auf Anweisung des damaligen Fernsehdirektors Gerhard Fuchs hatten wir nicht einmal eine interne Produktionsnummer beim BR. Wenn mein Redakteur Andi Egertz einen Beitrag überspielen wollte, musste das unter der Hand gedeichselt werden.

Beim MDR war dagegen richtig Bewegung drin, Riesenengagement. Und dann macht es einem als Moderator gleich noch mehr Spaß.

Aber ansonsten: tote Hose in Sachen Kontakt nach oben. Man muss sich das nicht so vorstellen, dass man als Moderator beim Fernsehen ständig mit dem Chefredakteur oder dem Programmdirektor Kaffee trinken geht. Nix da – uns geht es nicht anders als jedem anderen Angestellten. Wenn man Glück hat, gewährt einem der Chef eine Audienz, und meistens hat man kein Glück. Und dass man seine eigene Sendung demnächst nicht mehr moderiert, erfährt man aus der Zeitung. Oder, deutlich moderner, aber auch nicht wesentlich erfreulicher, auf Twitter. Ende 2012 wurde ja wieder einmal öffentlich über die Talkshows im Ersten diskutiert – ich drücke der wunderbaren, klugen und schönen Anne Will kräftig die Daumen. Sie kennt das Prozedere bestens, seit sie 2011 vom Sonntag auf den Mittwoch verfrachtet wurde, damit sich das Erste mit dem Namen Günther Jauch schmücken kann, was die inhaltliche Qualität des ARD-Sonntagabends in meinen Augen nicht unbedingt verbessert hat.

Zusammengefasst: Meine Informationslage zur Zukunft von *Waldis Club* war im Jahr 2011 trotz bester Quoten, gerade auch bei den jungen Zuschauern, reichlich dünn. Im November habe ich dann mal nachgefragt. Motto: Freunde, den Vertrag von Mehmet Scholl, der ebenfalls bis zur EM 2012 lief, habt ihr gerade verlängert, wie schaut's denn eigentlich mit mir aus? Wäre ja nicht ganz uninteressant für meine Lebensplanung. Die Antwort war ein lang gezogenes »Hmmmm ...« – also gar keine.

Dann kam der Fall Hartmann auf die Tagesordnung der Sportchefsitzung im Februar 2012. Und das Ergebnis der Diskussion: Vertrag verlängern, aber nur um ein Jahr bis zum Sommer 2013 – mitten zwischen EM und WM. Waldi-Showdown im Ersten! Was für eine halbseidene, was für eine feige Entscheidung! Das wäre genauso, wie wenn du den Vertrag von Joachim Löw bis 2013 verlängerst. Entweder man glaubt an ihn, dann verlängert man bis zur WM, bis 2014. Oder man glaubt nicht an ihn und mag ihn nicht mehr sehen. Dann kann man ihn auch gleich nach der EM rausschmeißen. Genauso gut kannst du eine Länderspielübertragung in der Halbzeit abbrechen und zum *Musikantenstadl* schalten beziehungsweise, was noch besser zur ARD passen würde, zum Intrigantenstadl.

Ich habe den Herrschaften dann gesagt, das kommt mir vor wie beim Hunderennen in England: Ihr haltet dem Waldi einen schönen Wurstzipfel hin – schnapp und renn! Aber das wollte ich nicht. MDR-Sportchefin Sylvia Peuker meinte zu mir: »Waldi, ruhig, jetzt haben wir wenigstens einen Fuß in der Tür.« Aber ich wollte keinen Fuß in der Tür. Ich wollte durch die Tür durch, wie es den Quoten angemessen war. Entsprechend fiel meine Antwort aus: »Sylvia, wärt ihr ehrlich gewesen, hättet ihr gesagt, das war eine schöne Zeit, das war toll, aber jetzt haben wir andere Pläne.« Das hätte mir auch nicht gefallen, aber es wäre wenigstens eine ehrliche Entscheidung gewesen. Aber als Sportchef in der ARD schadet es nicht, keine Eier zu haben – die sind beim Intrigieren nämlich ständig im Weg.

Und dann gab es außerdem noch Ärger um meine Experteneinsätze im Schweizer Fernsehen (SF) während der EM. Eine Lachnummer, die ARD-Sportkoordinator Axel Balkausky aber dazu nutzte, mir noch mal eine mitzugeben. Meine Schweizer Freunde hatten mich im Sommer 2011 gefragt, ob ich Lust hätte, bei den beiden Champions-League-Qualispielen des FC Bayern gegen den FC Zürich für sie den Netzer zu machen. Ich hatte Lust, das lief prima, das Schweizer Fernsehen und die Schweizer Zuschauer waren happy. Und Franz Beckenbauer hat sich in Zürich kaputtgelacht, als er mich gesehen hat: »Du bist jetzt Experte? Ja sauber!«

Also: Schöne Sache, und deshalb haben die Schweizer für die EM 2012 noch mal bei mir angefragt. Klar war von vornherein: Das ging nur an ZDF-Spieltagen – denn wenn die ARD sendete, hatte ich ja meinen *Club*. Und der genoss absolute Priorität. In der Vorrunde betraf es ohnehin nur unser Spiel gegen die Niederlande. Und ab dem Viertelfinale wollten wir dann weitersehen. In Deutschland hat das eh keiner gemerkt, hier schaut kein Mensch das Schweizer Fernsehen. Aber als ich plötzlich auf dem Titelbild der Schweizer Programmzeitschrift *Tele* aufgetaucht bin, machten deutsche Agenturen daraus: »Waldi – Experte beim Schweizer Fernsehen«.

Daraufhin bekam ich einen Brief von Balkausky, sehr aggressiv, in dem er sich aufregte, dass die ARD so viel Geld in die Hand genommen hätte, und zum Dank würde ich zum Schweizer Fernsehen gehen. Quasi als Fahnenflüchtiger, so klang das zumindest. Wie überschaubar meine Präsenz beim SF war, wusste er vermutlich gar nicht. Sondern hatte wahrscheinlich seinen Brief rein auf der Basis von Flurfunk- und Latrinengerüchten geschrieben. Und wenn es so war – den Arsch in der Hose, mich anzurufen und nachzufragen, hatte er auch nicht. Es war kaum zu fassen: Durch die ARD-Flure geisterte mittlerweile das Gerücht: Waldi macht an den ZDF-Spieltagen *Waldis Club* im Schweizer Fernsehen. Ja, grüezi nachad, was für ein blühender Unsinn!

Ein Anruf hätte genügt. Ein einziger Anruf, und alles wäre geklärt gewesen. Aber was macht Balkausky? Er lässt gleich die Panzer auffahren. Von da an war unser Verhältnis keines mehr und nur noch durch »unfriendly Fire« der ARD-Artillerie geprägt. Und zum Thema Geld und Investitionen: Ich hatte von der ARD nicht verlangt, für das ganze Theater in Leipzig mit Open Air und Freilichtbühne einen Haufen Geld auszugeben. Das hätten sie behalten können, oder notfalls mir geben, wenn sie's unbedingt hätten loswerden wollen. Und was ich an ZDF-Tagen machte, konnte dem Ersten völlig wurscht sein – solange ich nicht bei einem deutschen Konkurrenzsender die Nase in die Kamera halte.

Balkausky hatte also an einem windelweichen Kompromiss mit einer Verlängerung bis 2013 mitgewirkt. Das war kein Ja, das war kein Nein, das war ein Garnix. Machen wir uns nichts vor: Es war sicherlich nicht selten eine Riesenfreude für einige der Sportchefs, wenn mich Kritiker in die Pfanne gehauen haben, dass das Schnitzel nur so spritzte. *Waldis Club* hat eben nicht in ihre Vorstellungen von der intellektuellen Schönschreibecke ARD gepasst. Die wollten ein literarisches Fußballquartett. Die wollten den Grimme-Preis. Wobei doch alle wissen: Wenn eine Sendung den Grimme-Preis kriegt, hat das Totenglöckerl oft schon geläutet. Denn die Leute schalten eine Sendung nicht ein, weil sie den Grimme-Preis bekommen hat, sondern weil sie gut unterhalten und gut informiert werden wollen. Das habe ich von Helmut Thoma gelernt, der in seiner Zeit als RTL-Chef geraunzt hat: »Wann ma a guate Besprechung in der *Süddeutschen Zeitung* g'habt ham, wer ma müassn die Sendung bald rausnehmen aus dem Programm.«

Ich habe mich zeitlebens an dem ganzen unseligen ARD-Klüngel nicht beteiligt, an diesem ewigen Bilden von Seilschaften, bei denen man sich hintenrum abspricht und Mehrheiten sucht. An dieser ganzen unerträglichen Senderpolitik, an den ewigen Schmutzeleien, wie Seehofer sagen würde. Schon damals nicht, als es die »sinnlosen Drei« gab, wie sie ARD-intern hießen – Heribert Faßbender vom WDR, Gerhard Meier-Rhön vom SDR/SWR und Jürgen Emig vom HR –, die permanent mit allen möglichen Tricks Mehrheiten gesucht und sie nur selten gefunden haben. Die drei hätten in die Politik gehen sollen, da hätten die Wähler viel Freude gehabt.

Faßbender hat es, glaube ich, nie recht verwunden, dass nicht er das Finale der WM 1990 in Rom kommentieren durfte, sondern Gerd Rubenbauer. Und sein Schmerz muss umso größer gewesen sein, nachdem die deutsche Mannschaft gewonnen hatte – und weil ihm klar war, dass Rubis Ausbruch beim Elfer von Andreas Brehme jahrzehntelang in Rückblicken zu hören sein würde und nicht seine Stimme. Wobei man zugeben muss: Rubenbauer hat auch einfach nur »Jaaaaaaaa« geschrien, allzu viel ist ihm zu diesem historischen Ereignis nicht eingefallen. Das hätte Fassi auch noch hinbekommen. Jedenfalls war man als Mitarbeiter des Bayerischen Rundfunks nach der WM 1990 bei Heribert Faßbender in Sippenhaft. Und er hat jede Gelegenheit genutzt, um in der *Sportschau* kleine Spitzen gegen uns BR-Leute zu setzen. Geh, hör mir doch auf!

Übrigens gab es zu der Geschichte noch eine Fortsetzung: Rubi hat nie verstanden, dass er 1990 zwar besser war als Faßbender – dass er aber laut ARD-Hierarchie schlichtweg noch nicht an der Reihe war mit dem Finalkommentar. Wäre ja noch schöner, wenn es nach Leistung ginge! Und weil sich der junge Bursch in Italien dank BR-Unterstützung von WM-Teamchef Eberhard Stanjek an der Schlange vorbei nach vorne gedrängelt hatte, wurde er, mit typischer ARD-Verspätung, sechzehn Jahre später dafür abgestraft. Von der Qualität hätte Gerd natürlich das WM-Finale 2006 in Deutschland kommentieren müssen, bei wachem Verstand gab es keine andere Wahl. Aber das Klüngelkommando setzte ihm Reinhold Beckmann vor die Nase. Und da hat Rubi gesagt, den Scheiß mach ich nicht mehr mit, ihr könnt's mich gernhaben, ich hör auf. Ich war nicht immer einer Meinung mit Gerd, aber vor dieser konsequenten Entscheidung ziehe ich den Hut. Und sechs Jahre später habe ich es genauso gemacht.

Hinzu kommt die wichtigste und florierendste Hauptabteilung der ARD, die Hauptabteilung Neid und Missgunst. Nicht zuletzt deswegen, weil man sich ausrechnen konnte, dass ich mit der Produktion des *Clubs* richtig gutes Geld verdient habe. Und natürlich glüht der Flurfunk, natürlich schwirren unentwegt Zahlen durch die Sender: Was kriegt Waldi für eine Ausgabe und das zehnmal im Jahr? Und dann schaust du als fest angestellter ARD-Mensch auf deinen Gehaltszettel und denkst dir, Sakrament!, der Waldi verdient mehr als die Bundeskanzlerin. Was habe ich falsch gemacht in meinem Leben? Da kommt nicht viel Freude auf. Und wenn du dann vielleicht daheim noch eine Frau hast, die andauernd stichelt, warum der Dicke mit seinem Scheiß so viel verdient und du so wenig, dann stärkt auch das nicht die kollegiale Zuneigung.

Also habe ich mir gedacht, jetzt machst du erst mal eine EM mit anständigen Quoten, denn bei den öffentlich-rechtlichen Quotenzählern gibt es keine besseren Argumente. Dann schau ma mal. Und dann werden die Direktoren diese Wischiwaschi-Entscheidung schon überstimmen.

Leichter gesagt als getan, denn Anpfiff war nicht nur für das EM-Turnier in Polen und der Ukraine, sondern auch für das fröhliche Hartmann-Mobbing. Beim ersten ARD-Spiel lief gar kein Ticker als Ankündigung von *Waldis Club* durchs Bild, was völlig unüblich war. Die MDR-Redakteure riefen also an bei der Redaktion in Warschau: »Wo bleibt unser Ticker?« Antwort: »Erlaubt die UEFA nicht, die verlangen ein Bild ohne solche Einblendungen.« Beim ZDF gab es dieses UEFA-Problem offenbar nicht, die haben munter eingeblendet, dass die Heide wackelte. Ich dachte mir: Was ist das denn jetzt für ein Krampf?

Beim zweiten Spiel lief der Crawl, wie dieser Ticker genannt wird – allerdings nur einmal und nicht wie üblich zweimal. Gerd Gottlob hat immerhin noch auf unsere Gäste hingewiesen. Im Laufe des Turniers wurden es nicht mehr, sondern im Gegenteil immer weniger Hinweise darauf, dass der *Club* überhaupt existierte und Teil des ARD-Programms war. Es wurde kein Trailer mehr gesendet, es erfolgte keine Vorabschalte mehr nach Leipzig. Waldi war *persona non grata*. Du hast richtig gemerkt, wie sie Stück für Stück diese Sendung rausdrängten. Reinhold Beckmann kündigte an: »Jetzt kommt Waldemort!« Hartmann als Mischung aus Waldi und dem grausamen Fürsten der Finsternis aus den Harry-Potter-Romanen. »Der, dessen Name nicht genannt werden darf« – das war vielleicht gut gemeint, aber gut gemeint ist die böse Schwester von gut. Und das Höchste war, als Steffen Simon bei einem Spiel meine Gäste, darunter Guido Cantz, Moderator der wichtigsten ARD-Samstagabendsendung *Verstehen Sie Spaß?* und den definitiv nie unlustigen Harald Schmidt, mit der Bemerkung ankündigte: »Vielleicht macht ja einer einen Witz.« Und das von Steffen Simon, über den es bei der EM auf Twitter hieß: »Das ZDF hat Usedom, die ARD hat

Steffen Simon.« Niemand hat bis heute herausgefunden, was schlimmer war. Ein Spiel später wies Tom Bartels hin auf »*Waldis Club* um halb zwölf, unter anderem mit Waldemar Hartmann«.

Da sitzt du dann mit deinen Gästen in Leipzig, wir haben die Spiele ja vorher immer zusammen im Fernsehen angeschaut – und verstehst die Welt nicht mehr. Betretenes Schweigen in der ganzen Runde. Ich schau meine Gäste an, meine Gäste schauen mich an, und ich denk mir: Ja sind die denn deppert geworden da drüben in Polen und der Ukraine? Geht's noch bizarrer? Die machen öffentlich, vor fünfzehn, zwanzig Millionen Leuten, ihr eigenes Programm, ihren eigenen Sender schlecht und fordern die Leute quasi auf, ins Bett zu gehen, wenn Waldi kommt. Geht's noch, Freunde der Südsee?

Also habe ich unser Team aktiviert, meine wirklich bienenfleißige Truppe: »Wir müssen schon wieder anrufen in der EM-Redaktion, das kann doch nicht wahr sein.« Und dann kam der Abschuss beim letzten deutschen Spiel, als sich die Mannschaft gegen Italien ins Aus gesungen und gespielt hat. Die Großmutter aller Niederlagen! Wir hatten als Gäste in Leipzig: Til Schweiger, den neuen ARD-*Tatort*-Kommissar! Anne Will, die ARD-Vorzeigetalkfrau! Die deutsche Mannschaft war nach der Niederlage völlig down, keiner traute sich aus der Kabine raus, wir hatten im Ersten keine Stimmen, keine Interviews. Die ARD war blitzeblank, Beckmann und sein Mehmet hatten schlichtweg nichts mehr zu senden. Also hat man uns aus Warschau angerufen: »Wir haben nichts mehr, könnt ihr früher auf Sendung gehen?«

Natürlich konnten wir früher auf Sendung gehen, wir waren ja alle da und startbereit. Aber ich habe auch ganz klar zu Warschau gesagt: »Wir bleiben bei unseren fünfundvierzig Minuten, wir gleichen die Zeit nicht aus. Was nach fünfundvierzig Minuten nicht gesagt ist, braucht kein Mensch mehr.« Und was ist dann passiert? Statt einer Viertelstunde früher sind wir sogar noch eine Viertelstunde später auf Sendung gegangen. Einige hundert Leute saßen bei uns beim Public Viewing und haben gewartet, bis Reimgold Beckmann endlich damit fertig war, die Niederlage gegen Italien zu beweinen – saßen da und übten sich in Geduld. Wir hatten Til und Will, die geduldig auf ihren Einsatz warteten. Aber mir war auch klar: EM-Aus gegen Italien am Donnerstagabend, ganz Deutschland geschockt, und Mitternachts-Waldi geht um Viertel vor zwölf auf Sendung. Wer da noch zuschaut, wenn er am nächsten Morgen um halb sieben aus den Federn muss, der braucht eine robuste Konstitution. Denn nach Niederlagen, das lehrt die Erfahrung, wollen die Leute ins Bett. Nach Siegen, ganz egal gegen wen, egal ob gegen Brasilien oder gegen Blau-Weiß Buxtehude, bleiben sie dran. Und wenn es bis nachts um halb drei dauert.

In dieser halben Stunde, in der Reinhold Beckmann wortreich den fußballerischen Volkstrauertag ausrief, in diesen dreißig Minuten, in denen ich Stand-by auf meinen Einsatz wartete, zusammen mit sechshundert Gästen beim Public Viewing im Bayerischen Bahnhof, bin ich dagesessen und habe nachgedacht. Wir hatten diese Traumgäste hier, und Simon wies lediglich auf unseren angeblichen Sendebeginn um halb zwölf hin. Kein Wort von Til und Will.

In dieser halben Stunde wusste ich: Game over. Weißt was, Hartmann, die wollen dich nur noch ärgern. Und da habe ich für mich entschieden: Das war's. Meinen Vertrag bis 2013 hatte ich sicher. Aber es war meine Entscheidung zu sagen: Ihr könnt mich mal. Und zwar gernhaben. In diesen Minuten wurde mit klar: Ich nehme das Angebot der ARD nicht an. Und deshalb war mein letzter Satz in der Sendung auch: »Liebe Zuschauer, das war's mit *Waldis Club*.« Keiner der Zuschauer oder der Leute aus unserem Team wusste, wie das gemeint war. Nur meine Frau zu Hause hat es sofort kapiert. Die hat mich nach der Sendung angerufen und gesagt: »Waggala, habe ich das richtig verstanden?« Und ich zurück: »Ja, hast du.« Denn es war alles auserzählt, was es zu erzählen gab. Mein Frust an diesem Abend war mit dem Frust der Nationalmannschaft drüben in Warschau locker zu vergleichen.

Klar: Wenn mir die ARD-Direktoren eine Woche später eine Verlängerung bis 2014 angeboten hätten, hätte ich das natürlich gemacht, da müssen wir nicht drüber reden. Haben sie aber nicht. Für mich war die Marschrichtung von WDR-Intendantin Monika Piel und von RBB-Intendantin Dagmar Reim ganz klar: Weg, und zwar endgültig. Was natürlich auch mit dem Jugendwahn zu tun hat, der im deutschen Fernsehen derzeit grassiert. Alles, was Falten hat, muss weg – vom Bergdoktor bis zum Hartmann. Für mich sind solche Entscheidungen ein Schlag ins Gesicht der älteren Generation, für alle Übersechzigjährigen, die sich noch geistig und körperlich fit fühlen. Und der Gag daran: Kaum eine andere ARD-Sendung hatte bei der verherrlichten sogenannten Zielgruppe von vierzehn bis neunundvierzig so gute Quoten wie mein *Club*. Das Erste hechelt verzweifelt den jungen Zuschauern nach, verbrennt Millionen für erfolglose Vorabendformate – und wir beim *Club* hatten dieses begehrte junge Publikum. Das ist ihnen dann auch wieder nicht recht.

Ich werd's nie kapieren.

Für meine Frau und mich war die Situation sonnenklar: Hier ist die Waage – auf der einen Seite das Geld, das wir jetzt für das eine Jahr *Club* und fürs ARD-Boxen nicht kriegen werden. Immerhin über 200 000 Euro, auf die ich verzichtet habe. Dafür muss eine alte Frau lange stricken. Das macht man ja nicht einfach so, hopplahopp, zwischen Cappuccino und Mineralwasser. Und auf der anderen Seite der

Waage liegen meine Herzklappe, meine Mageninnenwand, mein Dick- und Dünndarm, mein Nervenkostüm und meine Lebensqualität für die dreißig Jahre, die mir hoffentlich noch bleiben – ich habe prächtige Leberwerte. Und das war mir wichtiger. Lieber 200 000 Euro weniger, aber mich nicht mehr über missgünstige Menschen ärgern müssen. Ich finde bis heute, das war das am besten investierte Geld meines Lebens. Besser als jede Apple-Aktie mit 300 Prozent Wertsteigerung.

Mit bald fünfundsechzig hatte ich einfach keine Lust mehr, mich zu ärgern. Und mir war klar, sie werden mich ärgern. So viel Schmerzensgeld kann mir die ARD gar nicht bezahlen. In den letzten Jahren habe ich einige Kollegen und Freunde siebzig Jahre alt werden sehen und gemerkt, dass das für alle ein Schnitt ist. Das war für Frank Elstner ein Schnitt, das war für meinen Spezi Wolfgang Clement ein Schnitt, das war für meinen Schwiegervater Max ein Schnitt. Und in den fünf Jahren bis zu diesem Datum will ich leben, will ich Spaß haben, soweit mich der liebe Gott noch lässt. Und nicht darauf warten, ob Steffen Simon oder Tom Bartels Lust haben, meine Gäste zu nennen. Denn ob und wie es danach weitergeht, weiß niemand. Ich weiß nicht, ob ich ein zweiter Müller-Wohlfahrt bin und mit siebzig noch so schnell über den Platz rennen kann. Wobei: Muss gar nicht sein. Hauptsache, meine Füße tragen mich noch an die Bar.

Mit dieser Entscheidung gegen den *Club* wusste ich natürlich auch, dass sie den Boxvertrag nicht verlängern werden, die Konsequenzen waren mir klar. Wenn ich als Siemens-Manager im *Spiegel*-Interview einen Vorstand öffentlich beleidige, habe ich schließlich ebenfalls meinen Schreibtisch zu räumen. Insofern war es ohnehin erstaunlich, dass mich die ARD bis Dezember 2012 Boxen moderieren ließ. Ich war ja eine wandelnde Zeitbombe für die. Viele hatten bei meinem letzten Kampf am 15. Dezember die Bux voll, dass ich zum Abschied um mich schlagen könnte wie seinerzeit Frau Schreinemakers. Was ich aber nie vorhatte, was mir völlig fernlag. Ich hege keine Rachegefühle, und ich habe seelenruhig gesagt: »Es ist heute für mich der letzte Gong bei der ARD. Ich bedanke mich für dreiunddreißig wunderbare Jahre und wünsche Ihnen alles Gute. Servus aus Nürnberg.« Und das war dann mein Sport-Ciao nach über drei Jahrzehnten in der ARD. Der Erste, der mir nach meinem dann folgenden *Spiegel*-Interview eine Mail geschickt hat, war übrigens Jörg Kachelmann: »Super, Oida! Rückgrat bewiesen, gratuliere. Jörg.« Woran man sieht: Die gemeinsame überschäumende Liebe zur ARD verbindet.

In diesem *Spiegel*-Interview habe ich alles angesprochen, was mich in diesem Moment geärgert hat und was es aus meiner Sicht zu sagen gab. Deshalb, für die Ewigkeit, und als Dokument, hier noch einmal zum Nachlesen.

Der Spiegel: Herr Hartmann, man hört, Sie haben Zoff mit der ARD?
HARTMANN: Im Gegenteil, es ist alles geklärt. Ich habe meine Entscheidung getroffen: Die Sendung »Waldis Club« wird es im Ersten nicht mehr geben. Ich nehme das Angebot der ARD nicht an.
Der Spiegel: Was hat man Ihnen angetan?
HARTMANN: Während der Fußball-Europameisterschaft hat die Sendung um Mitternacht regelmäßig drei Millionen Menschen vor dem Fernseher versammelt. Da wäre es doch normal gewesen, dass ich von den Verantwortlichen des Ersten wenigstens eine SMS oder ein Fleißkärtchen mit zwei Zeilen bekomme. Was aber macht die ARD-Programmkonferenz? Beschließt zwei Tage nach dem Finale, meinen Vertrag nur bis Juni 2013 zu verlängern.

Der Spiegel: Dazu kann man Sie doch eigentlich beglückwünschen.

HARTMANN: Das ist eine Verlängerung um gerade mal ein Jahr – anstatt wie bisher um zwei! Im September fängt die Qualifikation für die WM 2014 an. Nach den Spielen hätte es wieder den »Club« gegeben. Und plötzlich, mitten in der Qualifikation, die ja bis November 2013 dauert, hätte man ihn eingestellt? Das wäre genauso, als wenn man die Übertragung eines Fußballspiels nach der Halbzeit abbrechen würde.

Der Spiegel: Ihre Plauderrunde erntete viel ätzende Kritik: zu laut, zu kumpelig, zu blöd.

HARTMANN: Die Zuschauer haben das nie so gesehen. Nur die Feuilletonisten.

Der Spiegel: Wolf-Dieter Jacobi, Fernsehdirektor des zuständigen MDR, hat das Format hingegen als »großartig« gelobt und versprochen, alles zu tun, damit Sie bleiben.

HARTMANN: Das hat er auch getan. Sieben der neun Fernsehdirektoren haben zugestimmt. RBB und WDR waren, wie ich hörte, dagegen. Bereits während der EM hatte mich WDR-Sportchef Steffen Simon auflaufen lassen. Üblich ist es, dass der Kommentator in der 80. Spielminute ordentlich Werbung macht für »Waldis Club« im Anschluss. An dem Abend, an dem er im Einsatz war, hatte ich Spitzengäste: Anne Will, den künftigen »Tatort«-Kommissar Til Schweiger und Fredi Bobic. Die hätte man groß anpreisen können. Steffen Simon sagte stattdessen einfach: 23.30 Uhr, »Waldis Club«. Ohne einen dieser Top-Namen zu nennen!

Der Spiegel: Neigen Sie zu Verschwörungstheorien?

HARTMANN: Die Fakten sind doch klar. Zugegeben, Simon und ich waren noch nie die besten Freunde, das kommt im Leben schon einmal vor. Es trifft mich nicht persönlich, aber es ist bizarr, dass er ein Format der ARD so beschädigt. Das hat angefangen mit dem Pressetermin, bei dem der WDR die EM-Berichterstattung des Ersten präsentierte und zu dem Moderator und Redaktion von »Waldis Club« nicht eingeladen waren.

Der Spiegel: Die ARD will weg von ihrem Weißbier-Duz-Sportjournalismus?

HARTMANN: »Waldis Club« war ein Stammtisch von und für Fußballfans und kein »Literarisches Quartett«. Aber wenn das der ARD zuwider gewesen wäre, hätte sie's schon früher sagen können. Immerhin läuft die Sendung seit sechs Jahren in der gleichen Machart.

Der Spiegel: Wird man Sie künftig auf einem Nischensender sehen oder neben Harald Schmidt im Pay-TV?

HARTMANN: Ich schiele nicht nach anderen Sendern, ich gehöre immer noch zur ARD. Mein Vertrag als Boxmoderator läuft bis Ende des Jahres. Außerdem gehe ich bald mit meinem Soloprogramm »Born to be Waldi« auf Tour und schreibe meine Memoiren. Da ist ja gerade noch ein schönes Kapitel dazugekommen.

Nach meinem Nein zur *Club*-Verlängerung und nach diesem Interview hat keiner der ARD-Verantwortlichen bis zum Abschied in Nürnberg auch nur ein Wort mehr mit mir gesprochen. Die Entscheidung, auch den Boxvertrag nicht zu verlängern, habe ich aus dem Internet erfahren, von der Medienwebsite *dwdl.de*. Die haben mich angerufen: »Herr Hartmann, was sagen Sie dazu?« Keine Ahnung, ich konnte nichts dazu sagen, denn ich wusste ja von nichts. Alexander Krei von *dwdl.de* hat mir dann den Text vorgelesen. Auch dafür vielen Dank noch mal, liebes Erstes. So geht man nach dreiunddreißig Jahren nicht miteinander um, so geht man nicht einmal nach zwei Jahren miteinander um. So geht man überhaupt nicht miteinander um. Mit Stil hat das nichts zu tun.

Das war das endgültige Ende, für mich aber mit einem Gefühl der Befreiung verbunden. Es ist keine Phrase, wenn ich sage, ich hatte und habe einen Traumberuf, einen Beruf, der für mich eine Berufung war, kurzum: ein erfülltes Leben. Mehr kannst du nicht verlangen.

Ich habe fast fünfunddreißig extrem gute Jahre mit wunderbaren Erlebnissen hinter mich gebracht. Ich habe gutes Geld verdient. Und wenn ich mir vom lieben Gott etwas wünschen könnte, würde ich ihm sagen: »Lieber Gott, ich möchte das noch einmal machen, noch einmal erleben.« Eine Handvoll Menschen bei der ARD müssten ja nicht unbedingt ein zweites Mal mit dabei sein. Und jetzt beim Frühstück zu sitzen und zu wissen, ich habe keine Fernsehsendung mehr – das ist viel leichter, als es sich viele supertalentierte Kollegen denken, die partout nicht loslassen können. Ihnen kann ich nur zurufen: Probiert es aus! Das Leben macht auch Spaß, wenn man seine Nase nicht mehr in die Kamera hält. Und es macht umso mehr Spaß, wenn man nicht mehr auf die morgendliche Zeugnisverteilung warten muss, auf die Quoten von ARD-Videotextseite 447.

Wir alle sollten uns immer wieder klarmachen: Fernsehen ist endlich. Auch für Peter Frankenfeld, Peter Alexander, Rudi Carrell oder Kuli ging irgendwann die letzte Kamera aus – und die Welt hat sich weitergedreht. So war es bei Johannes B. Kerner, der in wenigen Jahren vom ZDF-Gesicht schlechthin zu Deutschlands bekanntestem Moderator ohne Sendung wurde. Sat.1 hatte gehofft, dass Johannes seine ZDF-Zuschauer mitzieht, aber das ZDF-Publikum wollte kein Sat.1 sehen, und die Sat.1-Zuschauer konnten mit Kerner nichts anfangen. Und im Zweiten hat plötzlich Lanz gekocht, und es hat auch nicht schlechter geschmeckt. Genauso war es bei Harry Valérien, der pünktlich zu seinem Fünfundsechzigsten beim ZDF pensioniert wurde.

Und so ist es auch bei Waldi Hartmann. Alles auf der Welt ist endlich, und Fernsehen ist noch endlicher. Keine Sendung machst du für immer. Und das Dasein als »Has been«, wie es in den USA heißt, als Mann oder Frau von gestern, kommt unweigerlich auf jeden von uns zu. Das sollte man sich immer wieder vor Augen halten, und das muss man akzeptieren. Wir neigen alle gern zur Selbstüberschätzung in diesem Medium, und wir vergessen viel zu schnell: Weder fliegen wir zum Mars, noch schaffen wir den Hunger ab, und wir heilen auch keinen Krebs. Wir machen alle nur Fernsehen. Und in unsere Sendungen kannst du am nächsten Tag nicht einmal den Fisch einwickeln wie in die Zeitung von gestern.

Also: Entzugserscheinungen habe ich keine. Und wenn ich ein rotes Licht sehen will, kauf ich mir irgendwann eine Rheumalampe, aber jetzt noch nicht. Ich fühle mich nicht wie ein Rentner. Ich habe Leute erlebt, die haben mit fünfzig entschieden, jetzt bin ich alt. Und eine Woche später waren sie alt.

Das ist, wie wenn du bewusst entscheidest, jetzt fahre ich keinen Porsche mehr, jetzt fahre ich einen Golf. Und dann sitzt du das erste Mal im Golf und denkst dir: Herrschaftszeiten, da fehlt dir ja gar nix, du kommst genauso gut an wie vorher. Und du hast sogar noch mehr Platz. Wir alle wissen ja: Man muss nicht mehr im Fernsehen sein, um bei den Zuschauern ein beliebter Fernsehschaffender zu sein. Dieter Kürten oder Harry Valérien waren schon fünf Jahre friedlich in Rente, da wurden Umfragen gemacht: »Wer ist ihr liebster Sportkommentator oder Moderator im Fernsehen?« Und wer hat gewonnen? Dieter Kürten und Harry Valérien. Woran man sieht: Die ständige Präsenz im Fernsehen wird deutlich überschätzt. Mich sprechen heute noch Leute auf den *Blickpunkt Sport* im Bayerischen Fernsehen an. Und wenn ich denen dann sage, dass ich den schon Jahre nicht mehr moderiere, sind sie völlig baff: »Ach, komm, das gibt's doch gar nicht.« Wenn man fast fünfunddreißig Jahre lang aus der Glotze rausschaut, dann bist du mit deinem Publikum alt geworden, dann gehörst du zum Wohnzimmer wie der Schrank und die Couch. Bis auch die irgendwann auf dem Sperrmüll landen.

28

SERVUS ARD – HALLO LEBEN!

Meine letzte Runde

Die Friedenspfeife habe ich nicht geraucht. Aber mein letzter Arbeitstag als ARD-Moderator, der letzte Abend, der letzte Boxkampf am 15. Dezember 2012, ausgerechnet in meiner Geburtsstadt Nürnberg, hat dann doch einiges relativiert. Die ganze Mannschaft hat mir einen wunderbaren Abschied bereitet. Und wenn MDR-Fernsehdirektor Wolf-Dieter Jacobi dem nicht zugestimmt hätte, hätte das alles nicht stattfinden können. Er hat aber zugestimmt. Und dafür vielen Dank, ich weiß das zu schätzen.

Mir war immer klar: Ich habe meine Bühne bei der ARD nur geliehen. Diese Bühne hat mir ein Leben verschafft, von dem die meisten Menschen nur träumen können. Der Einrichtung ARD bin ich dafür dankbar – ich habe mich ja nie über das Haus ARD geärgert. Denn ein Haus hat ja Türen und Fenster und kann mich nicht ärgern. Und die Handvoll Bewohner dieses Hauses, die mir das Leben schwergemacht haben, fallen nicht ins Gewicht. Die können mir die Erinnerung an so viele wunderbare Jahre nicht trüben.

Vorher war ich noch cool und gelassen gewesen. Aber auf dem Weg nach Nürnberg wurde mir im Auto immer klarer: Over. Ende. Letzte Dienstreise. Das Koma war zwar noch weit, aber die Schmerzen wurden langsam größer.

Trainer Ulli Wegner, der mir in den letzten zwölf Jahren wirklich ans Herz gewachsen ist, kam schon vor dem letzten Kampf zu mir: »Ich kann keine Ansprache für dich halten, ich würde nur weinen.« Mit ihm, mit Henry Maske, mit meinem alten Spezi, dem Ringarzt Dr. Walter Wagner, mit Ullis Sekundanten Hagen »Hako« Sevecke und mit MDR-Fernsehdirektor Wolf-Dieter Jacobi war ich am Abend vor dem Kampf essen. Meine kleine Boxfamilie eben. Später an der Bar haben wir dann unsere »Weißt-du-noch«-Geschichten aus alten und uralten Zeiten ausgepackt, ein wunderbares Veteranentreffen.

Am Samstag dann Gong zur allerletzten Runde. Henry hatte mir schon angekündigt: »Dir ist doch klar, dass sie was machen. Ich darf dir aber nicht sagen, was.« Das fand ich einen recht erheiternden Gedanken. Denn sie waren alle gekommen, die hohen Herren von der Anstalt, darunter auch Sportkoordinator Axel Balkausky und Programmdirektor Volker Herres – allerdings waren sie nicht wegen mir da, sondern wegen Gesprächen mit Vertragspartner Sauerland. Herres hatte mir schon vor der Europameisterschaft im Juni mitteilen lassen, dass er für ein von mir erbetenes Gespräch keinen Grund sieht. Keine Kommunikation im Kommunikationsgewerbe – geht's noch?

Ich dachte mir: Wenn sie etwas machen, dann am Anfang des Boxabends. Und nicht unbedingt rund ums Hauptevent mit Arthur Abraham, mit einem Millionenpublikum vor den Geräten. So brav war ich jetzt auch nicht gewesen in der ganzen langen Zeit. Wer weiß, vielleicht senden sie ein paar Szenen vom segensreichen Wirken des Waldemar, zusammengeschnitten auf anderthalb Minuten. Einen handelsüblich launigen Nachruf halt.

Zunächst passierte gar nichts. Alles wie immer. 7000 Leute in der ausverkauften Halle, ich stehe nach dem Abraham-Kampf zum letzten Mal da oben auf der Presenter-Position. Arthur hatte seinen französischen Gegner wunderbar verkloppt – und greift plötzlich zum Mikro: »Ich würde gerne etwas sagen.« Ich war völlig baff, denn Arthur hatte einen Boxkampf mit technischem K. o. hinter sich. Da hast du normalerweise andere Gedanken im Kopf, als den kleinen Dicken zu verabschieden. Und die Zuschauer waren gekommen, um Arthur zu bejubeln und nicht mich. Man weiß ja nie, ob die auch mitspielen. Vielleicht fangen die an zu pfeifen, wenn sich die ARD selber feiert.

Haben sie aber nicht. Die Leute haben Arthur gefeiert, die Leute haben mich gefeiert.

Arthur fand wunderbare Abschiedsworte, Henry legte ein Solo hin, wie man es sich liebevoller nicht vorstellen kann – und überreichte mir meinen eigenen Waldi-Hartmann-WM-Gürtel. So ein WM-Gürtel ist natürlich Superkitsch und von ausgesuchter Scheußlichkeit – aber er ist nun mal das große Ziel eines jeden Boxers, ein Heiligtum in dieser Branche. Dieser Gürtel – das ist Boxen pur! Darum kämpfen die Jungs, um so einen Gürtel zu kriegen! Da lief es mir heiß und kalt den Rücken runter. Ich bin nicht nah am Wasser gebaut, aber man kann mich schon packen, emotional. Dann kam auch noch Ulli Wegner. Ulli, Mensch, mein alter Ulli! Ich stand auf meinem Moderatorenplatz, und mir ist das Wasser nur so runtergelaufen. Von wegen Hartmann. Weichere Knie hatte ich noch nie. Ich habe geweint, und meine Frau saß zu Hause vor dem Fernseher und hat mit mir geweint. Petra wollte nicht mit nach Nürnberg, sie hat gesagt: »Waggala, das ist deine letzte Runde, was habe ich da verloren?« Vielleicht hat sie auch geweint, weil ich jetzt öfter daheim bin. Aber wenn ich meinen Terminkalender anschaue: Sie muss sich keine übertriebenen Sorgen machen.

Nach der Übertragung standen dann noch sechzig, siebzig junge Leute aus dem Publikum an meiner Presenter-Position und haben für mich gesungen: »Es gibt nur ein Waldi Hartmann«. Ausgerechnet das Rudi-Völler-Lied! Wolf-Dieter Jacobi sagte später zu mir: »Die ARD sucht junge Zuschauer, und du hast sie.« Überragend! Ein Wahnsinn! Den Jungs und Mädels habe ich dann meine letzten ARD-Autogrammkarten gegeben, die ich jetzt ja nicht mehr brauche. Und die ich auch gar nicht mehr verwenden darf. Ich glaube, das wäre Amtsanmaßung.

Danach bin ich, einigermaßen wiederhergestellt, runter in den Cateringbereich, wo nach dem Kampf immer die Nachbesprechung stattfindet. Alle waren schon da, bereit zum Empfang, Applaus für den kleinen Dicken. Jacobi hat eine Rede gehalten, Balkausky verdrückte sich in eine Ecke – ich hatte zuvor schon klargemacht, dass ich von ihm keine Rede hören will. Der Koordinator sollte mir kein Wasser in den Wein gießen. Die Rede von MDR-Fernsehdirektor Jacobi hingegen war grandios. Motto: »Mit dir kann man einen Krieg gewinnen. Du stehst da, wenn man dich braucht.« Und sein Fazit meines Wirkens in den letzten zwölf Jahren: »Was Delling und Netzer für den Fußball waren, waren Waldi und Henry fürs Boxen.« Beim Bedanken hatte ich schon wieder den berühmten Knödel im Hals. Und als dann auch noch diese herrlich anzuschauenden und herrlich anzuhörenden Streicherinnen kamen und für mich die Nationalhymne spielten, war's endgültig geschehen um mich. Scheiße, war das schön!

Nachdem mir die ARD in den letzten Jahren keine Geschenke mehr gemacht hatte, kam nun alles auf einmal: ein überdimensionaler Boxhandschuh mit Unterschriften des gesamten Teams. Von Henry ein großes gerahmtes Foto von uns beiden mitsamt zwei Flaschen Dom Perignon. Von Wilfried Sauerland lag irgendwann ein kiloschwerer Bildband mit umwerfenden Aufnahmen von Muhammad Ali in meinem Hotelzimmer, das Ding kann man kaum tragen. Ich war schwer beeindruckt.

Ohne persönliche Eitelkeit: Ich glaube nicht, dass ein Sportreporter je so verabschiedet wurde. Und ich bin mir sicher: So einen Abschied kann es nur beim Boxen geben. Das geht nur in dieser überschaubaren Boxfamilie – die trotz aller Rivalitäten zusammenhält, die sich immer wieder wehren muss gegen Angriffe von außen. Dieses Boxen hat etwas Archaisches, das mich immer fasziniert hat. Eine schlichtere Form der Auseinandersetzung als zwei Männer, die mit den Fäusten aufeinander losgehen, bis einer am Boden liegt, kann es nicht geben. Und die gemeinsame Begeisterung, die gemeinsame Liebe zu diesem urtypischen Sport, verbindet.»Boxfamilie«, das ist nicht nur so ein dahergesagtes Wort. Diese Boxfamilie gibt es wirklich mit allen ihren Facetten: vom Weltmeister bis zum Rotlichtler.

Irgendwann spätnachts gegen zwei kam dann auch noch der Häuptling zu mir an die Hotelbar, Programmdirektor Volker Herres. Unsere Funkstille seit dem Sommer hätte stiller nicht sein können. Meine Sendung war direkt bei seiner Programmdirektion angesiedelt. Und in so einer Situation muss es möglich sein, dass man miteinander redet. Hat er aber nicht, das war nicht in Ordnung. Und jetzt kam Herres mit seiner Frau auf mich zu, streckte seine Hand aus, die ich ja nicht verweigern konnte: »Ich möchte einem Mann Danke sagen.« Ich entgegnete: »Herr Herres, ist okay, aber ein bisschen spät.« Seine Antwort: »Ja, aber wir wollen doch jetzt nicht mit großen Meinungsverschiedenheiten auseinandergehen.« – »Nein«, sagte ich, »aber ich kann auch nicht vergessen, wie das alles abgelaufen ist.« Dann kam seine Frau und meinte: »Ich muss Ihnen ganz ehrlich sagen, ich war auch ergriffen. Und dass es bei Ihnen echt war, habe ich als Frau an Ihren Augen gesehen.« Und dann wollte sie noch wissen, ob ich ihren Mann beschädigen wolle.

Nein, liebe Frau Herres, ich werde niemanden »beschädigen«. Das haben die, die es angeht, schon selbst gemacht. Aber Sie haben an diesem Abend ein großes Herz gezeigt. Dafür Danke.

Doch jetzt heißt es für mich:

Servus ARD – Hallo Leben!

BILDNACHWEIS

Trotz intensiver Bemühungen gelang es dem Verlag in einigen Fällen nicht, mit dem Rechteinhaber des jeweiligen Fotos Kontakt aufzunehmen. Der Verlag bittet diesen oder eventuelle Rechtsnachfolger, sich mit ihm in Verbindung zu setzen. Er verpflichtet sich, rechtmäßige Ansprüche nach den üblichen Honorarsätzen zu vergüten.

S. 1–4, S. 11 unten, S. 16: privat
S. 5 unten: © by BILD-Zeitung/Foto: Manfred Zettler
S. 8: © MAVERICKSportbild
S. 10 unten: © Schellnegger, Alessandra/Süddeutsche Zeitung Photo
S. 11 oben: © imago/Schöne
S. 12 oben: © imago/Team2/unten: © imago/Pressefoto Baumann
S. 13: © ddpimages/AP/Thomas Kienzle
S. 14, 15: © Ralf Gerard